Steve Wingfield é um tremendo motivador, tanto quando fala quanto no que escreve! Toda vez em que tive o prazer de ouvi-lo, saí encorajado e disposto a lutar contra o diabo, se necessário! Ele é a definição de "radical por Jesus" em todos os sentidos da palavra! Estes devocionais e orações elevarão o seu espírito e aumentarão a sua fé e compreensão da Palavra de Deus! Adquira um exemplar deste livro e mais alguns para os seus amigos!

—JASON CRABB
Artista cristão ganhador de prêmios *Grammy*

Todos nós necessitamos de orientações provenientes de Deus para viver e nos ajudar a cumprir o propósito do Senhor em nossa vida. Este livro é o início, não o fim do processo. Ele o direciona a encontrar duas coisas: primeiro, você entende o propósito de Deus para a sua vida, pois todos precisam conhecer esta promessa: "'Porque eu sei os planos que tenho para vocês', diz o Senhor. 'São planos de bem, e não de mal, para lhes dar o futuro pelo qual anseiam'" (Jeremias 29:11). Após receber o plano de Deus para a sua vida, o próximo passo é "executá-lo". O versículo da minha vida é: "Aquele que os chama fará isso acontecer, pois ele é fiel" (1 Tessalonicenses 5:24).

—ELMER L. TOWNS
Cofundador da Liberty University

O Dr. Steve Wingfield é um evangelista talentoso, que comunica a mensagem do evangelho com profunda convicção. Foi uma alegria cantar em muitas Cruzadas de Steve Wingfield e testemunhar, em primeira mão, o Senhor usando-o para levar muitas pessoas a Cristo. Que pregador poderoso! Recomendo fortemente *Liderança — 52 princípios para viver, aprender e liderar* como uma leitura imprescindível, que fortalecerá a sua vida espiritual pela edificação de um caráter piedoso.

—BABBIE MASON
Cantora, compositora e autora cristã

É mais fácil pregar durante uma hora do que inspirar em um minuto; Steve Wingfield consegue fazer as duas coisas. Esta é sua coleção de "cafés expressos" espirituais que fornecerão uma sabedoria transformadora, em porções memoráveis, que se alojarão em sua alma todas as manhãs. "Curto" é agradável; usufrua desta junção temática de sabedoria inspirada pelo Senhor que refinará os seus esforços diários no serviço ao Deus da Eternidade.

—BOB SHANK
Fundador do *Master's Program*

Na vida, é fundamental, como seguidores de Cristo, ter comunhão diária com o Senhor. Assim como nos relacionamentos terrenos, você precisa investir tempo e esforço para desenvolvê-los. O livro de devocionais diários *Liderança — 52 princípios para viver, aprender e liderar* é uma ótima ferramenta para um momento de meditação ou um pequeno grupo para ajudá-lo a continuar a desenvolver o seu relacionamento com o Senhor.

—QUIN HOUFF
Piloto da *NASCAR Cup Series*

Quarenta e oito anos atrás, Steve Wingfield foi canal de Deus para me levar à fé em Cristo. É realmente uma honra ter uma pequena participação neste devocional. Minha oração por cada um de vocês é que o nosso maravilhoso Senhor e Salvador use este livro para aproximá-los dele. Eu oro para que, ao se aproximar de Jesus, você possa ver-se no espelho de Sua glória e permitir que a Sua palavra faça uma obra em seu coração e em sua vida, moldando-o à Sua imagem.

—DR. DON PAXTON
Pastor Sênior da Rosedale Baptist, Abingdon, Virgínia, EUA

Steve Wingfield é meu amigo, e eu valorizo o seu investimento em minha vida e na vida de minha família. Ele faz o que diz, e sei que esses devocionais diários ajudarão você a ser uma pessoa melhor! Eles são uma leitura obrigatória.

—JOSH REUME
Proprietário da Reume Brothers Racing, Piloto nº 33 da *NASCAR Truck Series*

Steve Wingfield colocou sabedoria espiritual encorajadora em um livro profundamente simples — para nos ajudar a crescer todos os dias!

—BOBB BIEHL
Mentor de Executivos

Nestes dias de agitação civil, pandemia de Covid-19 e incertezas econômicas, todos somos desafiados até o âmago de nosso ser. A vida é uma batalha difícil e somente os fortes e corajosos sobrevivem. Steve Wingfield, meu amigo e companheiro de evangelismo, escreveu este poderoso livro que recomendo fortemente. *Liderança — 52 princípios para viver, aprender e liderar* o revigorará e o inspirará a aceitar e enfrentar os desafios diários de viver para Cristo em uma era corrupta. Ele ajudará pessoalmente a você, sua família e amigos em suas questões. Acredito que ele desenvolverá em cada um de nós um caráter que honra a Cristo.

—DR. TIM ROBNETT
Presidente da *ETeamGlobal*

O Devocional *Liderança — 52 princípios para viver, aprender e liderar*, de Steve Wingfield, encorajará você com esperança e sabedoria para fortalecer o seu relacionamento com Deus. Você desejará começar o dia com este devocional prático e inspirador, que fornece uma perspectiva bíblica acerca dos grandes problemas da vida. Este devocional o ajudará em sua jornada espiritual diária, pois cada página fornece princípios bíblicos à vida cristã vitoriosa.

—DAVID L. JONES
Diretor Executivo da Palau *Foundation for World Evangelism*

LIDERANÇA

52 princípios para viver,
aprender e liderar

STEVE WINGFIELD

Publicações
Pão Diário

Originally published in English under the title
Guiding Principles: to live, learn, and lead
Copyright © 2020 by Steve Wingfield
J. Westin Books, Birmingham, AL 35242 USA
All rights reserved.

Coordenação editorial: Adolfo A. Hickmann
Tradução: Cláudio F. Chagas
Revisão: Adolfo A. Hickmann, Dalila de Assis, Lozane Winter
Coordenação gráfica: Audrey Novac Ribeiro
Projeto gráfico: Rebeka Werner
Imagem da capa: ©Shutterstock

Dados Internacionais de Catalogação na Publicação (CIP)

WINGFIELD, Steve

Liderança — 52 princípios para viver, aprender e liderar

Tradução: Cláudio F. Chagas — Curitiba/PR, Publicações Pão Diário

Título Original: *Guiding Principles: to live, learn, and lead*

1. Vida cristã   2. Liderança   3. Devocional   4. Espiritualidade

---

Proibida a reprodução total ou parcial sem prévia autorização, por escrito, da editora. Todos os direitos reservados e protegidos pela Lei 9.610, de 19/02/1998. Permissão para reprodução: permissao@paodiario.org

Exceto quando indicado o contrário, os trechos bíblicos mencionados são da edição Nova Versão Transformadora © 2016, Editora Mundo Cristão.

Publicações Pão Diário
Caixa Postal 4190
82501-970 Curitiba/PR, Brasil
publicacoes@paodiario.org
www.publicacoespaodiario.com.br
Telefone: (41) 3257-4028

Código: J2326
ISBN: 978-65-5350-008-2

1.ª impressão 2022
Impresso no Brasil

Liderança
52 princípios para viver, aprender e liderar
é dedicado ao meu amigo Paul Weaver.

Em 2019, Paul presenteou o Lodestar Guidance *(Orientação por Estrela-guia, em tradução livre) à* Wingfield Ministries, Inc. *Sou grato por Paul e pelo investimento feito por ele em minha vida e meu ministério. Paul começou com uma pequena loja de artigos de couro e a fez crescer, tornando-se a maior empresa de artigos de couro dos EUA. Ele teve a visão de desenvolver o* Lodestar Guidance *como um investimento nos funcionários da Weaver Leather. Com base em minhas observações de muitas visitas à empresa, seu investimento colheu dez vezes mais dividendos. A cultura que o* Lodestar Guidance *ajudou a criar na Weaver Leather, Inc. é algo surpreendente de observar. Todos os proprietários de empresas deveriam considerar fazer tal investimento em seus funcionários.*

AGRADECIMENTOS

Sou grato a Deus pelas muitas empresas e indivíduos que decidiram usar o *Lodestar Guidance*. Estou convencido de que esse programa tem o poder de transformar o nosso mundo se desejarmos implementar esses princípios como estilo de vida.

Elaine Starner, por aperfeiçoar o meu material.

Novamente, estou surpreso com os divinos desígnios de Deus. Quando palestrava em um café da manhã de oração em Franklin, Tennessee, conheci Paul Shepherd, presidente da *Shepherd Literary Services*, que disse que gostaria de publicar meu próximo livro.

Cada devocional diário inclui uma oração escrita por meus familiares, mentores, parceiros de ministério e amigos.

Por último, mas não menos importante, sou grato por minha esposa Barbara e nossos filhos — Michelle e o marido Howard, e seus filhos Phin, Lars, Katie Anne, Field Jude e J. R.; e nosso filho David, sua esposa Havilah e seus filhos Selah e Jubal. Todos eles continuam a ser um grande incentivo para mim enquanto me empenho em seguir a Cristo.

Acima de tudo, sou grato pela noite em que Jesus me resgatou e me aceitou em Seu rebanho.

Que Deus abençoe estas reflexões e use este devocional para o avanço do Seu reino.

Liderança — *52 princípios para viver, aprender e liderar* é uma compilação de devocionais para o período de um ano, que podem ser usados juntamente com o programa *Lodestar Guidance*, um programa de edificação do caráter que existe há mais de 8 anos.

O que é uma *lodestar* (estrela-guia)? É uma estrela navegacional, como a Polar, a Estrela do Norte — uma estrela que guia ou orienta, para você saber onde está e qual direção seguir. Para os seguidores de Cristo, essa estrela é Jesus, pois Ele sempre nos guiará à verdade.

Eu o encorajo a visitar o site *LodestarGuidance.com* para saber mais acerca desse programa inovador e escolher a categoria de associação mais adequada ao seu lar, pequeno grupo, classe de Escola Bíblica ou empresa. Adicionalmente, peço que considere patrocinar esse programa para uso em sua escola local.

Segue-se a lista de princípios do *Lodestar Guidance* em ordem sequencial conforme abordados neste livro. Você poderá achar melhor estudar um princípio por semana ou por tema, dependendo de qual deles você estiver estudando agora.

Prestação de contas	Gratidão	Produtividade
Atitude	Honestidade	Pontualidade
Ousadia	Humildade	Desenvoltura
Compaixão	Influência	Respeito
Coragem	Iniciativa	Descanso
Tomada de decisão	Inovação	Autodisciplina
Confiabilidade	Integridade	Autoconsciência
Determinação	Alegria	Autocontrole
Desenvolvimento	Bondade	Sensibilidade
Diligência	Simpatia	Sinceridade
Discernimento	Lealdade	Mordomia
Sensatez	Motivação	Aprendizado
Empatia	Motivos	Minuciosidade
Equidade	Organização	Transparência
Flexibilidade	Apropriação	Fidedignidade
Foco	Paixão	Sabedoria
Perdão	Paciência	
Generosidade	Paz	

Minha oração mais fervorosa é que Deus use este material para nos ajudar a tornar-nos mais semelhantes ao Senhor. Que este versículo seja uma realidade na vida de cada um de nós: "Tenho certeza de que aquele que começou a boa obra em vocês irá completá-la até o dia em que Cristo Jesus voltar" (Filipenses 1:6).

—STEVE WINGFIELD

LIDERANÇA

52 princípios para viver,
aprender e liderar

PRESTAÇÃO DE CONTAS

• SEMANA 1 •
DIA 1

Prestação de contas é uma escolha. Homens corajosos prestam contas. —Paul Weaver

É melhor serem dois que um, pois um ajuda o outro a alcançar o sucesso. Se um cair, o outro o ajuda a levantar-se. Mas quem cai sem ter quem o ajude está em sérios apuros. [...] Se houver três, melhor ainda, pois uma corda trançada com três fios não arrebenta facilmente. —ECLESIASTES 4:9-10,12

Prestar contas é ser voluntariamente imputável por seu comportamento. Há vários anos estou envolvido em um grupo de seis homens, um grupo de prestação de contas. Às vezes, eles me fazem perguntas difíceis ou eu lhes faço perguntas difíceis. Também devo prestar contas à minha esposa, à minha família e a um conselho de administrativo. Não quero ser um lobo solitário lá fora, porque ser imputável — estar disposto a prestar contas de nossos atos e assumir a responsabilidade por eles — nos ajuda a crescer e a ter relacionamentos saudáveis.

Deus nos fez para viver em relacionamentos com outras pessoas. No jardim do Éden, nos primórdios de nossa história, Deus não apenas criou uma companheira para Adão, mas também manteve um relacionamento com o primeiro casal. O ideal de Deus para um relacionamento tem por objetivo expandir nossa vida e nos ajudar. Especialmente ao longo de todo o Novo Testamento, Deus nos exorta a cuidar de nossos relacionamentos, cuidando uns dos outros e ajudando uns aos outros. Paulo diz que todos os que estão em Cristo são parte do mesmo corpo e "cada membro está ligado a todos os outros" (Romanos 12:5 NVI).

Os relacionamentos são cruciais para nossa vida profissional, nossa vida espiritual e nossa vida pessoal. Somente quando estamos dispostos a prestar contas de nosso comportamento e assumir a responsabilidade por ele, as ligações criadas por Deus para o nosso bem podem permanecer fortes e produtivas.

Senhor Jesus, guia-me enquanto cultivo
meus relacionamentos com os outros. Amém.

Orações sobre Prestação de contas **—DR. ROBERT COLEMAN**

DIA 2

Não mintam uns aos outros, pois vocês se despiram de sua antiga natureza e de todas suas práticas perversas. Revistam-se da nova natureza e sejam renovados à medida que aprendem a conhecer seu Criador e se tornam semelhantes a ele. —COLOSSENSES 3:9-10

Em meu grupo de prestação de contas, a última pergunta que faremos uns aos outros é "Você mentiu para mim?". A verdade é a base da prestação de contas. Sem essa base, a responsabilidade desmorona e deixa de existir. Quando não há prestação de contas, começamos a agir em sigilo e, quando fazemos isso, deslizamos para áreas em que comprometemos a nossa integridade. Isso é válido para o nosso local de trabalho, o nosso lar e os nossos círculos sociais. Eu não quero ter segredos; quero viver aberta e honestamente. Quero ser conhecido como uma pessoa íntegra e, para proteger minha integridade, terei de ser imputável por meus atos.

Em Colossenses 3:9-10, lemos que não devemos mentir uns para os outros. Às vezes, também, mentimos para nós mesmos e sequer somos capazes de admiti-lo. Devemos nos despir de nossos antigos hábitos perversos e nos revestir da nova natureza que Deus plantou em nós. Isso significa despir-se das mentiras e desculpas e vestir-se da verdade todos os dias. Muitas vezes, essa é uma batalha árdua para nós. Porém, nesse esforço para amadurecermos e nos tornar mais semelhantes a Ele, seremos tremendamente ajudados se estivermos dispostos a prestar contas a outros que estão perseguindo os mesmos objetivos que nós e poderão nos encorajar e apoiar.

Pai Celestial, ajuda-me a ser aberto e honesto com as pessoas que confiam em mim. Amém.

DIA 3

*Assim, cada um de nós será responsável
por sua vida diante de Deus.*

—ROMANOS 14:12

É importante todos nós percebermos que cada um de nós, seja seguidor de Cristo ou não, é imputável perante Deus visto que é impossível ter segredos para com Ele. Não temos como ocultar de Seus olhos qualquer atividade ou intenção obscura. Ele vê e sabe de tudo. Ele é o Criador que fez o nosso coração, observa e entende tudo que realizamos (Salmo 33:15).

Não há lugar para desculpas ou transferência de culpa quando estamos diante de Deus. Quer tenhamos vivido a nossa vida terrena prestando contas ou não, certamente teremos que, algum dia, prestar contas a Deus por tudo que fizermos. Não preciso viver com medo disso, pois Sua grande bondade e misericórdia nos providenciam uma maneira de sermos capazes de estar diante do Senhor com a "ficha limpa". Seu perdão é para todos os que confessam seus pecados. Esse é o maior relacionamento de prestação de contas que podemos desenvolver, e podemos tê-lo *neste exato momento*. Se estivermos dispostos a assumir a responsabilidade e reconhecer os nossos pecados perante o Senhor, Ele "é fiel e justo para perdoar nossos pecados e nos purificar de toda injustiça" (1 João 1:9). Ele não apenas perdoa, mas também nos limpa! Nesse relacionamento há prestação de contas. Há verdade. Há limpeza e crescimento. Esse é o melhor relacionamento de prestação de contas que você pode ter, caro amigo.

*À luz da graça que Tu me concedes,
Espírito Santo, estimula-me a ser cheio de integridade
e responsabilidade perante Deus. Amém.*

DIA 4

*Portanto, animem e edifiquem
uns aos outros, como têm feito.*

—1 TESSALONICENSES 5:11

Nas cartas do Novo Testamento aos primeiros cristãos, muitas vezes somos exortados a nos esforçarmos. Você já se sentiu como se seus esforços não fossem suficientes? Caro amigo, a prestação de contas nos fortalecerá.

Desenvolver relacionamentos de prestação de contas nos ajuda a crescer. Podemos compartilhar nossas lutas, nossas fraquezas e nossas falhas com pessoas em quem confiamos. Podemos também celebrar nesses relacionamentos e nutrir nossas boas escolhas e pontos fortes. Nós damos e recebemos encorajamento. Ajudamos uns aos outros a manter o foco claro em nossa missão de representar bem a Jesus. Como direciona 1 Tessalonicenses 5:11, nós nos edificamos uns aos outros.

Relacionamentos de prestação de contas nos fortalecem de outra maneira. Você sabe que fortalece um músculo sempre que o exercita, não é mesmo? Toda vez que decidimos assumir a responsabilidade por nossos atos em vez de dar desculpas, estamos aumentando a nossa prestação de contas para *nós mesmos*. Estamos reforçando o nosso desejo de fazer as escolhas corretas e seguir o caminho certo. Estamos exercitando o "músculo" da prestação de contas. Ela nos ajuda a ser transformados no melhor de Deus para a nossa vida, e o Seu melhor inclui a força.

Senhor Jesus, ajuda-me a praticar prestação de contas todos os dias, com a mesma regularidade com que como e bebo. Amém.

DIA 5

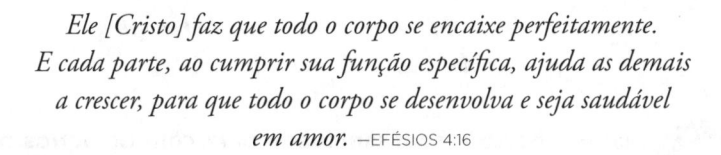

*Ele [Cristo] faz que todo o corpo se encaixe perfeitamente.
E cada parte, ao cumprir sua função específica, ajuda as demais
a crescer, para que todo o corpo se desenvolva e seja saudável
em amor.* —EFÉSIOS 4:16

O **Espírito de Deus, vivendo em nós**, deu a cada um de nós certos dons. Devemos usá-los bem para servir uns aos outros. Você sabe qual é o seu dom? Os "dons" que recebemos não são necessariamente o que o mundo conceitua como talentos e habilidades. Esses também são dons, mas o Espírito Santo concede às pessoas dons para serem encorajadoras, para serem bondosas para com quem precisa de bondade, para serem doadoras de muitas e variadas maneiras, para enxergarem a verdade nas situações, para serem hospitaleiras, para serem sensíveis àqueles que sempre se sentem excluídos. Há muitas maneiras pelas quais o Espírito age por meio de indivíduos. E, quando todas essas partes individuais, de um único corpo, realizam a obra especial que o Espírito lhes concedeu, ajudam uns aos outros a crescer e, assim, "todo o corpo se [desenvolve] e [é] saudável em amor".

Relacionamentos de prestação de contas podem nos ajudar a determinar e a desenvolver esses dons. Algumas pessoas são muito conscientes de seus dons; outras já acham difícil olhar para sua personalidade e sua vida e ver o que Deus está fazendo. Relacionamentos mutuamente edificantes nos ajudam a nos enxergar sob outras perspectivas. Às vezes, o Espírito Santo age por meio de outros para falar a nós.

Deus criou cada um de nós para desempenhar certos papéis em Seu plano. Assuma essa função. Seja um mordomo imputável do dom que recebeu.

*Espírito Santo, leva-me a reconhecer o meu dom e a expressá-lo
com todo o amor e a diligência de Jesus. Amém.*

DIA 6

Ajudem a levar os fardos uns dos outros e obedeçam, desse modo, à lei de Cristo. —GÁLATAS 6:2

Qual é a nossa responsabilidade para com os outros nos relacionamentos de prestação de contas? A verdade precisa ser sempre a base. Sobre esse alicerce, nós edificamos uns aos outros. O propósito para todos os que pertencem ao corpo de Cristo é cumprir o mandamento dado por Jesus a todos os discípulos de todos os momentos da história: "Assim como eu os amei, vocês devem amar uns aos outros" (João 13:34).

Colossenses 3 nos dá diretrizes específicas: "Visto que Deus os escolheu para ser seu povo santo e amado, revistam-se de compaixão, bondade, humildade, mansidão e paciência. Sejam compreensivos uns com os outros e perdoem quem os ofender. Lembrem-se de que o Senhor os perdoou, de modo que vocês também devem perdoar. Acima de tudo, revistam-se do amor que une todos nós em perfeita harmonia. Permitam que a paz de Cristo governe o seu coração, pois, como membros do mesmo corpo, vocês são chamados a viver em paz. E sejam sempre agradecidos. Que a mensagem a respeito de Cristo, em toda a sua riqueza, preencha a vida de vocês. Ensinem e aconselhem uns aos outros com toda a sabedoria. Cantem a Deus salmos, hinos e cânticos espirituais com o coração agradecido. E tudo que fizerem ou disserem, façam em nome do Senhor Jesus, dando graças a Deus, o Pai, por meio dele" (vv.12-17).

Em nossos relacionamentos de prestação de contas, somos representantes de Jesus. Amamos uns aos outros como Ele ama a eles e a nós. Trabalhamos para o bem deles, como o Senhor trabalha. Nós os ajudamos a trilhar o melhor caminho de Deus, exatamente como o Pastor celestial deles faz.

Ore para que o Espírito de Jesus o guie em seus relacionamentos de prestação de contas. Amigos, a missão de Cristo nos foi confiada. A prestação de contas em todas as áreas da nossa vida ajudará a nós e os outros a realizarmos as obras que o Senhor nos confiou, a qual a maior delas é amarmos uns aos outros.

Cultiva meus relacionamentos, querido Deus, para que eu possa ser visto como um responsável seguidor de Jesus. Amém.

DIA 7

*Não procurem apenas os próprios interesses,
mas preocupem-se também com os interesses alheios.*
—FILIPENSES 2:4

Em Hebreus 10, lemos: "Pensemos em como motivar uns aos outros na prática do amor e das boas obras. E não deixemos de nos reunir..." (vv.24-25). Caro amigo, aproveite o dia de hoje para considerar de que maneira a prestação de contas pode fortalecê-lo e ajudá-lo a crescer em direção ao que Deus tem de melhor para você. A prestação de contas é importante à liderança e ao caráter. Porém, como servos de Deus, os relacionamentos que nutrem e protegem, a exemplo de Jesus, o Grande Pastor, são extremamente importantes. Por sua vez, você representará Jesus, o Pastor, perante os outros, visto que eles estão dispostos a prestar contas a você.

Se você não tem esse tipo de conexão com um pequeno grupo, peça a Deus orientação para encontrar um relacionamento de prestação de contas. Peça a Ele a coragem necessária para prosseguir e construir essas pontes. O amor do Senhor é imenso e dura eternamente. Ele deseja conceder a você o melhor para a sua vida. Ele responderá a essas orações.

*Pai celestial, enche-me com o desejo de reunir-me
com meus irmãos na fé, para que estimulemos uns aos outros
a praticar boas ações e a prestar contas. Amém.*

NOTAS E ORAÇÕES

ATITUDE

• SEMANA 2 •
DIA 1

O nosso Criador nos deu controle sobre a mente, mas nos diz para guardá-la porque tudo que fazemos flui dela. —Paul Weaver

> *Não imitem o comportamento e os costumes deste mundo, mas deixem que Deus os transforme por meio de uma mudança em seu modo de pensar, a fim de que experimentem a boa, agradável e perfeita vontade de Deus para vocês.* —ROMANOS 12:2

A titude é uma das qualidades mais importantes da vida de qualquer pessoa. Ela pode ser definida como a capacidade de manter-se positivo e otimista apesar das circunstâncias. Atitude é algo que você escolhe. Meu pai não tolerava uma má atitude. Se resmungássemos ou reclamássemos, ele simplesmente nos diria para superar aquilo. "'Não sou capaz' nunca fez coisa alguma. Tente."

Abraham Lincoln disse: "Você pode ficar empolgado com o fato de que os espinhos têm rosas ou pode ficar chateado com o fato de que as rosas têm espinhos". Tanto a bela rosa quanto o irritante espinho estão lá. O que escolhemos ver?

O que vemos em todas as circunstâncias da vida é determinado pela nossa atitude.

A Bíblia nos diz que somos responsáveis pela nossa atitude. Precisamos ser positivos e otimistas, não apenas no que dizemos, mas também na maneira como pensamos. Para viver como seguidores de Jesus Cristo, para brilhar "como luzes resplandecentes" neste mundo, precisamos *escolher* a maneira como pensamos, sentimos e falamos acerca de cada situação de nossa vida diária.

Senhor, perdoa-me por minha má atitude e pelo que fiz para desenvolvê-la. Leva-me a fazer boas escolhas hoje para que eu tenha uma atitude melhor para enfrentar o amanhã e o futuro. Amém.

Orações sobre *Atitude* **—DR. ELMER TOWNS**

DIA 2

> *A preocupação deprime a pessoa,*
> *mas uma palavra de incentivo a anima.*
>
> —PROVÉRBIOS 12:25

A **sua escolha de atitude afetará a sua vida pessoal**, os seus relacionamentos e a sua vida profissional. Se você escolher viver com uma perspectiva positiva e otimista, garanto que terá benefícios gratificantes em sua vida.

Uma pessoa com má atitude será conhecida como alguém que está sempre discutindo, reclamando ou culpando outra. Pessoas assim estão presas em um mundo de preocupação e desilusão. Pessimistas e incapazes de enxergar esperança, elas não progridem na vida pessoal ou em seus relacionamentos. O crescimento nos negócios não vem para quem tem má atitude.

Caro amigo, esse não é o tipo de reputação que você deseja ter.

A atitude correta ajudará você a tomar decisões melhores. Isso aumentará a sua produtividade. Você não ficará estagnado. Você enfatizará e edificará sobre o positivo. Será visto como uma pessoa que entra em uma situação e diz: "Vamos fazer o trabalho e seguir em frente para onde temos de ir". Você deseja ser conhecido como uma pessoa que enxerga o que é bom até em situações ruins e encontrar oportunidades nos problemas.

Essa perspectiva positiva e otimista é benéfica para qualquer tipo de ambiente de negócios e essencial para relacionamentos saudáveis e estáveis. Em todas as áreas da vida, a maneira como você pensa transforma quem você é.

Senhor, quando eu olho para ti, tenho uma boa perspectiva da vida.
Tu me concedes perdão quando eu confesso para que possa ser transformado.
Tu me dás uma visão positiva na vida quando entrego tudo a Cristo.
Tu me forneces opções de dar um passo de fé para obedecer
à Tua Palavra. Amém.

DIA 3

> *Façam tudo sem queixas nem discussões.*
> —FILIPENSES 2:14

Provavelmente, você conhece alguém que está sempre reclamando, discutindo, resmungando e esperando o pior de cada situação — talvez até *procurando* o pior nas situações. Você já viu como essas pessoas lançam sombras sobre qualquer situação ou conversa. É desagradável trabalhar com pessoas que apresentam essa mentalidade. É desconfortável até mesmo estar perto delas durante uns poucos instantes.

Deus realmente se cansou de ouvir os israelitas reclamando no deserto. As Escrituras nos relatam que o Senhor estava muito irado com eles devido às suas constantes reclamações, apesar de tudo o que Ele estava fazendo pelo povo. Deus estava guiando, provendo e protegendo — realizando milagres para eles. Porém não foi nisso que eles escolheram focar. Seus pensamentos e conversas eram centrados no que eles não tinham. O Salmo 78 nos conta a triste história de seus anos: a vida deles foi reduzida "a um sopro e fez seus dias terminarem em terror" (v.33).

As atitudes são expressas em nossa fala e em nossos atos; nossa atitude afetará cada dia de nossa vida. Resmungar e reclamar não têm lugar nos pensamentos e conversas de quem representa a Cristo.

É sábio atentar para as nossas próprias palavras e verificar os nossos próprios pensamentos. Muitos pensamentos passam por nossa cabeça todos os dias; quais deles abrigamos? Estes determinarão quem somos e o dia que teremos hoje.

Senhor, perdoa-me quando reclamo de coisas. Na próxima vez, confiarei em ti. Eu fixo o meu olhar em seguir a ti hoje, para poder ter o mesmo otimismo que Tu tens. Amém.

DIA 4

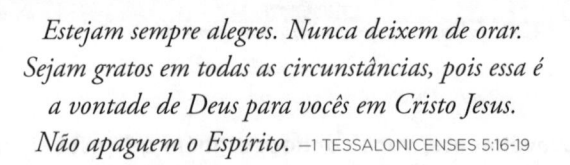

> *Estejam sempre alegres. Nunca deixem de orar.*
> *Sejam gratos em todas as circunstâncias, pois essa é*
> *a vontade de Deus para vocês em Cristo Jesus.*
> *Não apaguem o Espírito.* —1 TESSALONICENSES 5:16-19

Em contraste com os versículos que falam de reclamar, discutir e resmungar, há muitas passagens bíblicas que nos direcionam para a atitude adequada. Esses versículos nos levam a um nível ainda mais elevado do que a nossa definição de atitude *Lodestar*: uma perspectiva positiva e otimista.

Filipenses 4 nos diz para nos alegrarmos em tudo. Isso é repetido para dar ênfase, caso não estivéssemos prestando atenção na primeira vez. O versículo 6 nos diz para não nos preocuparmos com coisa alguma, orarmos e cultivarmos um coração agradecido. O versículo 7 fala sobre a paz de Deus, que guarda a nossa mente e nosso coração em Cristo. E o versículo 8 nos exorta a pensar em tudo que é nobre, correto, verdadeiro, puro, amável e admirável.

Isso certamente apresenta um quadro diferente daquele de constante reclamação, preocupação e expectativa pelo pior, não é mesmo? É a imagem de uma vida com o coração e a mente guardados pela paz de Deus.

Como encontramos esse tipo de vida? A chave está no versículo de 1 Tessalonicenses citado acima: Não diga **NÃO** ao Espírito; diga **SIM**! O Espírito de Cristo vive em você. A vontade dele é que essa seja a maneira de você pensar e que a sua vida manifeste essas atitudes. Peça a Deus para ajudá-lo a escolher a vontade dele na atitude que você assumir hoje. Então, siga a orientação do Senhor.

Senhor, eu te agradeço pelas coisas não serem
tão ruins quanto poderiam ser. Agradeço-te por quem eu sou,
pelo que tenho, por onde moro e pelos amigos que tenho.
Agradeço-te pelo amanhã, que será melhor, visto que eu sigo
Jesus e procuro em ti orientação diária. Amém.

DIA 5

Ainda assim, confio que verei a bondade do SENHOR enquanto estiver aqui, na terra dos vivos. —SALMO 27:13

Você está confiante de que verá a bondade do senhor? Sabendo que Deus tem um propósito para nós e que Ele está sempre agindo para o nosso bem, temos motivo para nos alegrar, e nos alegrar sempre (Filipenses 4:4). Sabemos que, independentemente das circunstâncias, veremos a bondade do Senhor.

"Escuta minha voz logo cedo, SENHOR; toda manhã te apresento meus pedidos e fico à espera" (Salmo 5:3). Deus está sempre trabalhando para o nosso bem. Ele está sempre conosco. Somos amados e estimados por Ele. Jesus morreu por nós para nos tornar Seus. Ele nunca nos abandonará.

Paul Weaver escreveu: "Quando dias sombrios e longas noites são nosso destino durante certo tempo, temos uma escolha a fazer. Podemos nos tornar amargurados e declarar que a vida é injusta e o nosso amoroso Pai celestial é, na verdade, um Deus irado e implacável, ou podemos pedir orientação, motivação e cura que podem nos tornar melhores, não amargos. A escolha é nossa".

Se Deus é por nós, podemos confiar que veremos a bondade do Senhor em todas as circunstâncias de nossa vida. A nossa atitude faz com que escolhamos aguardar com expectativa e buscar a Sua bondade. Isso mudará o seu dia, eu garanto.

Senhor, eu te louvo por todas as coisas boas que Tu me deste na vida. Agradeço-te por todas as lições que Tu me ensinaste por meio de meus problemas e provações passados. Eu sei que Tu lidarás com as futuras dificuldades da mesma maneira como lidaste com elas no passado. Amém.

DIA 6

Por fim, irmãos, quero lhes dizer só mais uma coisa. Concentrem-se em tudo que é verdadeiro, tudo que é nobre, tudo que é correto, tudo que é puro, tudo que é amável e tudo que é admirável. Pensem no que é excelente e digno de louvor. —FILIPENSES 4:8

Você já deve ter ouvido a máxima: "Você é o que você come". Provavelmente, em sua própria experiência, você já provou a verdade dessa afirmação. Aquilo com que alimentamos nosso corpo tem um efeito enorme sobre como nos parecemos, sentimos e agimos. O mesmo pode ser dito acerca daquilo com que alimentamos a nossa mente. Ela tem essa grande capacidade de ingerir coisas que vemos, ouvimos e lemos. Por sua vez, o que a nossa mente absorve tem um efeito enorme sobre como pensamos, nossa atitude, nossa perspectiva e nosso comportamento. Portanto, tome cuidado com aquilo com que você alimenta a sua mente.

Romanos 12:2 afirma que renovar a nossa mente nos transformará. Ao buscar renovar a sua mente, duas coisas afetam a sua vida: as Escrituras e o encorajamento recebido de outras pessoas. Encontre amigos que "alimentarão" a sua mente com a dieta adequada, o encorajarão, o fortalecerão e estão confiantes em ver a bondade do Senhor. Encharque a sua mente com as Escrituras. Saiba o que Deus prometeu. Conheça o que Ele diz acerca de acontecimentos neste mundo. Considere o que Ele diz acerca de quem você é e quem Ele é. O Espírito que habita em você age por meio das Escrituras. Ele renovará a sua mente e transformará você.

Caro amigo, pense nessas coisas.

Senhor, eu te agradeço por quem eu sou hoje. Eu sou o produto de todas as minhas experiências e das coisas que Tu me ensinaste. Ajuda-me a lembrar-me de lições passadas e a usá-las para crescimento no futuro. "Posso todas as coisas por meio de Cristo, que me dá forças" (Filipenses 4:13). *Amém.*

DIA 7

Trabalhamos arduamente e continuamos a lutar porque nossa esperança está no Deus vivo, o Salvador de todos, especialmente dos que creem. —1 TIMÓTEO 4:10

C**omo seguidor de Jesus Cristo**, você tem uma coisa que o resto do mundo não tem: a sua esperança no Deus vivo! Se tudo que podemos esperar é o que está ao alcance de nossas forças e nossos próprios recursos, não podemos esperar muito. Apesar de todos os conselhos de autoajuda e capacitação pessoal atualmente disponíveis, ainda é com demasiada facilidade que desistimos ou tomamos caminhos errados. Quando depositamos a nossa esperança em outras pessoas, instituições ou ideias, frequentemente ficamos decepcionados e desiludidos.

Se você deposita a sua confiança e esperança em Deus, a sua esperança é mantida pelo Deus que está vivo e age na vida de Seu povo. Ele ama você. O amor dele é incondicional e não tem fim. Ele tem um plano para a Sua criação. Ele tem um plano para você e cumprirá o Seu plano. O seu divino Pastor o segura pela mão, o conduz, o protege e lhe fornece provisão. Ele prometeu prover tudo de que você necessita. Deus é por Seus filhos!

Em qualquer situação que enfrentemos hoje, seremos capazes de permanecer positivos e otimistas enquanto a nossa esperança repousar no Deus vivo , a despeito de qualquer circunstância.

Senhor, eu te agradeço pela esperança que Tu me deste no passado e como ela me ajudou a chegar até hoje. Agradeço-te pela atual esperança no porvir; guia-me enquanto a aplico diariamente. Eu sei que Tu terás uma nova esperança para mim amanhã. Estou ansioso por um dia mais esplendoroso. Amém.

NOTAS E ORAÇÕES

OUSADIA

• SEMANA 3 •
DIA 1

Como líderes, precisamos ter visões claras e total compromisso com as nossas ideias; caso contrário, não teremos a ousadia necessária para ver as nossas metas alcançadas. —Paul Weaver

> *Mas o Senhor permaneceu ao meu lado e me deu forças para que eu pudesse anunciar as boas-novas plenamente, a fim de que todos os gentios as ouvissem. E ele me livrou da boca do leão.* —2 TIMÓTEO 4:17

Ousadia pode ser definida como a **confiança e coragem** de fazer o que é certo, independentemente das circunstâncias ou da opinião de outras pessoas. Em sua carta a Timóteo, Paulo escreveu acerca de um momento em que foi arrastado ao tribunal porque a sua pregação havia criado um grande alvoroço na cidade. Todos os seus amigos e auxiliares desapareceram. Mesmo assim, por saber que o Senhor estava com ele, ele entregou a mensagem do evangelho.

Quanto melhor você conhece a Cristo, mais você confia em Suas promessas e mais terá a confiança de que Ele está ao seu lado. Isso é o que dá ousadia. É nisso que encontramos a coragem para fazer a coisa certa, mesmo quando estamos olhando para a boca do leão. De fato, a presença de Cristo vira a mesa sobre aquele leão. Provérbios 28:1 diz que os justos são corajosos como o leão.

Você pode ainda não estar lá, mas eu lhe garanto que essa é a chave para a ousadia guiada pelo espírito que queremos ter como líderes. Desenvolva o seu relacionamento com Ele. Quanto mais forte for esse relacionamento, mais encorajamento você terá para ser confiante e corajoso.

Querido Jesus, eu te agradeço por estares comigo quando todos os outros me abandonaram. Ajuda-me a confiar totalmente em ti para ter libertação quando medo e dúvida ameaçarem dominar-me. Amém.

Orações sobre *Ousadia* —**DELPHOS HOWARD**

DIA 2

Pois Deus não nos deu um Espírito
que produz temor e covardia, mas sim que nos dá poder,
amor e autocontrole. —2 TIMÓTEO 1:7

Como seguidor de Cristo, desejo representá-lo bem. Quero ser capaz de dizer o que preciso dizer, quando for necessário assim fazer. Desejo coragem e sabedoria para tomar decisões difíceis, mas sábias. Eu quero ter esse tipo de ousadia. Às vezes, porém, a ousadia nos coloca em uma posição desconfortável. Possivelmente seja mais do que desconfortável — talvez absolutamente perigosa. É provável que dizer o que precisa ser dito coloque o seu emprego em risco, ou ameace relacionamentos importantes que você se esforçou muito para desenvolver, ou possa torná-lo alvo de zombaria e crítica, ou até mesmo de ataque.

Para mim, a ousadia vem quando sei que estou no centro da vontade de Deus e estou representando Cristo. Nossa confiança nisso vem à medida que mantemos nosso relacionamento com Ele. O Espírito de Cristo, que habita em nós, nos dá essa confiança e coragem. Quem é guiado pelo Espírito é filho de Deus, e o Espírito "nos dá poder, amor e autocontrole".

O Espírito que vive em nós é descrito em Isaías 11:2 como: Espírito de sabedoria, discernimento, conselho, poder, conhecimento e temor do Senhor. De quais dessas qualidades você precisa hoje? O Espírito que habita em você as concederá. Ele está com você para ajudá-lo.

Você e eu não queremos ser tímidos e medrosos. Desejamos ser ousados. Nós representamos o nosso Rei, e Ele sempre estará conosco e fornecerá aquilo de que necessitarmos em todas as situações hoje.

Pai Celestial, que o Teu Espírito me encha de ousadia
para que minhas palavras e atos sempre representem a ti
de maneira verdadeira, amorosa e poderosa. Amém.

DIA 3

Quem é que desejará lhes fazer mal se vocês se dedicarem a fazer o bem? Mas, ainda que sofram por fazer o que é certo, vocês serão abençoados. Portanto, não se preocupem e não tenham medo de ameaças. Em vez disso, consagrem a Cristo como o Senhor de sua vida. E, se alguém lhes perguntar a respeito de sua esperança, estejam sempre preparados para explicá-la. —1 PEDRO 3:13-15

No tempo em que a Romênia ainda estava sob o domínio comunista e o governo perseguia os cristãos, eu estava no escritório de uma autoridade local com meu amigo, um pastor. Ele já havia sido preso, espancado e ameaçado anteriormente. Os comunistas haviam tentado matá-lo. Contudo, naquele escritório, quando foi advertido contra a pregação, ele bateu com a mão na mesa e declarou: "Nós obedeceremos a Deus!". Após a revolução, estando em uma praça da cidade onde milhares de revolucionários tinham sido mortos, tive o privilégio de apresentar o evangelho ao vivo pela TV em rede nacional. Não posso dizer que não estava um pouco nervoso — por todo canto, ainda havia muitos soldados com armas —, mas que honra foi ficar de pé e declarar corajosamente Cristo, o Senhor, para a Romênia!

Quando Jesus é o Senhor da nossa vida, é a Ele que devemos prestar contas. Ele é Aquele a quem representamos. A Sua verdade é que é verdade e realidade para nós. O Jesus que nós seguimos é Rei. Nós somos cidadãos do Seu reino. Ele detém toda a autoridade. Ele tem toda a nossa lealdade, e nossa vida é devotada a Ele e à Sua verdade. Quando realmente o reverenciamos como Senhor sobre todas as coisas, isso muda tudo — incluindo a maneira como falamos e agimos. Podemos ser ousados; estamos vivendo em Seu reino, agindo em e sobre Sua verdade, pois o nosso Rei Jesus é o Deus Todo-poderoso.

Conduze-me, Soberano Senhor, a proclamar o evangelho aos outros e a compartilhar a Tua verdade com coragem. Amém.

DIA 4

> *Uma vez que o novo sistema nos dá tal esperança,*
> *podemos falar com grande coragem.* —2 CORÍNTIOS 3:12

Peter Cartwright foi um pregador metodista itinerante no século 19. Ele era o que chamamos de pregador de fogo e enxofre, fazendo sermões fascinantes sobre a ira de Deus e o castigo eterno. Ele nunca se eximiu de pregar o evangelho e batizou milhares de pessoas; sua paixão era que os outros experimentassem o perdão que ele mesmo havia encontrado.

A história conta acerca de um culto em que estava presente o General Andrew Jackson, que viria a ser presidente dos EUA. Jackson era conhecido por seu temperamento explosivo, e outras pessoas haviam aconselhado Cartwright a ter cuidado com o que diria em seu sermão. Os responsáveis pela reunião não queriam ofender o general. Ousadamente, Cartwright pregou a necessidade de arrependimento e destacou que até mesmo o General Jackson iria para o inferno se não se voltasse a Deus.

Agora, pregações de fogo e enxofre podem não ser a melhor maneira de ganhar almas para Cristo. Pedro e Paulo aconselharam que devemos compartilhar o evangelho com mansidão e respeito. Porém, a ousadia de Cartwright provinha de sua absoluta convicção na Palavra de Deus e de seu amor por Jesus Cristo.

Sobre o povo de Cristo, C. H. Spurgeon disse: "Devem ser corajosos, inabaláveis, com coração de leão, amando primeiro a Cristo e à Sua verdade e Cristo e Sua verdade acima do mundo todo".

Caro amigo, ame a Cristo e à Sua verdade acima de qualquer outra coisa deste mundo e você encontrará a ousadia do coração de leão. Você terá a confiança e a coragem necessárias para fazer o que é certo, independentemente das circunstâncias ou da oposição.

Bendito Jesus, mostra-me como te amar acima de tudo
e enche meu coração com a Tua verdade, para que eu possa declarar
ousadamente a Tua Palavra ao mundo ao meu redor. Amém.

DIA 5

Peço que, da riqueza de sua glória, ele os fortaleça com poder interior por meio de seu Espírito. —EFÉSIOS 3:16

Deus deseja usar os dons que concedeu a você. Ele tem um propósito para esses dons e prometeu equipá-lo em seu ser interior com o poder para usá-los bem. Somos fracos e impotentes sem o poder do Senhor. Em 2 Coríntios 4, Paulo escreveu que somos como vasos de barro contendo um tesouro. Nossa fraqueza dá espaço para a força de Deus agir. Quando não dependemos de nossa própria força e intelecto, e sim de Suas promessas, o poder de Deus resplandece.

Quais são essas promessas? Quando você o representar, a força dele atuará por seu intermédio. Ele lhe dará sabedoria para você usar bem o seu intelecto. Ele disse que sempre estará com você. O Senhor afirmou que fornecerá tudo de que você precisa para viver de acordo com a vontade dele.

Quando as decisões difíceis são necessárias ou quando é preciso ousadia para avançar, confiamos nele para resplandecer por meio de nossa vida. Deus pode ser glorificado em nossa fraqueza. O propósito dos seguidores de Cristo é este: glorificar a Deus em tudo que fazemos. Nossa ousadia, orientada por Seu espírito, pode fazer exatamente isso, embora exija que saiamos da nossa zona de conforto.

Minha oração por você, caro amigo, é que Deus, com Seus gloriosos recursos, o fortaleça por meio do Seu espírito que habita em seu ser interior.

Deus onipotente, eu te agradeço por me dares poder
para cumprir as Tuas promessas em minha vida. Leva-me a glorificar-te
enquanto a Tua força opera por meu intermédio. Amém.

DIA 6

Toda a Escritura é inspirada por Deus e útil para nos ensinar o que é verdadeiro e para nos fazer perceber o que não está em ordem em nossa vida. Ela nos corrige quando erramos e nos ensina a fazer o que é certo. Deus a usa para preparar e capacitar seu povo para toda boa obra. —2 TIMÓTEO 3:16-17

Você percebeu com que frequência os nossos pensamentos têm voltado às promessas de Deus, Sua verdade e Sua Palavra? Uma das coisas mais importantes que você pode fazer ao seguir a Cristo é saturar-se com a Palavra de Deus. Dwight L. Moody disse: "Quando encontramos um homem meditando nas palavras de Deus, meus amigos, esse homem é cheio de ousadia e bem-sucedido".

O Espírito usa a Palavra para nos moldar, guiar e proteger. Em Sua Palavra encontramos a verdade. Ouvimos as promessas de Deus para nós — promessas nas quais podemos confiar. Sua Palavra nos concede esperança; nos fornece uma perspectiva adequada e orientação. Sua Palavra nos dá uma base sólida para nos firmarmos. Com tal base, sabendo que o nosso Rei é Senhor de tudo e está sempre conosco, como podemos ser tímidos quanto a viver como cidadãos do Seu reino? A letra de um antigo hino resume isso:

> Firmes nas promessas do meu Salvador,
> Cantarei louvores ao meu Criador
> Fico pelos séculos no seu amor,
> Firme nas promessas de Jesus!
>
> [...]
>
> Firmes nas promessas não irei falhar,
> Vindo as tempestades a me consternar.
> Pelo Verbo Eterno eu hei de trabalhar,
> Firme nas promessas de Jesus!
> —*Firmes nas promessas* (CC 154)

Pai, que a Tua Palavra viva implante a verdade em meu coração e me guie para viver ousadamente para ti. Amém.

DIA 7

> *Em vez disso, consagrem a Cristo como o Senhor de sua vida. E, se alguém lhes perguntar a respeito de sua esperança, estejam sempre preparados para explicá-la.* —1 PEDRO 3:15

Não queremos ser ousados em nossa liderança simplesmente para ser ousados. Isso pode rapidamente se degradar em vaidade, teimosia, crueldade, egoísmo, arrogância e uma personalidade desagradável em geral. Todos esses traços de caráter na liderança são um negócio quando controlados pelo próprio ego, mas algo totalmente diferente quando sob o senhorio de Cristo.

Basta ler os evangelhos e o livro de Atos para ver a diferença que o Espírito Santo fez em Pedro — o discípulo ousado e impetuoso que, não obstante, desabou sob pressão e abandonou Jesus descaradamente quando o Senhor estava sendo julgado. Você se lembra do café da manhã que Jesus preparou para os discípulos após uma longa noite de pesca, não? Em um momento particular com Pedro, Jesus restabeleceu o relacionamento entre eles. Gosto de imaginar que Jesus também encorajou Pedro da seguinte forma: "Aguente firme, Pedro. Em breve, terei um grande trabalho para você. Você será o orador principal, e milhares ouvirão as minhas boas-novas".

Batizado com o Espírito Santo, Pedro se tornou um apóstolo ousado e destemido, que pregou a milhares em meio a uma festa religiosa. Ele exortou seus ouvintes a levarem sempre a mensagem de Cristo "de modo amável e respeitoso"; somente o Espírito Santo pode equipá-lo com isso. Caro amigo, essa ousadia de leão, corajosa e temperada pelo Espírito, é o que você e eu precisamos ter.

Espírito Santo, eu te agradeço por me mostrares as qualidades com coração de leão, semelhantes às de Cristo, de que preciso em minha vida. Ajuda-me a desenvolver essas qualidades com compaixão, para que eu possa representar bem a Cristo e compartilhar esperança e paz com outras pessoas. Amém.

NOTAS E ORAÇÕES

COMPAIXÃO

• SEMANA 4 •
DIA 1

Quando nos interessamos genuinamente pelas pessoas, quase sempre elas nos permitirão ver as suas alegrias bem como as suas dificuldades.
—Paul Weaver

> *Alegrem-se com os que se alegram*
> *e chorem com os que choram.*
> —ROMANOS 12:15

Compaixão é um estilo de vida. A compaixão é definida como uma disposição de suportar a dor dos outros e investir o que for necessário para curar as feridas deles. Para conhecer a dor de uma pessoa, você precisa coparticipar para descobrir o que está acontecendo na vida dela. Essa é uma escolha que todos nós precisamos fazer. Uma pessoa que não tem compaixão é vista como indiferente e egoísta. Frequentemente, uma pessoa tão egocêntrica desenvolve amargura. Madre Teresa de Calcutá disse que, "se não temos paz, é porque nos esquecemos de que pertencemos um ao outro". Fomos criados para estar em união uns com os outros e viver em relacionamentos.

Assim, compaixão como estilo de vida significa, antes de tudo, que fazemos escolhas que nos mantêm unidos aos outros. Nós nos abrimos para as pessoas e estamos dispostos não apenas a nos alegrar com quem se alegrar, mas também a compartilhar a dor de quem estiver sofrendo.

Senhor, enche-me com o desejo de demonstrar aos outros que me preocupo e que estarei com eles em suas dores. Abre meu coração para as lutas e sofrimentos ao meu redor e dá-me a oportunidade de servir aos necessitados. Senhor, concede-me a sabedoria necessária para saber o que dizer a quem está com o coração partido e sofrendo. Permite-me que eu os conduza a ti em todos os momentos de dificuldade, pois Tu és o verdadeiro Consolador. Senhor, eu quero demonstrar compaixão aos outros da mesma maneira como Tu demonstras compaixão por mim. No nome que está acima de todo nome, Jesus Cristo, meu Senhor, amém.

Orações sobre *Compaixão* **—SCOTT DAWSON**

DIA 2

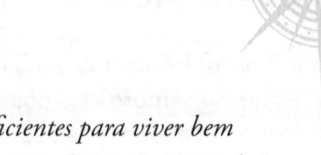

> *Se alguém tem recursos suficientes para viver bem e vê um irmão em necessidade, mas não mostra compaixão, como pode estar nele o amor de Deus?* —1 JOÃO 3:17

Compaixão significa também que, onde e quando podemos, estamos dispostos a investir o que quer que tenhamos para ajudar na cura de alguém. Atos de compaixão. Não temos como resolver todas as situações das pessoas ou resgatar a todos que estão em apuros. Porém, sempre podemos demonstrar bondade. Ajuda financeira nem sempre é a melhor maneira, ou a necessária, de demonstrar compaixão. O mais necessário é abrir o nosso coração. Às vezes, basta a nossa presença. Podemos ser capazes de ajudar dando nosso tempo. Jesus disse que algo tão simples quanto um copo de água fria pode ser uma expressiva dádiva de compaixão.

O princípio orientador não é "O que é melhor para os meus interesses?", mas sim "Como posso ajudar essa pessoa que está com problemas ou sofrendo? Do que ela necessita?". Viver compassivamente é olhar além dos seus próprios interesses. Ela dá a você a oportunidade de tocar outras pessoas na situação em que se encontram.

Abre meus olhos, Pai celestial, para que eu veja onde minha bondade e meu tempo são mais necessários. Enquanto procuro por pessoas a quem investir, mantém puras as minhas motivações para que eu possa glorificar o Teu nome. Tudo que eu tenho pertence a ti, Senhor; por isso, se eu puder demonstrar compaixão provendo algo para alguém ao meu redor, mostra-me o caminho. Eu quero ajudar os necessitados, assim como Tu me ajudaste compassivamente em momentos de minhas necessidades. Senhor, que minhas atitudes demonstrem um coração compassivo. Concluo fazendo esta oração no nome que está acima de todo nome, Jesus Cristo, meu Senhor, amém.

DIA 3

*Visto que Deus os escolheu para seu povo santo
e amado, revistam-se de compaixão, bondade, humildade,
mansidão e paciência.* —COLOSSENSES 3:12

A compaixão fará de você uma pessoa melhor. Liderança servil é exatamente isso. Como uma pessoa compassiva, você olhará para os outros e verá além do que eles podem fazer pela equipe ou por você pessoalmente. Você verá cada pessoa como um indivíduo que carrega alegrias e tristezas que nada têm a ver com associações. Você celebrará e sofrerá com eles. Sua relação com as pessoas que você conhece e lidera irá além de pensamentos acerca de estratégias, capacidades e produtividade, pois será uma união de coração.

A liderança compassiva nutre a pessoa por inteiro, não somente a parte com a qual cada pessoa contribui. Viver em conexão integral não é apenas saudável; ela beneficia a todos. Como os sorrisos e a gentileza, a compaixão é contagiosa. Um líder compassivo difunde essa característica por toda a rede de pessoas que ele lidera e com as quais está envolvido.

A razão mais importante para se viver com compaixão é porque somos servos de Deus. Não demonstramos compaixão no local de trabalho apenas para beneficiar a nossa organização, ou em nossa família para beneficiar somente a nós mesmos. Nós vivemos com compaixão porque o povo de Deus tem sempre a missão de curar e investir nos outros.

*Espírito Santo, quando eu acordar pela manhã, reveste-me de compaixão
pelas pessoas ao meu redor. Se, de alguma maneira, eu tiver feito mal
a outra pessoa ou agido de maneira egoísta, revela-me para que eu possa
me arrepender. Sê comigo quando eu sair, para que todas as minhas
palavras e ações demonstrem o amor e a compaixão que Tu me mostraste.
Eu oro no nome que está acima de todo nome, Jesus Cristo,
meu Senhor, amém.*

DIA 4

> *Cantem, ó céus! Alegre-se, ó terra! Irrompam em cânticos, ó montes! Pois o S*ENHOR *consolou o seu povo e terá compaixão dele em meio ao sofrimento.* —ISAÍAS 49:13

O nosso Deus é um Deus compassivo. Ele instruía frequentemente os israelitas a serem especialmente bondosos e generosos com os necessitados. "Se, contudo, houver algum israelita pobre em suas cidades [...], não endureçam o coração e não fechem a mão para ele" (Deuteronômio 15:7). Os salmos celebram a profunda e interminável compaixão do Senhor, Ele "derrama misericórdia sobre toda a sua criação" (Salmo 145:9). Provérbios adverte que o tratamento que dispensamos aos pobres é assunto sério.

Oprimir os pobres insulta o seu Criador, ajudá-los honra a Deus (Provérbios 14:31). Ajudar os pobres é como emprestar ao Senhor, e Ele o recompensará (Provérbios 19:17). Deus fornece instruções especiais referentes a cuidar de viúvas e órfãos. Nós temos recebido Sua grande compaixão e misericórdia. Agora que somos Seus filhos, devemos imitar o nosso Pai e permitir que Sua compaixão e misericórdia fluam por nosso intermédio para o mundo ao nosso redor.

Senhor Jesus, eu te agradeço pela compaixão que Tu tens demonstrado a mim durante toda a minha vida. Em tempos de aflição, Tu tiveste compaixão de mim. Tu és o meu Pastor e, com o Teu olhar vigilante, cuidas de mim. Senhor, abre o meu coração. Permite-me reconhecer quando os outros têm um coração voltado a ti, para que eu possa me alegrar com eles. Preenche a minha vida com pessoas compassivas e permite-me demonstrar a compaixão que Tu tens me demonstrado continuamente. No nome que está acima de todo nome, Jesus Cristo, meu Senhor, amém.

DIA 5

Jesus teve compaixão deles...
—MATEUS 20:34

A grande compaixão de Jesus marcou Seus três anos de ensino e ministério terreno. O Senhor era frequentemente rodeado por multidões de enfermos e endemoninhados, e Ele os curava. Uma vez, certa casa estava tão cheia que as pessoas não conseguiam entrar para ver Jesus. No dia em que Jesus soube que Herodes havia decapitado Seu primo João, Ele quis afastar-se e ficar sozinho para orar; porém as multidões o seguiram, e Sua compaixão o impeliu a passar o restante do dia curando e ensinando. Ele realizou o milagre da multiplicação dos pães e peixes porque teve compaixão das pessoas que não tinham o que comer. Ele chorou por Jerusalém porque muitos recusaram a Sua mensagem. Enquanto Seu corpo era dilacerado pela dor durante Sua morte na cruz, a compaixão de Jesus alcançou, perdoou e tranquilizou o ladrão que morria ao Seu lado.

Jesus via as multidões e toda pessoa ferida que se achegava a Ele como "confusas e desamparadas, como ovelhas sem pastor" (Mateus 9:36). Não precisamos ir muito longe para encontrar mais ovelhas que ainda não estão sob os cuidados do Grande Pastor. Nós somos representantes de Cristo agora neste mundo. Direcionaremos todas elas ao Pastor? Afinal, foi Sua grande compaixão por elas que o levou à cruz.

Pai, ajuda-me a refletir a Tua infinita bondade em minhas atitudes hoje. Nada faz sentido sem o Senhor. Quando penso em como Tu foste bondoso comigo, fico muito alegre e grato. Senhor, ajuda-me a compartilhar o Teu maravilhoso nome com os outros, tanto em minhas ações quanto em minhas palavras. No nome que está acima de todo nome, Jesus Cristo, meu Senhor, amém.

DIA 6

[O Rei] responderá: "Eu lhes digo a verdade: quando se recusaram a ajudar o menor destes meus irmãos e irmãs, foi a mim que se recusaram a ajudar". —MATEUS 25:45

Em Mateus 25, Jesus fala a Seus discípulos acerca do fim desta era, Sua volta e Seu julgamento. Quando Jesus separa as pessoas de acordo com o que elas fizeram, toda ação que Ele menciona é um ato de compaixão: alimentar os pobres, dar de beber aos sedentos, acolher o desconhecido, prover roupas aos necessitados, cuidar dos enfermos, visitar os presos. O critério de separação não é se as pessoas seguiram um conjunto de regras, se fizeram grandes coisas ou se foram ou não à igreja todos os domingos. O julgamento se baseia em se elas demonstraram ou não compaixão.

Jesus se preocupa tanto com os necessitados que diz identificar-se com eles. Ele leva para o lado pessoal se demonstramos ou não compaixão pelos outros. É como um irmão mais velho dizendo a um valentão no parquinho: "Se você mexe com o meu irmão mais novo, está mexendo *comigo*!".

Atos de compaixão são ações realizadas — ou não realizadas — para o próprio Senhor. Quão importante é, para o nosso Salvador, investirmos na cura de outras pessoas neste mundo!

Pai Celestial, lembra-me hoje de como a compaixão, e não o sucesso pessoal, é o que eu mais devo valorizar. Ensina-me a colocar os outros antes de mim mesmo, pois isso te agrada. Mostra-me a quem devo servir. Dá-me um coração compassivo para servi-los com alegria. Que os meus atos sejam altruístas e bondosos. Lembra-me de que, quando sirvo aos outros, estou servindo a ti. No nome que está acima de todo nome, Jesus Cristo, meu Senhor, amém.

DIA 7

*Filhinhos, vocês pertencem a Deus e já venceram
os falsos profetas, pois o Espírito que está em vocês é maior
que o espírito que está no mundo.* —1 JOÃO 4:4

A nossa missão é representar bem a Cristo neste mundo. A missão do diabo é impedir isso! Satanás não quer que o mundo veja o compassivo Deus de misericórdia que morreu na cruz para salvar as pessoas e lhes dar vida. O Maligno atrapalhará a nossa missão sempre que puder. O que devemos fazer? Atar-nos à Videira! Permanecer unidos a Cristo.

Quando nos unimos firmemente à Videira, Jesus Cristo, Ele nos segura com força, e a vida da Videira flui através de nós e produz Seus frutos. Caro amigo, o Espírito do Senhor Jesus vive em você. O Espírito dele é maior do que o inimigo, que quer a todo custo nos impedir de cumprir a nossa missão de curar e conduzir pessoas para Deus.

Você pode confiar na promessa de Jesus. Permaneça nele e Ele permanecerá em você. Assim, o Seu Espírito em você poderá dar muitos frutos. A compaixão será um deles.

*Querido Deus, conduze-me para que eu seja rico em bondade
e transbordante de amor. Impede-me de julgar os necessitados; em vez disso,
enche meu coração com compaixão até mesmo pelos meus piores inimigos.
Que eu sempre me lembre de que já fui Teu inimigo, Senhor, mas Tu tiveste
compaixão de mim. Abre meu coração e enche-o de amor por ti
e pelos outros. Enquanto eu prossigo, mostra-me a Tua vontade
e os Teus caminhos. Continua a encher-me de compaixão diariamente.
No nome que está acima de todo nome, Jesus Cristo, meu Senhor, amém.*

NOTAS E ORAÇÕES

CORAGEM

• SEMANA 5 •
DIA 1

Seja um líder corajoso hoje, e você e sua equipe conquistarão confiança e ainda mais coragem.
—Paul Weaver

> *Não tenham medo dessas nações, pois o Senhor, seu Deus, está entre vocês, e é Deus grande e temível.* —DEUTERONÔMIO 7:21

Davi é apenas um garoto quando seu pai o manda levar alimentos para seus irmãos que estão lutando em uma batalha. Ele chega ao acampamento do exército e encontra as tropas de Israel escondidas em suas tendas. Um gigante do exército inimigo os provoca e intimida. Davi diz a Saul: "Seu servo vai lutar contra ele" (1 Samuel 17:32). O rei lhe responde: "Você não conseguirá lutar contra esse filisteu e vencer! É apenas um rapaz…" (v.33).

Davi argumenta: "O Senhor que me livrou das garras do leão e do urso também me livrará desse filisteu!" (v.37). Saul o consente, mas insiste que Davi use sua armadura. "Não consigo andar com tudo isso, pois não estou acostumado" (v.39), e desistiu da armadura. Então, "Pegou cinco pedras lisas de um riacho e […] armado apenas com seu cajado e sua funda, foi enfrentar" Golias (v.40). Antes de derrotá-lo, Davi declara: "E todos que estão aqui reunidos saberão que o Senhor salva seu povo" (v.47).

A questão é que Davi enxerga o Deus Todo-poderoso, enquanto todos os demais estão olhando para o enorme gigante e lhe dando ouvidos. Se agirmos como Davi, descobriremos que também temos coragem. Se sabemos que estamos nas mãos do poderoso Deus e que ninguém pode nos derrotar por estarmos em Cristo, teremos coragem para fazer a coisa certa.

Pai celestial, às vezes os desafios que enfrento parecem elevar-se sobre mim, mas Tu permitiste que eles estivessem à minha frente para ver se eu estou pronto para crer que Tu podes me usar para realizar algo humanamente impossível. Permite-me exercer hoje uma coragem como a de Davi, de assumir meus compromissos com base na estatura do meu Deus, em vez de no tamanho dos meus inimigos. Ele não conseguiria fazer isso sem ti; eu também não consigo.

Orações sobre *Coragem* **—BOB SHANK**

DIA 2

> *Pela fé [Moisés], saiu do Egito*
> *sem medo da ira do rei e prosseguiu sem vacilar,*
> *como quem vê aquele que é invisível.*
>
> —HEBREUS 11:27

Quando Deus fala pela primeira vez a Moisés acerca de como conduzir os israelitas para fora do Egito, Moisés dá desculpas. As pessoas não acreditarão nele. Ele não é um bom orador, e Deus está pedindo-lhe que vá contra o homem mais poderoso daquela terra. Moisés está vivendo no deserto há 40 anos, pois matou um homem e teve que fugir para salvar sua vida. Ele ouve com atenção o plano de Deus, mas certamente tem motivos para sentir medo; então, dá desculpas. Porém segue os mandamentos de Deus e se torna um dos maiores líderes citados na Bíblia. Por quê? Ele manteve seu olhar no Senhor. A certa altura dos 40 anos de viagem com os israelitas, Moisés desejava ter a certeza de que o Senhor estaria sempre com eles, então diz a Deus: "Se não nos acompanhares pessoalmente, não nos faças sair deste lugar" (Êxodo 33:15).

A promessa de Deus, de que nunca nos deixará nem nos abandonará, é algo que reivindico frequentemente e que me dá coragem para avançar. Devemos manter o nosso olhar nele e depender de Sua promessa de sempre estar conosco. É assim que encontraremos coragem para tudo que enfrentarmos.

Dá-me hoje o dom da fé — para pensar, falar e agir
com a confiança de que não estou sozinho, de que Tu estás
ativamente envolvido em tudo em que estou envolvido.
Eu creio em ti o tempo todo. Amém.

DIA 3

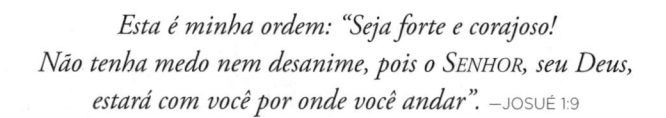

Esta é minha ordem: "Seja forte e corajoso!
Não tenha medo nem desanime, pois o Senhor, seu Deus,
estará com você por onde você andar". —JOSUÉ 1:9

Coragem não é um produto de emoções. É uma escolha que fazemos — se faremos ou não o que é certo, apesar do que possamos sentir. Frequentemente, a coragem de uma pessoa estimulará outras a serem corajosas. Como ajudante de Moisés, Josué viu as maravilhas realizadas por Deus em favor do povo de Israel. Ele foi um dos espiões enviados à Terra Prometida para verificar a terra e as pessoas contra as quais eles lutariam quando ali entrassem. O grupo retornou com boas e más notícias: "É uma terra de abundância, mas povoada por gigantes que nos destruirão".

Mas Josué e Calebe disseram: "Porém o Senhor estará conosco. Nós podemos conquistá-la. Precisamos fazê-lo".

Josué assume a liderança após a morte de Moisés e vive segundo as promessas. Seja forte. Seja corajoso. O Senhor nunca te deixará nem te desamparará. O Senhor irá à sua frente. Não tenha medo.

Josué avança e leva os israelitas para a Terra Prometida. Sim, há obstáculos e batalhas, mas sua coragem provém de confiança no que Deus prometeu. Josué inclusive lidera o povo na batalha contra Jericó sem usar armas, visto que Deus lhes prometera que seriam vitoriosos se seguissem as Suas instruções. Decidir confiar e agir segundo as promessas de Deus nos dará coragem para avançar.

Senhor, ajuda-me a ouvir a Tua voz como Moisés e Josué ouviram.
Eu quero ser forte e corajoso. Dá-me a força e a confiança necessárias
para fazê-lo, e fazê-lo fielmente. Eu confiarei em ti hoje. Amém.

DIA 4

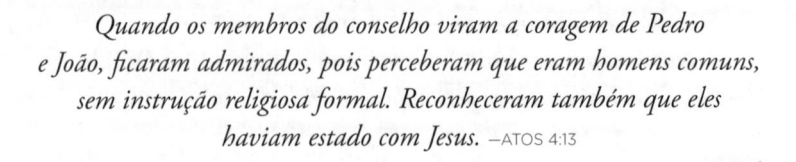

Quando os membros do conselho viram a coragem de Pedro e João, ficaram admirados, pois perceberam que eram homens comuns, sem instrução religiosa formal. Reconheceram também que eles haviam estado com Jesus. —ATOS 4:13

Q**uando penso em coragem, penso em Pedro**. A partir do dia de Pentecostes, Pedro começa a pregar ousadamente a milhares de pessoas. Tal é o impacto de sua pregação que as autoridades religiosas estabelecidas ficam alarmadas e tentam silenciá-lo. Certa feita, Ele e João foram presos e passaram a noite na cadeia. No dia seguinte, ao serem levados perante o conselho do Sinédrio, Pedro prega para eles! Ao receberem a ordem de parar de falar em Jesus, Pedro e João respondem, com ousadia: "Os senhores acreditam que Deus quer que obedeçamos a vocês, e não a ele? Não podemos deixar de falar do que vimos e ouvimos!" (Atos 4:19-20).

O conselho ficou surpreso com a posição inabalável tomada por Pedro e João, "e reconheceram também que eles haviam estado com Jesus".

Ser capaz de viver corajosamente decorre de nos apoiarmos em nosso Senhor, centrarmo-nos nele e darmos ouvidos à Sua garantia. Ele disse que o seguir custaria caro. Serão necessárias bravura e coragem. Ele prometeu que nunca nos deixará. Ele sempre estará conosco. Porém, também nós temos de estar com Ele. *Nós* não podemos deixar o *Senhor*. Temos que despender tempo com Ele, em Sua Palavra, em oração, em escutar o que Ele tem a nos dizer. Se quisermos viver com coragem, teremos de estar com Jesus.

Eu não tenho motivo para ser tímido ou temeroso, Senhor.
Ajuda-me a lembrar-me disso hoje. Ajuda-me a viver dia após dia,
sabendo que Tu conheces a minha história e me levarás
ao meu futuro como parte de Teu plano. A minha tarefa é
fazer hoje o que Tu tens para eu fazer. Amém.

DIA 5

Toda a glória seja a Deus que, por seu grandioso poder que atua em nós, é capaz de realizar infinitamente mais do que poderíamos pedir ou imaginar. —EFÉSIOS 3:20

O relato, em Atos, de Pedro e João perante o Sinédrio nos dá um detalhe importante. "Cheio do Espírito Santo, Pedro lhes respondeu…" (Atos 4:8). Pedro é o mesmo homem que havia tido muito medo de dizer: "Sim, eu conheço Jesus". Ele havia jurado ir para a morte com Jesus, mas desistiu desse voto quando se deparou não com um gigante, mas com uma serva. Ele teve medo e escolheu ceder a esse medo. Porém, quando confrontado pelo poderoso conselho que poderia lançá-lo na prisão ou mandar executá-lo, Pedro se mantém firme. Ele declara o nome e a salvação que há em Jesus. "Não há salvação em nenhum outro!" (v.12), diz ele com ousadia.

O que fez a diferença? O Espírito Santo habitando nele, que é "a grandeza insuperável do poder de Deus para conosco, os que cremos. É o mesmo poder grandioso que ressuscitou Cristo dos mortos" (Efésios 1:19-20).

Dedique hoje um tempo para refletir sobre isto: o poder que ressuscitou um homem dos mortos está disponível em sua vida. O poder que transformou Pedro age também em você. Seja forte e corajoso nesse magnífico poder.

Deus Todo-poderoso, Tu conheces os meus pensamentos.
Tu estás em contato com o que está acontecendo em minha mente
e meu coração. Teu Espírito vive em mim, o mesmo
Espírito Santo que ressuscitou Jesus de Seu túmulo emprestado.
Ajuda-me a viver hoje como realmente crendo naquilo
em que creio. Espírito Santo, prova para mim hoje que Tu estás
vivendo e agindo em mim de verdade. Amém.

DIA 6

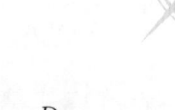

Portanto, tenham ânimo! Creio em Deus;
tudo ocorrerá exatamente como ele disse. —ATOS 27:25

Nosso versículo para hoje é extraído do relato de um naufrágio. A tempestade teve a força de um vendaval tão forte que a tripulação perdeu o controle do navio e não viu o Sol ou as estrelas durante muitos dias. Não havia mais esperança. Eles tinham certeza de que morreriam. Paulo está a bordo, reúne os homens e lhes diz: "…ontem à noite, um anjo do Deus a quem pertenço e sirvo se pôs ao meu lado e disse: 'Não tenha medo, Paulo! É preciso que você compareça diante de César. E Deus, em sua bondade, concedeu proteção a todos que navegam com você'. Portanto, tenham bom ânimo!" (Atos 27:23-25).

Paulo confia no que Deus diz que acontecerá. É por isso que ele diz aos homens que eles não precisavam ter medo. O naufrágio viria, mas a vida deles seria salva. "Se Deus disse isso, eu tenho fé de que acontecerá exatamente assim!".

Caro amigo, oro para que você e eu possamos dizer isso com a mesma ênfase. A coragem vem de saber que "tudo ocorrerá exatamente como [Deus] disse".

Pai, perdoa-me por ficar demasiadamente envolvido com os dias difíceis
que fazem parte da minha vida e não ouvir a Tua voz me dizendo que
Tu não me deixarás e estás empenhado em ajudar-me a superar toda
e qualquer coisa. Dá-me a coragem de fazer com que as pessoas
ao meu redor saibam da minha fé em ti. Aconteça o que acontecer,
deixarei registrado: eu confio em ti. Amém.

DIA 7

Portanto, sejam fortes e corajosos, todos vocês que põem sua esperança no SENHOR! —SALMO 31:24

A minha coragem não vem de mim mesmo. Estou convencido da presença de Cristo em meu interior e da confiabilidade de Suas promessas. Isso é o que me dá coragem. A coragem pode ser desenvolvida? Sim, pode! "Os olhos do SENHOR passam por toda a terra para mostrar sua força àqueles cujo coração é inteiramente dedicado a ele..." (2 Crônicas 16:9). Entregar nosso coração totalmente a Ele desenvolve coragem. Ter fé em Deus significa que colocamos a nossa esperança nele, não em nós mesmos. Tomamos as nossas decisões com base no que Ele diz que acontecerá e no que Ele diz que fará. Não dependemos de nossa própria força e de nossos recursos.

Uma percepção da presença de Deus traz consigo uma consciência de Sua força e Sua provisão. Se queremos demonstrar coragem como estilo de vida, precisamos investir mais tempo com o Senhor, aprender sobre Suas promessas, manter nosso olhar no Deus poderoso, reconhecer o Seu poder trabalhando em nós e escolher agir, confiando totalmente em Sua grandiosidade, Sua bondade e Suas promessas. Colocamos nossa esperança nele. É assim que seremos capazes de viver fortes e corajosos.

Deus, ajuda-me a guardar o meu coração contra o engano.
Ajuda-me a focar minha atenção em ti e em Tuas promessas.
Espírito Santo, convence-me quando eu duvidar e me encoraja
quando eu concordar. Deixa minha fé ficar tonificada
e forte ao exercê-la servindo a ti minuto a minuto, dia a dia,
enquanto continuo a viver a vida que Tu sempre planejaste para mim.
Para Tua glória, unicamente, é a minha oração. Amém.

NOTAS E ORAÇÕES

TOMADA DE DECISÃO

• SEMANA 6 •
DIA 1

Quanto mais praticamos a tomada de decisão, melhores ficamos. —Paul Weaver

> *...escolham hoje a quem servirão [...] Quanto a mim, eu e minha família serviremos ao SENHOR.* —JOSUÉ 24:15

Eu amo o apelo de Josué à tomada de decisão. Ele traçou uma linha, não na areia, e sim no concreto. Ele foi à frente declarando, com firmeza, sua própria decisão. O povo de Israel o seguiu, repetindo três vezes que a decisão deles, também, era de seguir o Senhor. Infelizmente, muitas vezes, eles não cumpriram tal decisão.

Pense bem. A salvação é uma dádiva de Deus. A decisão de seguir Jesus não pode ser um assentimento verbal superficial; precisamos dar seguimento e colocar todos os aspectos de nossa vida sob Seu controle e senhorio.

Pense com coragem. Deus está procurando pessoas com um coração totalmente comprometido, para poder fortalecê-las e fazer coisas incríveis na vida delas (2 Crônicas 16:9).

Essa é a decisão mais importante que você tomará. Ela é, também, uma decisão pela alegria. Nas horas que antecederam a Sua prisão, havia muitas coisas ainda que Jesus queria dizer aos Seus discípulos. Ele declarou: "Eu lhes disse estas coisas para que fiquem repletos da minha alegria. Sim, sua alegria transbordará!" (João 15:11). Se você deseja ter alegria no coração, tome a decisão de que Cristo será entronizado em sua vida. Coloque-o em primeiro lugar. No tocante a seguir Jesus, seja tão decidido quanto Josué.

Deus Pai, eu me decido por ti hoje em todas as circunstâncias, antes mesmo de o dia começar! Quando eu for tentado a vacilar, lembra-me de que a minha primeira lealdade é para contigo. Concede-me a firmeza necessária para decidir com segurança cada ação adequada e, assim, tomar decisões boas e piedosas.

Orações sobre *Tomada de decisão* —**BARBARA BORNTRAGER**

DIA 2

Quando veio em forma humana, humilhou-se e foi obediente até a morte, e morte de cruz! —FILIPENSES 2:7-8

Quando decidimos seguir a Jesus, Ele é o nosso exemplo. "Tenham a mesma atitude demonstrada por Cristo Jesus" (Filipenses 2:5). Leia os relatos da longa noite no jardim do Getsêmani. Jesus agonizava pela decisão de submeter-se à vontade de Deus, mas finalmente, Ele declara: "Contudo, que seja feita a tua vontade, e não a minha" (Lucas 22:42).

Pense na vida de Jesus. Hebreus 5:8 nos diz que Jesus aprendeu obediência pelas coisas que sofreu. Ao longo de Sua vida, Ele teve de tomar decisões referentes a seguir a vontade de Deus. No deserto, antes de iniciar o Seu ministério, o diabo o tentou a optar por um atalho. Satanás disse: "Eu lhe darei tudo isto [...]. Basta ajoelhar-se e adorar-me" (Mateus 4:9). Jesus havia vindo para salvar o mundo. Ali estava uma chance de conquistar o mundo em um passo fácil. Porém Jesus tomou a Sua decisão. Ele disse algo muito semelhante ao dito por Josué: "Adorarei e servirei somente a Deus".

Esta primeira e decisiva escolha — seguir a Jesus — será a base para todas as outras decisões em sua vida. Por vezes, outras serão difíceis, mas essa edifica a estrutura essencial, os seus valores fundamentais, para atravessar a vida tomando decisões sábias, vivificantes e que honram a Deus, como fez o nosso Campeão.

Jesus, agradeço-te por ires à nossa frente e seres o modelo da vida que Tu nos pedes para viver. Agradeço-te por nos mostrar a Tua luta no Getsêmani. Senhor, agora Tu entendes os nossos dilemas e as nossas fraquezas. Eu te agradeço por nunca perderes o Teu foco e, em vez disso, caminhares ao Calvário até o amargo fim para garantir o meu futuro eterno no lar celestial contigo. Amém.

DIA 3

Se vocês me amam, obedeçam a meus mandamentos.
—JOÃO 14:15

D**evemos nos perguntar:** "Eu amo Jesus? Agradá-lo é o desejo do meu coração?". Se nossa resposta a esse questionamento for tão firme e decisiva quanto a declaração de Josué, isso também nos ajudará a sermos resolutos em outras decisões que enfrentamos. "Pois o amor de Cristo nos constrange..." (2 Coríntios 5:14 NVI). O amor de Cristo nos conduz e nos impulsiona. Seu amor por nós é uma força que move o nosso coração a agir de certas maneiras, e o nosso amor por Ele nos compele a certas ações. Então, Seu amor *em* nós, o amor ágape de Cristo, que o Espírito Santo desenvolve em nosso interior, guia-nos em nosso comportamento e atitudes para com os outros. O nosso amor por Jesus nos manterá o seguindo de perto.

Para cumprir os Seus mandamentos, teremos de conhecê-los. Teremos que ler as palavras de Jesus com tanto rigor e atenção quanto os Seus discípulos o escutavam enquanto Ele ensinava. Eles nem sempre entendiam o que ouviam. E nós nem sempre entendemos o que lemos. Porém Jesus prometeu que o Espírito Santo dará continuidade ao Seu ensino em nós. E a minha experiência tem sido de que, quanto melhor eu o conheço, mais apaixonadamente o amo.

Nossa decisão de seguir Jesus desenvolve a mentalidade da qual necessitamos para tomarmos outras decisões na vida. Nosso amor por Ele fortalece essa mentalidade, derrama-a em concreto, quando resolvemos ler e obedecer, escutar e obedecer.

É realmente o desejo do meu coração agradar a ti, Jesus?
Será que conheço os Teus mandamentos para mim neste dia?
Quando eu ler a Tua Palavra, imprime em mim exatamente
o que Tu queres de mim hoje. Amém.

DIA 4

...ponham à prova tudo que é dito e fiquem com o que é bom.
—1 TESSALONICENSES 5:21

Eu confio nas Escrituras para me dar uma boa base a fim de tomar decisões piedosas. Paulo em 2 Timóteo 3:16 nos assegura de que elas são concedidas por Deus para nosso benefício. As Escrituras nos ensinarão, nos corrigirão quando enveredarmos pelo caminho errado e nos treinarão para uma vida correta. Quando nos deparamos com uma decisão difícil, por vezes, esses outros caminhos parecem muito atraentes.

É por isso que precisamos ter as Escrituras "escondidas" em nosso coração — para nos impedir de pecar. Precisamos confiar na Palavra de Deus e obedecê-la. Nos casos em que não responde especificamente a sua pergunta, as Escrituras ainda são o agente ativo de Deus que nos ensina, edifica valores piedosos e nos mostra a vontade de Deus quanto à maneira de vivermos. Elas nos sintonizam com os pensamentos de Deus, pois aprendemos o que o agrada e o que Ele odeia. Vemos Seu plano geral e como nos encaixamos nele. Tudo isso nos ajuda a tomar decisões boas e piedosas. Mesmo quando somos atingidos por situações repentinas e inesperadas, em que precisamos tomar decisões em alguns breves momentos, a mente e o coração treinados pelas Escrituras buscarão o caminho piedoso em tal circunstância. A Bíblia é uma arma para resolver as coisas, testando todos os espíritos que tentam falar à nossa vida.

Agradeço-te, Senhor, pelo arsenal divino fornecido em Tua Palavra
e a surpreendente capacidade dela em derrubar as mentiras do inimigo.
O que sei de cor é o que o meu coração realmente sabe! Por isso,
hoje eu decido memorizar um versículo como um projétil
para exterminar uma mentira lançada pelo inimigo; depois,
o manterei em minha câmara de disparo!

DIA 5

Abriste um caminho largo para meus pés,
de modo que não vacilem.

—2 SAMUEL 22:37

Anos atrás, alguém compartilhou comigo quatro princípios. Eu os apresento mais adiante como diretrizes, na seção sobre DISCERNIMENTO, mas quero já indicá-los aqui visto que eles têm me ajudado muito na tomada de boas decisões.

1. Deus nunca lhe pedirá para fazer algo contrário à Sua Palavra.
2. Entregue seus questionamentos e opções ao Senhor em oração e busque por Sua sabedoria. Ele prometeu nos guiar pelo melhor caminho para nós. Ele nos garantiu que nos dará sabedoria se pedirmos. Logo, você deve confiar em Suas promessas.
3. Ouça a voz do Senhor falando ao seu coração. Ele lhe dará paz ou restrições acerca da decisão.
4. Esteja aberto quanto ao uso das circunstâncias, por Deus, a fim de lhe indicar o caminho. Ele abre ou fecha portas.

Eu gostaria de acrescentar um quinto princípio a essa lista: *Eu levo a decisão à minha "irmandade"* — as pessoas que me conhecem melhor, que entendem o meu coração e me darão conselhos piedosos, e isso inclui minha esposa Barb, meus filhos e meu grupo de prestação de contas.

Quando esses cinco pontos estiverem alinhados, poderei seguir em frente. Essa foi a melhor maneira que encontrei para ter confiança quanto a minha decisão estar no centro da vontade de Deus.

Senhor Deus, peço-te sabedoria quanto a esta decisão que tenho
de tomar agora: _____. Abre e fecha
portas para mim. Permite-me ouvir claramente a Tua voz dizendo:
"Este é o caminho pelo qual [deve] andar" (Isaías 30:21).
Concede-me confiança para tomar a decisão correta.

DIA 6

*Confie no SENHOR de todo o coração; não dependa
de seu próprio entendimento. Busque a vontade dele
em tudo que fizer, e ele lhe mostrará o caminho
que deve seguir.* —PROVÉRBIOS 3:5-6

Tomar uma decisão envolve assumir certo risco. O medo de tomar a decisão errada pode nos deter. Às vezes, não temos muito tempo para pensar em nossa decisão, muito menos tempo suficiente para processá-la através dos cinco pontos de verificação que sugeri anteriormente. É então que a fé nas promessas de Deus nos ajudará a sermos resolutos e nos manterá avançando. Ele nos deu repetidas garantias de que, se o seguirmos e confiarmos nele em todos os aspectos de nossa vida, Ele nos indicará os caminhos. Quando não temos certeza, podemos seguir em frente *crendo* na verdade do que Deus disse. Ele nos conduzirá na direção certa.

Plante as promessas do Senhor em seu coração e sua mente. Elas lhe darão a coragem necessária para ser resoluto. Eis aqui algumas delas para você começar:

"Eu o guiarei pelo melhor caminho para sua vida, lhe darei conselhos e cuidarei de você" (Salmo 32:8).

"Eu lhe ensinarei o caminho da sabedoria e o conduzirei por uma estrada reta" (Provérbios 4:11).

"Tu me guias com teu conselho e me conduzes a um destino glorioso" (Salmo 73:24).

"Quando vier o Espírito da verdade, ele os conduzirá a toda a verdade" (João 16:13).

"Pois Deus está agindo em vocês, dando-lhes o desejo e o poder de realizarem aquilo que é do agrado dele" (Filipenses 2:13).

*Pai, Tu prometeste instruir-me no caminho que devo seguir.
Tu me aconselharás com o Teu olhar amoroso. Eu confio
na Tua orientação divina para me levar a qualquer mudança
que eu precisar fazer.*

DIA 7

*E, agora, que o Deus da paz, que trouxe de volta dos mortos
nosso Senhor Jesus, o grande Pastor das ovelhas, e confirmou uma aliança
eterna com seu sangue, os capacite em tudo que precisam para fazer
a vontade dele. Que ele produza em vocês, mediante o poder de Jesus Cristo,
tudo que é agradável a ele, a quem seja a glória para todo o sempre!
Amém.* —HEBREUS 13:20-21

Deus nos equipará com tudo de que precisarmos para fazer a Sua vontade. Ele prometeu isso. Ele nos equipa com a armadura que providenciou para nós. O cinto da verdade e a espada do Espírito nos preparam para tomar decisões difíceis. O capacete da salvação protege a nossa mente, e o escudo da fé apaga as setas inflamadas da dúvida ao tomarmos decisões. A armadura nos permite permanecer firmes em fazer a vontade de Deus.

Finalmente, por meio de Seu poder, Deus produzirá em nós as coisas boas que agradam a Ele. O Senhor está agindo em nós até mesmo quando nos sentimos instáveis e inseguros. Ele está conosco, desenvolvendo o caráter e as obras que planejou para nós.

Essas são promessas que ancoram a sua fé em Deus quando você enfrenta decisões. Toda glória é devida a Ele, para todo o sempre. Amém.

*Pai, produze em mim tudo que agrada a ti. Eu visto a verdade
das Sagradas Escrituras e carrego tais versículos para esmagar as mentiras
do inimigo. Minha mente está protegida pelo capacete da salvação
através do sangue de Jesus. Meu escudo brilha com o sangue de Jesus
para apagar as setas inflamadas de Satanás. Eu te agradeço por
ancorar a minha fé em TI. Amém.*

NOTAS E ORAÇÕES

CONFIABILIDADE

• SEMANA 7 •
DIA 1

A confiabilidade é necessária para atingir a confiança e a influência que constituem a base da liderança eficaz. —Paul Weaver

Irei à procura dos fiéis para conviverem comigo. Só terão permissão de me servir os que andam no caminho certo. —SALMO 101:6

Confiabilidade é ser íntegro e digno de confiança. A minuciosidade, que será discutida mais adiante, e a confiabilidade são duas características interdependentes. Elas dificilmente podem ser separadas. Uma pessoa minuciosa, que presta atenção aos detalhes e à precisão, costuma ser também confiável. Podemos contar com ela para cuidar de detalhes e fazer isso da maneira certa. Reciprocamente, a pessoa confiável é também uma pessoa minuciosa. A confiabilidade requer que sejamos minuciosos no cumprimento de nossos deveres, designações e promessas.

Agora, você já percebeu quão interligados estão esses traços de caráter. Uma pessoa depende da outra. Uma dá crescimento e suporte às outras. Uma é necessária à outra. Não se pode ser produtivo sem ser diligente. Você não terá compaixão se não consegue ser empático. Nós queremos colocar essas características sob o senhorio de Cristo. Ele é Aquele a quem servimos — não nosso chefe, nossa diretoria, nossa equipe ou nós mesmos. Nós somos servos do Deus Altíssimo. Como tais, servimos ao nosso chefe, a nossa diretoria, a nossa equipe e até a nós mesmos, mas Deus é o detentor do trono em nossa vida.

Deus, ajuda-me a ser fiel e confiável para com os necessitados. Senhor, ajuda minha vida a te refletir e, assim, que eu seja achado irrepreensível diante de ti. Perdoa-me, Senhor, por falhar ou não corresponder às expectativas que suscitei nos outros. Que eu esteja atento aos detalhes e sirva com espírito de compaixão. Amém.

Orações sobre Confiabilidade **—ALAN GREENE**

DIA 2

A pessoa que promete um presente, mas não o entrega, é como nuvens e ventos que não trazem chuva. —PROVÉRBIOS 25:14

Meu pai diria: "Filho, sua palavra é seu compromisso. Se você a pronunciar, cumpra-a". Penso que esse é um princípio muito importante e tenho tentado vivê-lo. Se eu disser a alguém que estarei em certo lugar às 14 horas e não conseguir estar lá, farei o máximo para ligar e informar que chegarei atrasado. Acredito que, se você diz que fará algo, deve fazer o máximo para cumprir sua palavra. Caso contrário, somos como o céu no meio de uma estiagem, quando as nuvens se acumulam e os ventos sopram, mas nunca trazem a chuva esperada — uma promessa nunca cumprida.

É claro que você não tem de dizer **SIM** a todas as solicitações que surgem, mas, quando diz "sim", deve fazer o máximo para garantir que tal coisa seja feita.

Oro para que, quando as pessoas me virem, se lembrem de que sou um seguidor de Cristo e, por isso, quero que os meus atos correspondam às minhas palavras. E, para as minhas ações corresponderem às minhas palavras, tenho de ser um homem de palavra. Tenho de ser confiável. Espero que esse seja também o seu desejo. Trabalhe nisso. Que a sua palavra seja o seu compromisso e os seus atos confirmem o que você diz.

Senhor, perdoa-me pelas palavras que eu disse, mas não cumpri.
Que eu seja uma pessoa de palavra e honre a ti com o que digo aos outros.
Concede que meu "sim" seja "sim" e meu "não" seja "não", cumprindo
as minhas palavras como promessas mantidas. Amém.

DIA 3

...revistam-se de sua nova natureza, criada para ser verdadeiramente justa e santa como Deus. —EFÉSIOS 4:24

Quando envelhecemos, muitos de nós nos olhamos no espelho e vemos nosso pai ou nossa mãe. Não apenas começamos a nos parecer mais com nossos pais, mas também soamos como eles, assumindo algumas de suas maneiras de falar ou usando suas palavras e gestos ou suas atitudes e ideias. Da mesma maneira, o nosso novo nascimento nos concedeu uma nova vida e uma nova natureza para crescermos nos "parecendo" com nosso Pai celestial. Ele nos trouxe à essa nova vida e deseja que demonstremos os traços de Sua família.

Meu Pai celestial é a única pessoa que conheço que é total e absolutamente confiável quanto a fazer o que Ele diz que fará. Eu confio totalmente que Ele cumprirá a Sua palavra. Meu relacionamento com Ele está firmado em Sua fidelidade. A confiança realmente provém da fidelidade, um compromisso com algo ou alguém. O Senhor é intensamente compromissado com o Seu povo.

Tu és fiel, Senhor, meu Pai celeste
Pleno poder aos Teus filhos darás
Nunca mudaste, Tu nunca faltaste
Tal como eras, Tu sempre serás
— *Tu és fiel, Senhor* (CC 25)

Sua fidelidade durará eternamente. Eu estou investindo nisso. E, ao modelar o meu caráter à semelhança do caráter do meu Pai, estou trabalhando em ser fiel e confiável.

Querido Deus, quando depositei a minha confiança em Jesus, Tu me deste uma nova natureza e o Teu Espírito Santo para habitar em mim. Permite-me viver refletindo a Tua imagem e natureza. Eu confesso que, às vezes, vivi segundo a velha natureza e entrego novamente a minha vida a ti. Que eu possa me tornar mais semelhante a ti, meu Pai celestial, vivendo e refletindo o Teu amor pelos outros. Amém.

DIA 4

Façam aos outros o que vocês desejam que eles lhes façam.
—LUCAS 6:31

Dizendo da maneira mais simples, confiabilidade é seguir a **Regra de Ouro**. Quando você é confiável e consistente, as outras pessoas podem ter certeza de que você as ajudará. Isto é o que você também deseja: relacionamentos confiáveis. Você quer saber que, quando algo é prometido, a outra pessoa fará tudo que puder para cumprir tal promessa.

"Confiar numa pessoa desleal em tempos de dificuldade é como mastigar com um dente quebrado ou caminhar com um pé aleijado" (Provérbios 25:19). Os relacionamentos não funcionam bem quando uma das partes não é confiável.

Trata-se também de respeitar os outros e de colocar os interesses deles acima de nossos próprios planos, ambições e desejos. Nós devemos servir às pessoas como Cristo as servia. Ele colocou toda a Sua vida no altar pelo bem dos outros.

Senhor Jesus, Tu nos ensinas a servir, amar e tratar as pessoas
com honra e a fazê-lo como gostaríamos de ser tratados.
Que possamos ser confiáveis em nossos relacionamentos com todos.
Senhor, ajuda-nos a considerar primeiro as necessidades dos outros e,
então, estender-lhes a mão com amor e compaixão. Amém.

DIA 5

Contudo, me alegrarei mesmo se perder a vida, entregando-a a Deus como oferta derramada, da mesma forma que o serviço fiel de vocês é uma oferta a Deus. E quero que todos vocês participem dessa alegria. —FILIPENSES 2:17

Ser confiável em nossas interações com os outros proporciona uma base sólida para que os relacionamentos cresçam e sejam produtivos. Esse texto escrito por Paulo aos Filipenses nos diz que pode ser também uma oferta a Deus.

A fidelidade demonstra a confiabilidade. Precisamos ser fiéis ao nos tornarmos cada vez mais semelhantes ao nosso Pai celestial. O nosso serviço é uma oferta, um presente para Ele; e, como os israelitas da antiguidade, queremos que as nossas ofertas sejam puras e sem mácula.

Romanos 12 nos incentiva a apresentar o nosso corpo como sacrifício vivo a Ele. Isso englobaria tudo que fazemos por meio desse corpo — inclui cumprirmos ou não os compromissos; usarmos as horas do nosso dia para servir aos outros ou a nós mesmos; e sermos mordomos confiáveis do tempo e dos recursos que Ele nos concede.

Hoje, dedique um tempo para ajustar seu pensamento. Transforme a maneira como você vê a confiabilidade. Eleve-a de um dos requisitos para os relacionamentos interpessoais para uma oferta ao Deus que o resgatou e lhe deu uma nova vida.

Senhor Jesus, a minha vida não tem valor se não glorificar a ti e não servir ao Teu propósito para os outros. Que a minha vida possa ser uma oferta a ti. Ó Deus, usa-me como quiseres em serviço aos outros. Aumenta a minha fé para que ela seja um verdadeiro sacrifício vivo a ti. Amém.

DIA 6

> *Muitos se dizem amigos leais, mas quem pode encontrar alguém realmente confiável?* —PROVÉRBIOS 20:6

Certa vez, o grande pregador Billy Sunday disse que "uma desculpa é uma pele de motivo recheada com uma mentira". Eu não tenho certeza se isso está sempre certo. Nem sempre as desculpas são cheias de mentiras, mas isso mostra, de fato, que quase nunca uma desculpa é uma boa resposta. Até mesmo o *Dicionário Webster* concorda. Ele diz que uma desculpa é uma tentativa de remover a culpa ou de obter uma isenção de responsabilidade.

As Escrituras não têm mandamentos contra dar desculpas. Todavia, nos diz outras coisas correlatas. Uma das primeiras que vem à mente é o alerta de Jesus sobre o nosso "não" ser "não" e o nosso "sim" ser "sim". Ele está falando sobre não jurar, mas entendemos que o que dizemos não precisa ser embelezado. Somos ensinados que devemos falar com honestidade e sinceridade e demonstrar respeito, mas, quando as desculpas saem de nossa boca, seu principal objetivo é a proteção de nosso ego.

Muitas outras características *Lodestar* entram em jogo quando somos tentados a dar desculpas rápidas. Coragem e honestidade exigem a verdade. Sinceridade nos impulsiona a pedir perdão. Responsabilizar-se significa que reconheceremos a falta. Empatia entende como a nossa inação afetou outras pessoas. Transparência gera uma conversa aberta. Você entendeu a ideia!

Senhor, ajuda-me a ser um amigo confiável. Eu confesso que falhei algumas vezes e poderia ser mais confiável em meus relacionamentos. Protege-me contra desculpas egoístas e permite-me oferecer aos outros uma amizade verdadeira e abnegada, de maneira confiável, íntegra e fiel, refletindo a ti e a Tua natureza. Amém.

DIA 7

*O mais importante é que vocês vivam em sua comunidade
de maneira digna das boas-novas de Cristo...*

—FILIPENSES 1:27

Eu quero ser confiável em meu compromisso como representante de Jesus Cristo. Quero ser confiável, assim Ele poderá contar comigo para permanecer firme em levar o Seu nome e agir em Seu nome. Eu quero ser digno da confiança que Ele demonstrou ter em mim, confiando-me as Suas boas-novas.

As nossas meditações sempre se voltam a isso, porque essa é a essência da nossa vida agora — Cristo vive neste mundo vivendo em nós. Nós levamos a Sua mensagem. Ele a deu a nós para cuidar e difundi-la a todo o mundo em todas as oportunidades que tivermos. Esse é o propósito para o qual fomos chamados e a razão de ainda estarmos aqui, caminhando nesta Terra.

O desejo do meu coração é ser confiável e digno da confiança que Ele depositou em mim. Nem sempre faço isso e, às vezes, preciso ir a Ele e pedir o Seu perdão por não cumprir o meu compromisso — mas é aí que eu quero viver. É assim que eu quero viver. Deus o abençoe enquanto você permanece firme nele.

*Querido Deus, nosso Pai celestial, eu sei que Tu me fizeste digno
da vida eterna por meio do sangue do Teu Filho Jesus, derramado por mim
na cruz. Permite-me agora andar de maneira digna do evangelho de Jesus.
Senhor, resplandece por meu intermédio para que outros posam ver-te.
Eu quero estar tão perto de ti que os outros vejam Teu amor, compaixão
e santidade. Que eu possa glorificar a ti, Pai, enquanto Tu me enches
com o Teu Espírito hoje. Amém.*

NOTAS E ORAÇÕES

DETERMINAÇÃO

• SEMANA 8 •
DIA 1

A chave para uma vida de liderança bem-sucedida é determinar que você jamais jogará a toalha e desistirá. —Paul Weaver

Corramos com perseverança a corrida que foi posta diante de nós. Mantenhamos o olhar firme em Jesus, o líder e aperfeiçoador de nossa fé [...]. Pensem em toda a hostilidade que ele suportou dos pecadores; desse modo, vocês não ficarão cansados nem desanimados. —HEBREUS 12:1-3

A **determinação surge em todos nós** quando somos apaixonados por um objetivo ou uma causa. Obstáculos ou contratempos se tornam motivação para continuar seguindo em frente. Nós nos recusamos a desistir. Encontramos uma maneira de fazer as coisas acontecerem. O inimigo que se levanta e nos atrasa, às vezes, temporária ou permanentemente, é o desânimo. O desânimo ataca a determinação, até mesmo na pessoa mais apaixonada e compromissada.

Jesus é o seu Campeão em todos os sentidos da palavra. Ele correu a mesma corrida e lutou todas as mesmas batalhas que você enfrentará. O Senhor enfrentou críticas, hostilidade e escárnio. Foi rejeitado, e Seu coração se abateu pelos que não quiseram aceitar o que Ele sabia ser verdadeiro. Até mesmo os Seus seguidores tiveram dificuldade para compreender a visão dele. Tais circunstâncias criariam o cenário ideal para desânimo e uma dolorosa solidão. Porém, Ele se recusou a recuar. Ele lutou por você. Enfrentou todas as batalhas por você. Ele até morreu para resgatar você. O Senhor ainda está agindo para o seu bem e não o deixará indefeso e desamparado.

Jesus, oro para que me dês coragem para enfrentar a minha batalha hoje. Agradeço-te por teres morrido na cruz por mim e, por isso, posso ter a força necessária para enfrentar o que quer que esteja diante de mim.

Orações sobre Determinação **—DON METZLER**

DIA 2

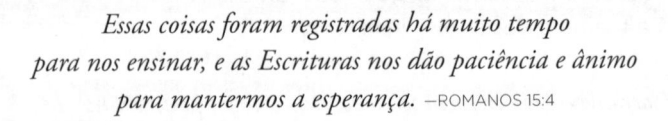

Essas coisas foram registradas há muito tempo para nos ensinar, e as Escrituras nos dão paciência e ânimo para mantermos a esperança. —ROMANOS 15:4

Eu sempre o orientarei para Jesus e as Escrituras. Elas contêm vida e consolação, poder e força. E se "correr a nossa corrida" significa a corrida da fé ou a corrida de certo projeto em que você trabalhou ao longo de anos e está determinado a concluir, as Escrituras o encorajarão quando o inimigo tentar desencorajá-lo.

Um dos meus versículos favoritos é: "Posso todas as coisas por meio de Cristo, que me dá forças" (Filipenses 4:13). Outro é João 15:4, que me diz que o Senhor está determinado a permanecer comigo, de modo que eu preciso estar decidido a permanecer com Ele. Os versículos 1 e 2 de Romanos 12 me incentivam a manter o curso. E Isaías 41:10 me diz para não desanimar, pois o Senhor está ao meu lado para me fortalecer e me ajudar.

Jesus também precisava desesperadamente de palavras de consolação e de encorajamento provenientes de Seu Pai. Ele passava longas horas em oração, frequentemente à noite, a única parte do dia em que conseguia ficar a sós com Deus. Então, ia ao Seu Pai em busca de força, coragem e consolação. Jesus ia automaticamente ao Senhor para manter a Sua perseverança. É para esse lugar que também podemos ir. É para esse lugar que *precisamos* ir. "Mas os que confiam no SENHOR renovam suas forças; voam alto, como águias. Correm e não se cansam, caminham e não desfalecem" (Isaías 40:31).

Pai, minha alma está cansada e desanimada. Fortalece-me, como prometeste. Amém. (Inspirado no Salmo 119:28)

DIA 3

*Jônatas, o filho de Saul, foi encontrar Davi e o animou
a permanecer firme em Deus.* —1 SAMUEL 23:16

À s vezes, os líderes podem se sentir muito solitários. Quando estão (como Jesus) sob o fogo de críticas ou resistência, ou quando estão encontrando dificuldade para implantar sua visão em sua equipe, ou quando obstáculos ou contratempos parecem dizer que outro caminho precisa ser desbravado — tempos como esses destravam a porta para o desânimo. Assim, em momentos como esses, você precisa se relacionar com pessoas que acreditam em você e o encorajam. Estou falando de um pequeno grupo de pessoas que conhecem o seu coração, que ficarão com você nos momentos bons e ruins e que compartilham uma perspectiva positiva e repleta de fé.

Salomão em Provérbios 22:24-25 afirma que nós "aprendemos" as atitudes do nosso círculo de amigos. No mínimo, você deseja adquirir as atitudes daqueles cuja mente fora transformada por Deus, que enxergam pelos olhos da fé e creem nas promessas de Deus. Relacionamentos fortes com pessoas que pensam como você podem ajudá-lo quando, em seu caminho, tropeçar na lama do desânimo. Pessoas assim poderão encorajá-lo e ajudá-lo a sair do lamaçal que quer arrastá-lo para baixo e aprisioná-lo.

Enquanto os outros estão encorajando você, Deus também está agindo. Em tudo, Ele o está moldando para a missão para a qual Ele o chamou. Logo, Ele usará qualquer consolação e apoio que você obtiver em sua caminhada para treiná-lo para consolar e apoiar outros cuja determinação está hesitante (2 Coríntios 1:4). Você aprenderá com as suas experiências e crescerá.

*Senhor Jesus, abre hoje os meus olhos e o meu coração
para qualquer pessoa cuja determinação tenha cambaleado
e necessite de ajuda para se pôr de pé. Amém.*

DIA 4

*Não, irmãos, não a alcancei, mas concentro todos
os meus esforços nisto: esquecendo-me do passado e olhando para
o que está adiante, prossigo para o final da corrida, a fim
de receber o prêmio celestial para o qual Deus nos chama
em Cristo Jesus.* —FILIPENSES 3:13-14

A **determinação define uma visão no âmago do seu coração**. Para mim, ela é o desejo de representar bem a Jesus. A determinação se mantém mesmo quando somos desapontados por nossos próprios fracassos. Contratempos como esse podem ser decepcionantes, mas não precisam significar derrota. Todos nós temos um passado, mas o seu passado não define quem você é ou quem pode vir a ser. Mesmo nos contratempos, Deus o está moldando e trabalhando para o seu bem. Deus o tem ensinado, dando-lhe blocos de construção que você poderá usar para conquistas futuras. Às vezes, os contratempos são resultado de nossos pecados, mas o Senhor está sempre agindo para nos tornar o melhor que podemos ser.

A determinação o mantém esforçando-se pelo seu objetivo, pela visão plantada no âmago do seu coração. Como em todas as nossas outras características, quando o Espírito Santo potencializa uma determinação, essa é a determinação mais poderosa de todas. Essa determinação continua olhando para a frente, não para trás. Ela não olha para o passado, e sim para o futuro, para tudo que Deus diz que pode ser e será. Com essa determinação, você continua trabalhando para chegar lá. Você se recusa a ser acorrentado por sentimentos de fracasso decorrentes de decepções passadas ou culpa por haver falhado. Paulo afirmou: "...esquecendo-me do passado e olhando para o que está adiante, prossigo para o final da corrida...".

*Deus, agradeço-te por perdoares o nosso passado
e por sermos novas criaturas em ti. Ajuda-me a crescer com base
em minhas experiências anteriores e a servir-te hoje com
mais determinação do que nunca. Amém.*

DIA 5

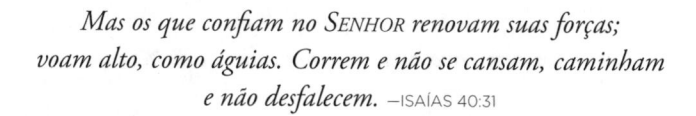

Mas os que confiam no S<small>ENHOR</small> renovam suas forças; voam alto, como águias. Correm e não se cansam, caminham e não desfalecem. —ISAÍAS 40:31

"**Não posso fazer coisa alguma por minha própria conta**" (João 5:30). Jesus era totalmente humano quando estava aqui na Terra. Ele sabia o que era depender do poder e da força de Seu Pai. Ele sabe o que está acontecendo com você neste momento. Diga a Ele que você precisa dele, e Ele o ajudará nessa área. Ele lhe dará forças para continuar trabalhando pelos seus objetivos. A ajuda dele fortalecerá a sua determinação. Isso é uma promessa. Você pode levá-la ao banco, caro amigo.

Afinal, foi Ele quem começou essa obra em você. Ele está tão envolvido com você, que chegou a dar a vida dele por você. Ele é o grande Pastor que fornece tudo de que as Suas ovelhas necessitam e nunca o abandonará. Preste atenção à voz do seu Pastor.

Seu glorioso poder fortalece quem anda com Ele. Esse poder lhe dará "toda a perseverança e paciência" (Colossenses 1:11) de que necessita. Pelo Seu poder, Ele fará coisas que você jamais imaginou. O testemunho de Paulo pode ser o mesmo para cada um de nós que colocamos a nossa confiança no Senhor: "...vivo neste corpo terreno pela fé no filho de Deus, que me amou e se entregou por mim" (Gálatas 2:20).

Jesus, agradeço-te antecipadamente pela força que Tu me darás hoje. Que a Tua força possa me dar a coragem e a determinação de que necessito para enfrentar os desafios para os quais Tu me chamaste. Amém.

DIA 6

Portanto, não nos cansemos de fazer o bem.
No momento certo, teremos uma colheita de bênçãos,
se não desistirmos. —GÁLATAS 6:9

Deus promete uma colheita se não desistirmos. A própria palavra *colheita* implica um tempo de plantio, um tempo de trabalho e cuidados e, finalmente, um tempo de colheita. Nós vemos esse processo ilustrado em todos os campos de cultivo. O mesmo processo é necessário para a maioria dos nossos objetivos na vida. "O sucesso não acontece da noite para o dia. Ele vem quando, a cada dia, você fica um pouco melhor do que antes. Ele é cumulativo." Essas palavras de Dwayne Johnson se aplicam a todos os aspectos da vida, até mesmo ao desenvolvimento do nosso caráter e a nossa caminhada espiritual. Por exemplo, toda vez que decidimos continuar seguindo em frente, estamos construindo e fortalecendo a nossa determinação. Toda vez que escolhemos fazer a coisa honesta em um pequeno assunto, estamos fortalecendo o nosso desejo de ser honesto em toda a nossa vida. Qualquer que seja o objetivo que estamos buscando, todo passo nos leva para mais perto da colheita.

Afinal de contas, estamos edificando para um futuro eterno, uma vida que não desvanecerá. Nem sempre veremos a colheita aqui, mas podemos contar com a promessa de Deus de que *haverá* uma colheita. Lembre-se de 1 Coríntios 15:58 — nada do que você faz para o Senhor é inútil. Tudo conta. Paulo em Romanos 5:4 nos diz que as "dificuldades e provações [...] contribuem para desenvolvermos perseverança, e a perseverança produz caráter aprovado, e o caráter aprovado fortalece nossa esperança". Nossa esperança é certa. Deus promete uma colheita se não desistirmos.

Deus, ajuda-me a ver a colheita que Tu estás preparando
em minha vida. Dá-me paciência ao longo do trabalho e cuidado
necessários na preparação para a colheita que virá. Amém.

DIA 7

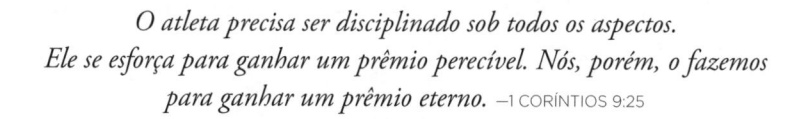

> *O atleta precisa ser disciplinado sob todos os aspectos. Ele se esforça para ganhar um prêmio perecível. Nós, porém, o fazemos para ganhar um prêmio eterno.* —1 CORÍNTIOS 9:25

Ao fim da minha corrida, quero ouvir Jesus me dizer: "Muito bem, Steve!". Estou determinado a manter meu olhar e meu coração fixos em Jesus Cristo, o autor e consumador da minha fé. Estou determinado a não desistir. Quero ser capaz de declarar: "Lutei o bom combate, terminei a corrida e permaneci fiel" (2 Timóteo 4:7).

Seja o que for que Deus o chamou para fazer neste momento, não desista. Se Ele o chamou para isso, fornecerá tudo o que você precisa para realizá-lo. Peça ao Espírito para lhe dar a resistência e a força de que você necessita para cada tarefa que Ele lhe dá — e para terminar a sua corrida com força ao correr em direção ao prêmio eterno. Derrame essa extraordinária determinação potencializada pelo Espírito Santo em tudo que você fizer.

Acima de tudo, oro para que você mantenha o seu olhar fixo em Jesus e que o seu amor por Ele nutra a sua determinação de ser representante do Senhor em tudo que você diz e faz. Paulo encerrou sua carta aos Efésios da seguinte forma: "Que a graça de Deus esteja eternamente sobre todos que amam nosso Senhor Jesus Cristo" (6:24). Um amor imperecível por Cristo. Oro para que essa seja a fonte de sua determinação.

Jesus, sejam quais forem os obstáculos que surgirem ao longo do meu caminho, dá-me a força, a coragem e a determinação para servir a ti com todo o meu ser. Ajuda-me a honrar-te com a minha vida enquanto prossigo para o prêmio que Tu tens preparado aguardando por mim na eternidade. Amém.

NOTAS E ORAÇÕES

DESENVOLVIMENTO

• SEMANA 9 •
DIA 1

Para desenvolvimento pessoal ou de nossa equipe, necessitamos ter uma visão precisa de nós mesmos e de onde carecemos, primeiramente, trabalhar os nossos pontos fortes e depois os nossos pontos fracos. —Paul Weaver

Trabalhei com mais dedicação que qualquer outro apóstolo e, no entanto, não fui eu, mas Deus que, em sua graça, operou por meu intermédio. —1 CORÍNTIOS 15:10

Desenvolvimento pode ser definido como crescimento e avanço intencionais e deliberados. Não ficamos trancados em uma caixa. Desejamos progresso. Nós nos alongamos em vez de nos acomodarmos confortavelmente em um lugar. Como cristãos, queremos usar todas as ferramentas à nossa disposição para ser eficazes e produtivos em nossa liderança, nunca nos esquecendo de que tudo que somos e tudo que conquistamos é Deus agindo por meio de nós. Ele nos equipa para a nossa obra. É o Seu poder imbuindo o nosso crescimento e desenvolvimento.

O propósito de Deus é nos tornar Sua obra-prima, tornando-nos a pessoa que Ele planejou que nos tornemos, totalmente equipada para fazer a obra que Ele projetou que façamos. Não é algo que possamos fabricar ou criar por conta própria; temos de dizer: "Sim, Senhor" em submissão à Sua liderança.

Assim como para todos os princípios *Lodestar*, o desenvolvimento na vida do líder cristão tem dimensões espirituais. Já estamos vivendo a vida eterna aqui nesta Terra e tudo que fazemos tem efeitos eternos. Quem você é e o que você se torna vêm pela graça de Deus.

Senhor, rendo todos os meus desejos, planos e vontade a ti. Coloca-me na roda do oleiro e molda-me, faze-me e dá forma à vida que Tu desejas para mim. Amém.

Orações sobre Desenvolvimento **—PASTOR WAYNE WINGFIELD**

DIA 2

*O Senhor cumprirá seus planos para minha vida,
pois teu amor, ó Senhor, dura para sempre; não me abandones,
pois tu me fizeste.* —SALMO 138:8

Deus deseja que cresçamos. Ele quer que continuemos nos desenvolvendo como indivíduos. Nas Escrituras, encontramos declarações surpreendentes acerca dos planos de Deus para nós. Se reivindicássemos essas coisas como nossas, seríamos chamados de arrogantes, talvez até loucos, mas essas são as verdades de Deus. E qualquer sonho ou objetivo limitado ao reino terreno que as pessoas possam ter fica muito aquém do que Deus tem reservado para quem pertence a Jesus. Deixe o mundo me chamar de louco, pois eu estou empolgado com tudo que Deus planejou para mim.

Eis aqui duas verdades surpreendentes: Deus, "aquele que começou a boa obra em [nós] e irá completá-la até o dia em que Jesus Cristo voltar" (Filipenses 1:6); e Ele "está agindo em [nós, dando-nos] o desejo e o poder de [realizar] aquilo que é do agrado dele" (Filipenses 2:13).

Isso não significa que podemos ser preguiçosos e nos contentarmos com o que quer que apareça. Há muitos versículos que nos dizem para lutar, fazer todos os esforços e trabalharmos arduamente. Porém, Deus é quem fornecerá os recursos dos quais você necessita, até mesmo o desejo que faz você querer crescer.

Ele ainda não terminou; por isso, quero continuar crescendo enquanto eu viver.

*Senhor, às vezes é doloroso submeter a minha vontade
e o meu caminho a ti! Ajuda-me, dia após dia, a permanecer
na roda do oleiro e entregar a ti a minha vida e todos
os integrantes da minha equipe. Amém.*

DIA 3

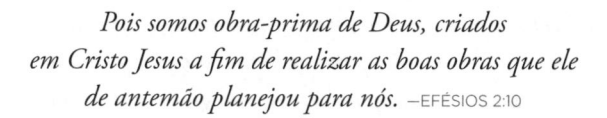

*Pois somos obra-prima de Deus, criados
em Cristo Jesus a fim de realizar as boas obras que ele
de antemão planejou para nós.* —EFÉSIOS 2:10

Qual é o plano de Deus para o nosso desenvolvimento? Prepare-se para mais verdades surpreendentes da Palavra de Deus para nós. Deus pretende desenvolver um novo você e um novo eu. Ele nos deu uma nova vida e um novo eu, logo: "Revistam-se da nova natureza e sejam renovados à medida que aprendem a conhecer seu Criador e se tornam semelhantes a ele" (Colossenses 3:10). Se pertencemos a Cristo, somos novas pessoas, uma nova criação. Paulo afirma que esse novo eu é "criado para ser semelhante a Deus em justiça e em santidade provenientes da verdade" (Efésios 4:24 NVI). Ele transformará a nossa mente e o nosso coração. Seu Espírito nos transforma, moldando-nos em novas pessoas à imagem de Cristo. Caro amigo, esse é o desenvolvimento espiritual planejado por Deus!

Deus quer que nos desenvolvamos e cresçamos em nossa missão aqui na Terra. O nosso propósito é glorificar ao Senhor e direcionar as pessoas de volta a Ele por meio da proclamação do evangelho de Cristo. Meu desejo é crescer em utilidade para o meu Senhor e continuar crescendo até meu último dia aqui. Pedro, em sua segunda carta, incentiva a nos esforçarmos a fim de desenvolvermos bondade, entendimento, autocontrole, perseverança, piedade, bondade e amor *ágape* (2 Pedro 1:5-9). Essas qualidades aumentarão nossa eficácia e produtividade como parceiros de Cristo. Deus tem coisas boas planejadas para nós, transformando-nos em novas criaturas e desenvolvendo nossa eficácia para Ele.

*Senhor, sempre sou lembrado de que "Tu não crias lixo".
Ajuda-me como líder de minha equipe a sempre me lembrar
de que somos todos dotados de maneiras diferentes,
e auxilia-me a ver o potencial de cada um dos integrantes
de minha equipe. Amém.*

DIA 4

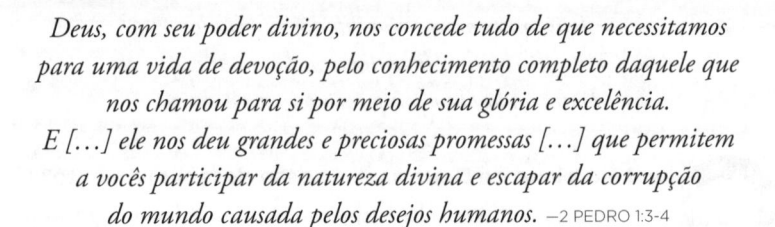

Deus, com seu poder divino, nos concede tudo de que necessitamos para uma vida de devoção, pelo conhecimento completo daquele que nos chamou para si por meio de sua glória e excelência.
E [...] ele nos deu grandes e preciosas promessas [...] que permitem a vocês participar da natureza divina e escapar da corrupção do mundo causada pelos desejos humanos. —2 PEDRO 1:3-4

O **conselho de Paul Weaver no início desta seção** nos diz que necessitamos ter uma visão precisa de nós mesmos. A sua visão de si mesmo como um filho de Deus que recebeu responsabilidades de liderança inclui o fato de ter recebido todos os recursos necessários para ser um líder eficaz e piedoso? Esta é outra verdade surpreendente da Palavra de Deus: Seu poder nos dá tudo de que necessitamos. Essa é a promessa de Deus aos Seus filhos.

Paulo em Efésios 3:16 nos diz que Deus possui recursos gloriosos e ilimitados para nos capacitar por meio do Seu Espírito. Eu quero viver essa vida ao máximo e conhecer todos esses recursos gloriosos que Ele disponibilizou para nós. Oro para que esse seja o desejo também do seu coração.

Charles Spurgeon disse: "A mente de um homem é rica na proporção da verdade que ele conhece". Creio que a nossa vida é rica na proporção da verdade de Suas promessas que reivindicamos como filhos de Deus. Jesus veio para nos conduzir a Deus, para nos tornar Seus filhos e nos abrir a porta do Céu. As promessas de Deus nos dão uma visão precisa de quem somos como Seus filhos — e de quem podemos ser.

Senhor, agradeço-te por me criares único.
Ajuda-me a não me comparar com os outros e a orar
para que os integrantes da minha equipe vejam
que Tu habitas em mim! Amém.

DIA 5

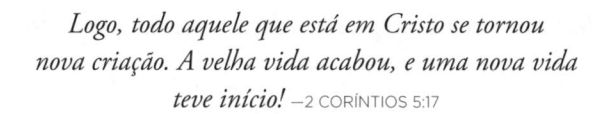

*Logo, todo aquele que está em Cristo se tornou
nova criação. A velha vida acabou, e uma nova vida
teve início!* —2 CORÍNTIOS 5:17

A **Bíblia nos diz também que devemos esquecer o que ficou para trás** e nos esforçar pelo que está à frente. Dias atrás, li uma citação que dizia: "Não olhe para trás — não é nessa direção que você está indo". Provavelmente, essa é uma versão da frase original escrita por Henry David Thoreau: "Nunca olhe para trás, a menos que esteja planejando seguir nessa direção". Desejamos olhar e seguir para a frente, não para trás.

Isso é o que Deus pretende para nós na nova vida que nos deu. Ele diz que o velho se foi — não olhe para trás, não deixe o passado acorrentá-lo, não fique atolado por causa do que ficou para trás de você. Isso *se foi*. Jesus deu a você uma nova vida. O Espírito do Senhor está tornando você uma nova criação. Novamente, isso não é lógico para quem não conhece a Deus ou não crê nele. Porém é plano de Deus eliminar a velha natureza e prover nova vida.

Assim, nessa nova vida, nós não olhamos para trás, mas nos esforçamos pelo que está à frente. A palavra *esforçamos* significa que não podemos ser preguiçosos, complacentes ou indiferentes. Nós vamos atrás do que está por vir com todas as nossas forças. Nosso foco está na meta. Corremos para vencer. O que está à frente? O prêmio. A eterna coroa da vida. Estamos nessa corrida por um prêmio que jamais findará, pois durará para sempre. Olhe para a frente, caro amigo. Esforce-se em direção à meta.

*Senhor, ajuda-me a focar nas metas da equipe,
para manter uma visão clara do produto acabado por cada
membro da equipe. Ajuda-me a ver cada integrante como
parte que contribui para o todo. Amém.*

DIA 6

> *Trabalhem com afinco a sua salvação, obedecendo a Deus com reverência e temor.* —FILIPENSES 2:12

Buscar o desenvolvimento em qualquer área requer um plano deliberado e intencional. Pedro nos incentiva: "...cresçam e experimente plenamente a salvação" (1 Pedro 2:2). Esse é o desenvolvimento que Deus deseja que busquemos.

O que significa crescer em nossa salvação? É amadurecer em nossa caminhada com Cristo, aprender a viver pela fé nas promessas de Deus, aprender a viver como filho do Rei e Seu embaixador até o dia em que Ele voltar. A nossa salvação nos trouxe muito mais do que um escape do inferno; ela tornou nossas todas as promessas de Deus e nos deu um novo propósito e identidade.

Assim, para crescer nesta nova vida e desenvolver todo o potencial que ela detém, precisamos ser intencionais e trabalhar nisso. Qual será o seu plano?

Paulo diz em Colossenses 1:10 que quanto mais conhecermos a Deus, mais cresceremos. Planeje momentos definidos com Ele. Converse com o Senhor. Ouça-o. A oração é uma dádiva de Sua graça. Você pode entrar com ousadia diretamente na presença do Criador do Universo.

Leia a Sua Palavra; ela revela a Sua vontade e verdade. As Escrituras são inspiradas por Deus "para preparar e capacitar seu povo para toda boa obra" (2 Timóteo 3:17). A Bíblia lhe dará a imagem precisa de que você necessita. Ela também é a espada usada pelo Espírito para proteger e defender você.

Desenvolva tudo que Ele tem para você como resultado da sua salvação.

Senhor, sei que sou salvo por Tua graça e, por meio da fé,
a minha responsabilidade é obedecer-te. Capacita-me pelo Teu Espírito
a sempre confiar e ser obediente a ti. Amém.

DIA 7

[Deus] os capacite em tudo que precisam para fazer a vontade dele. Que ele produza em vocês, mediante o poder de Jesus Cristo, tudo que é agradável a ele, a quem seja a glória para todo o sempre! —HEBREUS 13:21

Dr. Paul Rees, pastor da First Covenant Church, em Minneapolis, foi o preletor convidado para uma semana de reuniões em uma igreja que eu pastoreava na Virgínia. Na época, o Dr. Rees tinha 83 anos. Ele se converteu aos 5 anos e foi chamado para o ministério aos 7. Ao longo das muitas décadas de sua vida, jamais oscilou quanto a esse chamado. Durante o período em que foi nosso convidado, eu só queria estar perto dele e aprender com esse grande servo de Deus. Eu estudava com ele, orava com ele e, todas as noites, degustava com ele uma bola de sorvete de creme. A certa altura, perguntei-lhe: "Dr. Rees, nesta fase da sua vida, qual é o maior desejo do seu coração?". Sua resposta foi: "Quero conhecer mais sobre Deus".

O Dr. Rees não se contentava com um platô. Aos 83 anos, ele queria continuar amadurecendo. Ele ainda tinha fome e sede de justiça. Como seguidores de Cristo, o mais importante a se dizer ao nosso Senhor é: *Sim*!

Seu plano para nós é um destino glorioso: uma obra-prima, criada em novidade à imagem de Cristo, sendo coerdeiros de Jesus. Ele começou em nós a obra de Sua nova criação e pretende terminar Seu trabalho. Toda a glória a Ele, para todo o sempre!

Senhor, ajuda a lembrar-me que Tu estás guiando
o meu caminho e que os integrantes de minha equipe
estão observando. Oro para que eu possa ser um exemplo
e encorajar todos a darem o melhor de si. Amém.

NOTAS E ORAÇÕES

DILIGÊNCIA

• SEMANA 10 •
DIA 1

Se trabalharmos tendo em mente o fim, a diligência nos ajudará a terminar bem e sem arrependimentos. —Paul Weaver

> *O preguiçoso muito quer e nada alcança, mas os que trabalham com dedicação prosperam.* —PROVÉRBIOS 13:4

O que significa diligência? Manter-se firme é um bom começo. Diligência significa despender seu tempo e esforço de maneira firme e constante para atingir com sucesso seus objetivos e executar o projeto totalmente. Uma pessoa diligente realiza algo até o fim. Ela está trabalhando firmemente para atingir uma meta, sem procrastinar, dar desculpas ou ir atrás de distrações.

"Você já viu alguém muito competente no que faz? Ele servirá reis em vez de trabalhar para gente comum" (Provérbios 22:29). Caro amigo, quero que isso seja uma realidade em sua vida. Outra versão do nosso versículo do dia afirma que "a alma dos diligentes engorda" (ARC).

A diligência atrai outras pessoas a você. Portas se abrem para pessoas diligentes, portas fenomenais porque as pessoas veem a sua atitude, o seu desempenho e sabem que você está comprometido e não abandonará a tarefa mesmo que as coisas se tornem difíceis ou desconfortáveis.

Trabalhar com diligência produz satisfação pessoal. Sim, diligência também significa trabalho, mas eu me sinto bem quando sei que estou comprometido com um projeto e não serei impedido de terminá-lo ou de atingir a meta. Se você for diligente, Deus honrará o seu esforço.

Senhor, desejo ser mais diligente para Tua glória.
Quero que as pessoas vejam que Tu és a inspiração e infusão
de poder que me ajuda a ser uma pessoa fiel no meu lar,
no meu trabalho, no meu lazer e nas minhas funções ministeriais.

Orações sobre Diligência **—BRAD BUTCHER**

DIA 2

Seja diligente nessas coisas; dedique-se inteiramente a elas...
—1 TIMÓTEO 4:15 NVI

A **importância da diligência é evidente em todos os aspectos da vida.** Quando assumimos um compromisso, precisamos ser diligentes em cumpri-lo. Pode ser algo tão simples quanto dizer: "Estarei lá às 10h", e chegar na hora certa, ou tão grande quanto assumir um projeto complexo no trabalho e realizá-lo até o fim.

Meu pai incutiu diligência em mim, ensinando-me a ser tenaz. O apóstolo Paulo considerava o jovem Timóteo seu "verdadeiro filho na fé" e lhe transmitiu ensinamento praticamente igual.

"Dedique-se à leitura pública das Escrituras, ao encorajamento e ao ensino. Não descuide do dom que recebeu [...]. Dedique total atenção a essas questões. Entregue-se inteiramente a suas tarefas, para que todos vejam seu progresso. Fique atento a seu modo de viver e a seus ensinamentos. Permaneça fiel..." (1 Timóteo 4:13-16).

Essas palavras não se aplicam somente a coisas espirituais. Se as absorvermos e vivermos de acordo com esses ensinamentos, eles nos ajudarão a cumprir, realizar e perseverar em todas as áreas da vida. Escolha a palavra ou frase que lhe fala ao coração e faça dela a sua declaração de diligência.

Senhor, ajuda-me a seguir o exemplo daqueles que demonstraram diligência na vida diária, especialmente os que foram diligentes ao servir-te com tempo, recursos materiais e talentos. Aba Pai, desenvolve em mim _____ (sua palavra ou frase escolhida acima). Poderias também lembrar-me hoje de que outras pessoas estão aprendendo comigo? Ao fazê-lo, certamente te darei toda a glória. Amém.

DIA 3

Prossigo para o final da corrida,
a fim de receber o prêmio celestial para o qual Deus
nos chama em Cristo Jesus. —FILIPENSES 3:14

A **escola que frequentei no Ensino Médio realizava anualmente um dia esportivo**. Nós participávamos de modalidades de corrida e atletismo, e a pessoa que acumulava mais pontos em vitórias ou classificações recebia uma medalha e era nomeada "Campeão do Dia Esportivo". Esse prêmio nunca havia sido ganho por alguém do primeiro ou segundo ano. Quando eu estava no segundo ano, estava determinado a conquistar a almejada medalha no ano seguinte. Não tinha qualquer garantia de que venceria, mas me esforçaria ao máximo. Então, quase todos os dias durante um ano, eu corria. Corria até vomitar. Eu estava perseguindo diligentemente a tal medalha.

O Dia Esportivo chegou… ganhei quatro das cinco competições e fiquei em segundo lugar na quinta. Fui *Campeão do Dia Esportivo*! Ainda tenho a medalha que conquistei. Ela cabe na palma da minha mão. Alguns anos atrás, Deus falou ao meu coração: "Você se esforçou tanto por aquela vitória e uma medalha pequena e insignificante. Quão disciplinado mais você está disposto a ser para disputar a corrida pela coroa da vida?".

Diligência é importante em todas as áreas da vida. Porém, nossa constância na corrida pela coroa da vida é o que terá o maior impacto em nossa vida, agora e na eternidade. Corra para conquistar esse prêmio!

Deus Criador, mostra-me como é tolo e insatisfatório buscar
meu próprio prazer e glória nesta vida. Abre os meus olhos em novidade
para ver o Teu reino eterno, a fim de que eu possa viver para a glória
reservada a quem é diligente em viver cada dia para ti. Amém.

DIA 4

Lutei o bom combate, terminei a corrida e permaneci fiel.
Agora o prêmio me espera, a coroa de justiça que o Senhor, o justo Juiz,
me dará [...]. E o prêmio não será só para mim, mas para todos que,
com grande expectativa, aguardam a sua vinda. —2 TIMÓTEO 4:7-8

Diligência significa trabalho. Além de apenas nos limitarmos à tarefa, temos também trabalho no planejamento da maneira como cumpriremos a nossa meta. Queremos ser bem-sucedidos em nossos esforços. Não jogamos simplesmente toda a nossa energia e todo o nosso tempo em um projeto à toa; somos intencionais quanto à maneira de estar fazendo o nosso trabalho. As escolhas de Jesus ao viver a Sua vida terrena eram centradas em completar a obra que Deus o comissionara a fazer. Ele é o nosso modelo.

Hoje, dedique algum tempo para pensar em como você pode ser mais intencional em sua fé. Peça a orientação do Espírito ao considerar o que pode fazer de maneira diferente para ser mais diligente na busca dos objetivos de Deus para você. Seria planejar momentos definidos para estar com Ele, ouvindo, conversando e lendo? Seria encontrar um grupo de prestação de contas que o ajude na sua caminhada? Seria dedicar-se a conhecer as Escrituras mais profundamente?

Escolha ser diligente em sua caminhada com Ele. E anseie pelo prêmio.

Senhor, agradeço-te por me lembrares hoje de que Tu enviaste
o Teu Espírito para habitar em mim, para que eu possa pensar e agir
como Tu. Eu recebo agora o Teu poder para ser diligente em reservar
um tempo diário para encontrar-me contigo e encontrar-me regularmente
com outro filho Teu para estabelecermos algumas metas juntos. Amém.

DIA 5

Eu sou a videira; vocês são os ramos.
Quem permanece em mim, e eu nele, produz muito fruto.
Pois, sem mim, vocês não podem fazer coisa alguma.

—JOÃO 15:5

Acredite: nossos inimigos espirituais são diligentes. De modo constante e consistente, eles buscam cumprir o seu objetivo, que é destruir nossa caminhada com o Senhor, nossa fé e nossa alma. Assim como as distrações e a procrastinação são inimigas da diligência no local de trabalho, elas também podem ser inimigas em nossa caminhada de fé. As forças espirituais contrárias à obra de Deus usarão a nossa tendência a procrastinar, a tentação de dar desculpas ou pequenas distrações diárias para nos desviar do curso.

Quando invisto tempo com o Senhor, frequentemente surgem em minha mente pensamentos que me distraem, pensamentos que nada têm a ver com as minhas devoções ou com o que estou orando. Aprendi a ter papel e caneta à mão e, se anotar tais pensamentos, posso esquecê-los e me concentrar no que o Senhor está me dizendo naquele momento. Seja diligente. Mantenha o curso ao seguir a liderança do Espírito Santo hoje. Não deixe o inimigo distraí-lo.

Como podemos vencer esses inimigos? O Espírito de Jesus que habita em nós é maior do que qualquer um deles (1 João 4:4). O Senhor prometeu que, se nos apegarmos firmemente a Ele, Sua vida fluirá através de nós, como a vida que flui da videira para seus ramos. E derrotaremos os inimigos de nossa diligente caminhada!

Salvador, mostra-me a Tua glória, para que eu veja que tudo
o mais é lixo se comparado a conhecer-te! Ajuda-me a ser diligente
em falar contigo acerca disso até eu ter, em minha caminhada
contigo, o avanço que Tu sabes que anseio. Amém.

DIA 6

*Mas minha vida não vale coisa alguma para mim,
a menos que eu a use para completar minha carreira e a missão
que me foi confiada pelo Senhor Jesus: dar testemunho
das boas-novas da graça de Deus.* —ATOS 20:24

Quão confortável está a sua vida hoje? Zonas de conforto são zonas perigosas para os seguidores de Cristo. O Espírito revelou a Paulo que, em todas as cidades, prisão e adversidades o aguardavam. Como você se sentiria se o Espírito lhe mostrasse claramente que, no ano seguinte, você enfrentaria uma doença grave, perda de entes queridos e uma ação judicial contra você decorrente da sua fé?

Certamente, uma vida confortável não era a meta de Paulo. E não deve ser a nossa. Nem Jesus, nem Paulo puderam permanecer na zona de conforto deles. A obra de Deus os chamava a seguir em frente, para lugares difíceis e que manifestavam forte oposição. Mas a diligência deles em seguir o chamado de Deus os manteve avançando.

Você e eu também somos comissionados por Deus. Somos chamados a nos tornar cada vez mais semelhantes a Ele. O próprio crescimento significa que saímos do que é conhecido e confortável e estamos expandindo os limites de quem somos hoje para quem nos tornaremos amanhã. O chamado de Deus pode também ser para situações em que estamos tudo, menos confortável — mas é onde Deus nos chama para sermos Seus representantes.

Não permita a velha natureza convencê-lo a permanecer em sua zona de conforto. Você tem uma nova vida e boas-novas para compartilhar. Seja diligente nas duas coisas!

*Senhor Jesus, Tu me pediste para, em minha vida,
tirar partido de tudo com o propósito de demonstrar aos outros
quem Tu és. Por amor do Teu nome, ajuda-me a ser diligente
a fim de andar diariamente no poder, amor e autocontrole
do Teu Espírito, em vez de nos confortos vazios de uma
vida egocêntrica. Amém.*

DIA 7

Deus, com seu poder divino, nos concede tudo
de que necessitamos para uma vida de devoção, pelo conhecimento
completo daquele que nos chamou para si por meio
de sua glória e excelência. —2 PEDRO 1:3

Não temos desculpas. Às vezes, quando as coisas ficam difíceis ou encontramos obstáculos que parecem intransponíveis, a nossa diligência diminui. O Espírito de Deus vive em quem pertence a Cristo e traz à nossa vida um poder que nutrirá a nossa diligência. Deus garante que nos fornecerá tudo que necessitarmos para executar qualquer tarefa que Ele tenha nos dado. A vida piedosa não significa uma vida perfeita — significa uma vida dedicada a servir a Deus, uma vida marcada pelas características do Senhor.

Tudo isto — a nova vida para viver, as boas-novas para compartilhar e os recursos extraídos da maravilhosa glória e excelência de Deus — traz alegria à nossa diligência, não é? Correr essa corrida não é enfadonho, nem uma tarefa árdua, é uma alegre persistência, mantendo o olhar em nosso Campeão. Veja novamente este versículo de Provérbios: "O preguiçoso muito quer e nada alcança, mas os que trabalham com dedicação prosperam" (13:4). Se for diligente, sua alma será ricamente suprida.

Tudo! Senhor, isso é o que Tu nos prometeste agora que conhecemos a ti.
Ajuda-me a manter meu olhar fixo em ti e em quem Tu realmente és.
Mostra-me como lembrar a mim mesmo e aos meus colegas "corredores"
que Tu és mais do que suficiente para que possamos continuar correndo
com diligência a corrida que Tu colocaste diante de nós! Ajuda-me a
perseverar até ouvir-te dizer: "Muito bem, meu servo bom e fiel!". Amém.

NOTAS E ORAÇÕES

DISCERNIMENTO

• SEMANA 11 •
DIA 1

Se conhecermos a verdade real, isso mudará tudo.
—Paul Weaver

Exercite-se na piedade. O exercício físico é de pouco proveito; a piedade, porém, para tudo é proveitosa, porque tem promessa da vida presente e da futura. —1 TIMÓTEO 4:7-8 NVI

Por vezes, falta discernimento no mundo contemporâneo. Quando um líder não o tem, há engano, más decisões, trapaças e mentiras. As Escrituras dizem que um país rebelde tem muitos governantes, mas um governante com discernimento e conhecimento mantém a ordem. Você deseja ser um líder com discernimento e entendimento? Uma pessoa com discernimento piedoso é o melhor líder de todos!

O discernimento piedoso vem do Espírito Santo. Quando iniciamos um relacionamento com Jesus Cristo, o Espírito nos concede dons que ultrapassam o raciocínio e a inteligência humanos. O dom do discernimento nos ajuda a "ler" as pessoas e situações ao nosso redor. Ele nos dá sabedoria e orientação ao tomar decisões e nos ajuda a ver o que é sábio e o que não é.

Os planos de Deus são de nos fazer prosperar e nos dar esperança. Ele promete guiar quem olha para Ele com humildade, e o dom do discernimento é uma das maneiras pelas quais Ele cumpre essa promessa. De nossa parte, precisamos aprender a ouvir a Sua voz e obedecer.

Querido Senhor, envia para a minha vida pessoas com essa graça do discernimento. Ajuda-me a proteger minha vida contra o que é frívolo e inútil e orienta-me para tomar boas decisões hoje. Amém.

Orações sobre *Discernimento* **—LUKE WEAVER**

DIA 2

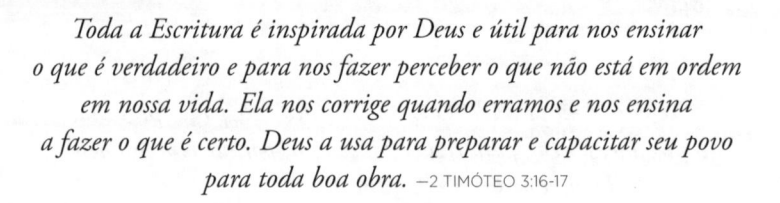

Toda a Escritura é inspirada por Deus e útil para nos ensinar o que é verdadeiro e para nos fazer perceber o que não está em ordem em nossa vida. Ela nos corrige quando erramos e nos ensina a fazer o que é certo. Deus a usa para preparar e capacitar seu povo para toda boa obra. —2 TIMÓTEO 3:16-17

Deus nunca levará você a fazer algo contrário à Sua Palavra. *Conheça* a Palavra. Ela é a bondade de Deus para conosco. Ele quer que conheçamos a Ele, Seus pensamentos e Seus caminhos. A Bíblia contém as chaves para a vida. Ela nos renova quando precisamos de ânimo, nos dá sabedoria e nos revela a vontade de Deus. Ela nos mostra quem somos e o valor que temos para Deus. Ela nos diz quem Deus é e o que Ele prometeu aos Seus filhos. As Escrituras apresentam o Seu plano para a Sua criação. A Palavra de Deus tem as respostas das quais você necessita. Sempre pondere as suas decisões de acordo com a verdade contida na Bíblia.

A Palavra de Deus é também uma proteção para nós. Ao descrever a armadura que Deus nos disponibiliza, Paulo destaca a Palavra de Deus como "a espada do Espírito". A Palavra é o que o Espírito usa para demolir as tentações, as mentiras que Satanás sussurra para você, as fortalezas em sua mente que resistem à verdade. O Espírito batalhará por você tendo em Sua mão a Palavra de Deus. Por isso, reserve intencionalmente um tempo para dedicar-se à leitura da Palavra. Leia-a com propósito, fome e sede por sua verdade. Isso auxiliará no seu discernimento em todas as áreas.

Querido Senhor, hoje eu te concedo permissão para brilhar a luz da Tua Palavra em minha vida. Meu desejo é que Tu discirnas meus pensamentos e motivações mais profundos. Ensina-me e me prepara para realizar boas obras neste dia. Amém.

DIA 3

*Assim, aproximemo-nos com toda confiança do trono
da graça, onde receberemos misericórdia e encontraremos graça
para nos ajudar quando for preciso.* —HEBREUS 4:16

Você sabe que o mundo ao nosso redor nos pressiona para adotar os caminhos dele, tenta inserir furtivamente seus valores e padrões em nosso pensamento e recorre a mentiras para nos afastar da verdade de Deus. Satanás até consegue trabalhar em nosso interior, manipulando a nossa velha natureza pecaminosa para resistir ao que o Espírito deseja que façamos e sejamos. Caro amigo, estamos em uma batalha feroz, nunca questione isso. A vida aqui é uma zona de guerra, e os nossos inimigos são forças espirituais.

Nós precisamos de ajuda. Precisamos do Deus de poder, bondade e amor para lutar por nós e para nos equipar e fortalecer. E nós temos esse Deus, o Deus como nenhum outro. Devido a nosso advogado ser Jesus Cristo, nós temos uma porta aberta para ir direto à presença do Senhor do Universo, por isso "entremos com coração sincero e plena confiança" (Hebreus 10:22). Jesus tornou isso possível para nós, e no Seu trono de graça encontraremos ajuda.

Ore. Construa seu relacionamento com o Senhor do Universo, que é também seu Pai celestial. Seja honesto com Ele. O Senhor o conhece melhor do que você mesmo. Peça a ajuda dele. Agradeça-o! Expresse o seu amor por Ele. Peça a sabedoria e o discernimento de que você necessita. Aproxime-se com ousadia do trono de seu Pai celestial e confie nele.

*Querido Senhor, peço-te a confiança para entrar
com ousadia na Tua presença, sabendo que Tu responderás às orações.
Eu sei que Tu me concederás uma consciência limpa,
conduzindo-me a um coração totalmente confiante. Amém.*

DIA 4

*Quando vier o Espírito da verdade, ele
os conduzirá a toda a verdade.*

—JOÃO 16:13

O Espírito Santo nos conduz à verdade. Mentiras e engano são estratégias de Satanás para adentrar furtivamente em nosso pensamento. Porém, Jesus disse que o Seu Espírito nos guiaria no caminho da verdade. O Seu Espírito vem habitar em nós, em nosso *interior*. Ele vem viver intimamente conosco, inclusive fazendo Sua morada aqui. Não é maravilhoso que Jesus não tenha deixado os Seus discípulos sozinhos neste mundo para lutar, com suas próprias forças e recursos, contra as trevas? Nós recebemos um condutor, o Guia que tem autoridade sobre todas as coisas.

O nosso Guia nos conduz a uma vida correta, molda o nosso pensamento, desperta em nós desejos corretos, produz em nossa vida frutos que não podemos produzir por nós mesmos, e nos transforma em todos os sentidos para sermos cada vez mais semelhantes ao Senhor que seguimos. Paulo escreveu em Romanos que ouvir e seguir a orientação do Espírito Santo "resulta em vida e paz" (8:6). Permitir que a nossa natureza pecaminosa nos controle leva à morte. Que contraste! Eu quero vida e paz, e você?

Peça todos os dias ao Espírito Santo que o oriente à verdade. Então, abra os seus ouvidos para Ele. Ouça-o falar. Ele aumentará o seu discernimento. Ele é Aquele que vê e conhece todas as pessoas e situações perfeitamente. Não há dúvida ou questionamento em Seu conhecimento. Peça a ajuda dele. Então, siga em frente com fé, pois Ele atende a tais orações.

*Querido Senhor, ajuda-me hoje a ficar quieto e ouvir a voz
do Espírito Santo. Concede-me a dádiva preciosa de ouvir a Tua voz
e entender a mensagem. Peço-te fé para ajustar a minha vida
com base na verdade que ouço de ti. Amém.*

DIA 5

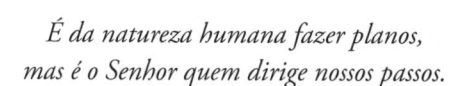

*É da natureza humana fazer planos,
mas é o Senhor quem dirige nossos passos.*

—PROVÉRBIOS 16:9

O **discernimento pode ser auxiliado também prestando atenção** às portas abertas e fechadas. Podemos aprender com Pedro, que certo dia orava no terraço da casa e sentiu seu estômago roncar. Em uma visão, Deus lhe mostrou "toda espécie de animais, répteis e aves" para que matasse e comesse. Pedro ficou chocado. Aquelas coisas eram consideradas "impuras" e estritamente proibidas aos judeus (Atos 10:9-17). Deus estava comunicando a Pedro que as coisas haviam mudado. Agora, as boas-novas do evangelho eram para todos — tanto judeus quanto gentios, pessoas que, anteriormente, os judeus haviam considerado "impuras". E, no mesmo momento em que Deus explicava a Pedro que o estava enviando a casa de um gentio, mensageiros bateram a sua porta e, quando Pedro atendeu, eles disseram que haviam sido enviados para encontrá-lo (vv.19-21).

Deus organizou aqueles eventos com tal precisão, que Pedro não poderia errar a porta que o Senhor havia aberto. Porém, percebemos que Deus teve de repetir a visão três vezes. Aquela foi uma grande mudança no pensamento de Pedro e talvez ele tenha demorado um pouco para entender a mensagem. Também nós precisamos prestar atenção. Deus abrirá oportunidades surpreendentes e não queremos perdê-las. Ou, Ele fechará uma porta; o discernimento piedoso presta atenção também nisso.

Jamais devemos basear as nossas decisões somente em portas abertas e fechadas. Devemos, porém, orar pela orientação que Ele prometeu que nos daria e, então, prosseguir com fé, confiando que Ele manterá a Sua promessa de "[dirigir] nossos passos".

*Querido Senhor, concede-me a humildade de aceitar
os Teus planos, especialmente quando eles forem diferentes dos meus.
Eu peço graça para aceitar a porta fechada e procurar a nova
janela da oportunidade oriunda de Deus. Amém.*

DIA 6

Oro para que o amor de vocês transborde cada vez mais e que continuem a crescer em conhecimento e discernimento. Quero que compreendam o que é verdadeiramente importante, para que vivam de modo puro e sem culpa até o dia em que Cristo voltar. Que vocês sejam sempre cheios do fruto da justiça, que vem por meio de Jesus Cristo, para a glória e o louvor de Deus. —FILIPENSES 1:9-11

Naquilo que chamo de fraternidade, os cristãos desenvolvem um mútuo amor *ágape*. À medida que seu amor cresce, também aumenta seu conhecimento e sua percepção. Isso, por sua vez, aumenta o seu *discernimento*. Todos juntos, eles se ajudam mutuamente a viver de forma piedosa, dando muitos frutos e glorificando a Deus até o dia da volta de Cristo.

Uma das coisas que você recebeu como parte de sua salvação é o vínculo com outros cristãos, proveniente do Espírito Santo. Agora, todos nós somos parte de um corpo e ninguém vive sozinho e separado. Devemos encorajar uns aos outros, edificar uns aos outros, usar os nossos dons para servir uns aos outros e ajudar uns aos outros a eliminar as coisas que precisam ser eliminadas de nossa vida.

Por isso, quando preciso de discernimento, procuro pelas pessoas que me conhecem melhor e a quem devo prestar contas. Para você, poderá ser seu cônjuge, um grupo de prestação de contas ou seus amigos mais próximos. Contudo, esse quinto ponto de verificação, mencionado em *Tomada de decisão* — dia 5, não pode ser tido como a única voz a qual o discernimento dá ouvidos. Todos os cinco pontos precisam ser considerados. Se algum deles estiver lhe acenando uma bandeira vermelha, o discernimento exige que você preste atenção.

Agradeço-te, Senhor, por colocares em minha vida pessoas que me ajudam a descobrir coisas melhores que Tu tens para a minha vida. Dá-me graça para aproveitar o melhor e expressar o meu amor por ti e pelos outros. Amém.

DIA 7

Portanto, sejam cuidadosos em seu modo de vida. Não vivam como insensatos, mas como sábios. Aproveitem ao máximo todas as oportunidades nestes dias maus. Não ajam de forma impensada, mas procurem entender a vontade do Senhor. —EFÉSIOS 5:15-17

Estas são as diretrizes que o Espírito Santo me ensinou para aumentar o dom de discernimento: *Perguntar o que a Palavra de Deus diz. Orar acerca da situação. Ouvir a voz do Espírito. Buscar a orientação de Deus nas circunstâncias. Ouvir a opinião daqueles a quem presto contas.* Se qualquer um desses cinco pontos de verificação parecer estar fora de sincronia ou levantar uma bandeira vermelha, precisarei examinar novamente a minha decisão, conclusão ou escolha.

Quando deixei de ouvir a voz do discernimento dentro de mim, tive problemas. Várias vezes isso aconteceu em decisões de contratação. Todos os demais pareciam entusiasmados com certo candidato. Tive a sensação de que aquela era a escolha errada, mas concordei com todos e, mais tarde, me arrependi.

Tenho uma triste lembrança de certa conversa, durante um café da manhã, com um seguidor de Cristo que fez uma escolha terrível. "Você não sentiu um aperto em seu espírito?", perguntei. "Você não sentiu o Espírito o alertando?". A resposta dele foi: "Sim, mas eu não quis ouvir". A decisão deliberada de não obedecer a voz do Espírito trouxe perturbação e tristeza para muitas vidas.

O apóstolo João nos adverte para não acreditarmos "em todo o espírito, mas [pô-lo] à prova para ter a certeza de que o espírito vem de Deus" (1 João 4:1). O inimigo também nos dirá coisas contrárias à sabedoria do Espírito Santo, mas uma das maneiras pelas quais o Senhor nos protege é com a Sua voz que traz discernimento. Precisamos ouvi-la e obedecê-la.

Senhor, dá-me um coração que discerne. Desejo conhecer e fazer a Tua vontade. Amém.

NOTAS E ORAÇÕES

SENSATEZ

• SEMANA 12 •
DIA 1

Posição, poder, dinheiro, status, genética ou sobrenomes não fazem um líder. As habilidades interpessoais é que geram confiança e nos conferem influência. —Paul Weaver

As escolhas sábias o guardarão, e o entendimento o protegerá.
—PROVÉRBIOS 2:11

"**Mas as palavras vêm do coração**", disse Jesus (Mateus 15:18). Nossos atos são fruto de nossos pensamentos e intenções. Demonstrarmos ou não sensatez em nossas palavras e atos é determinado pelo que acontece em nosso coração. Novamente, citamos o sábio Salomão que nos admoesta a guardar o coração, pois dele flui tudo que fazemos (Provérbios 4:23).

Como representantes de Cristo, nosso objetivo é viver em piedosa sensatez. Isto é, ter um nível de bom senso que honra e agrada a Deus e reflete o Seu caráter crescendo em nós. Isso é o que o Espírito desenvolverá em nós se seguirmos a Sua liderança, assim como Ele desenvolverá e potencializará todas as outras características nas quais estivemos pensando.

Enquanto pensamos sobre sensatez, submeta-se humildemente ao exame do Espírito Santo, mostrando a você todas as áreas de sua vida e liderança onde há falta dela. Em seguida, siga a orientação dele para mudar tudo que precisa ser mudado a fim de que você tenha a proteção e a influência que a sensatez traz.

Senhor, fixo minha mente e meu coração em ti neste momento!
Quão revigorante é lembrar-me de tudo que Tu passaste para demonstrar
o Teu amor por mim e me propiciar a salvação! Hoje, Senhor,
capacita-me a viver como Tu viveste, jamais desistindo! Amém.

Orações sobre *Sensatez* —**DR. TIM ROBNET**

DIA 2

Portanto, tenhamos como alvo a harmonia e procuremos edificar uns aos outros. —ROMANOS 14:19

"**Como anel de ouro em focinho de porco**, assim é a mulher bonita, mas indiscreta" (Provérbios 11:22 NVI). Isso é não apenas direto, mas também relevante tanto para os homens quanto para as mulheres. Tiago foi igualmente direto. Ele escreveu que a sua língua — *a sua*; entenda isso como pessoal, porque é sério — é uma chama de fogo acesa pelo inferno, é um mundo de maldade (v.6).

Por que a língua é tão forte? Sabemos que a falta de sensatez pode criar uma dor cataclísmica e consequências que vão além de atitudes insensatas. Devemos tomar como pessoal a advertência de Tiago. Nossa língua pode causar grande dano e escorregar para o mal rapidamente se não for controlada. A falta de discrição em palavras e atitudes pode ofender os outros, constranger a eles e a nós mesmos, romper a confiança e ferir profundamente os relacionamentos.

Pois, como afirma Provérbios 18:21, a língua tem também o poder para trazer vida, poder para abençoar e curar. "Quem controla a língua terá vida longa" (Provérbios 13:3) e preserva a vida de outras pessoas. Você pode promover a paz em sua vida e na dos outros a partir do que você diz e faz. Você pode edificar a si mesmo e aos outros. As suas palavras podem ser boas e úteis, consolo e encorajamento para outros (Efésios 4:29). A graça de Deus pode fluir através de você para as pessoas ao seu redor (Colossenses 4:6). Palavras e ações controladas com sensatez têm poder vivificante — para você e para os outros.

Senhor, neste dia de pressão e luta, eu busco em ti força e resistência. Ajuda-me a lembrar-me de que "maior é o que está em mim do que o que está no mundo". Senhor, estou esperando que te reveles em minha jornada hoje. Amém.

DIA 3

*Portanto [...] vistam a armadura da luz [...],
revistam-se do Senhor Jesus Cristo.* —ROMANOS 13:12,14

U**m fogo ardente do inferno ou uma graça que concede vida e bênção?** Nossas palavras e nossos atos podem ser qualquer um deles. O que determina quais serão suas palavras e suas ações? Sensatez ou a falta dela.

A sensatez piedosa que desejamos provém do Espírito de Cristo agindo em nós. Quando somos batizados em Cristo, nós nos "revestimos" de Cristo (Gálatas 3:27). Ele vive através de nós. Quando a nossa vida, sendo Seu ramo, deriva da Sua videira, é a Sua vida que vivemos neste mundo. É por isso que sou tão passional quanto a representá-lo bem. Pertenço a Ele. Uso o Seu nome. Quero manifestar Sua vida com toda a capacidade e força que Ele me concede.

> "Visto que Deus os escolheu para ser seu povo santo e amado, revistam-se de compaixão, bondade, humildade, mansidão e paciência. Sejam compreensivos uns com os outros e perdoem quem os ofender. Lembrem-se de que o Senhor os perdoou, de modo que vocês também devem perdoar. Acima de tudo, revistam-se do amor que une todos nós em perfeita harmonia" (Colossenses 3:12-14).

Dedique tempo a visualizar-se cuidadosamente vestindo cada item dessa "roupa". Ao longo do dia, lembre-se do que está vestindo. E, acima de tudo, envolva-se no manto do mesmo amor que Cristo demonstra a você.

Senhor, eu me sinto um fracasso hoje, mas coloco a minha esperança em Tuas promessas de que nunca me deixarás, nem me desampararás. Senhor, que neste dia eu possa alcançar outros que precisem de uma palavra de encorajamento e ajuda para continuar. Amém.

DIA 4

Da mente sábia vêm conselhos sábios; as palavras dos sábios são convincentes. —PROVÉRBIOS 16:23

Enfrentamos muitas decisões a cada dia; escolhas sobre falar ou não ou sobre agir ou não, e decisões sobre como falar e agir. Muitas vezes, a escolha não é tão bem definida quanto abençoar ou amaldiçoar, ser insensato ou um canal da graça.

Em Provérbios 5:1-2, lemos que a sabedoria preserva a sensatez. Em algum lugar, vi uma citação que dizia: "Uma pessoa inteligente sabe o que dizer; uma pessoa sábia sabe se deve dizê-lo ou não". Então, *como* exatamente falamos com verdade, integridade, lealdade e zelo? A maneira como agimos ou falamos também tem um grande efeito. Todos nós já tivemos a experiência de falar insensatamente e gerar uma faísca que acende o fogo do inferno, embora nunca tenhamos pretendido fazê-lo. Não queremos tropeçar novamente em tal situação. Como podemos evitar isso quando as decisões são difíceis?

Toda situação tem as suas especificidades, mas, se você está enfrentando circunstâncias voláteis neste momento, a única coisa que posso lhe dizer é que Deus honra a oração sincera de Tiago 1:5. Se lhe falta sabedoria, "peça a nosso Deus generoso, e receberá"!

Por sermos o Seu povo, Deus prometeu suprir tudo o que necessitarmos. Peça a Sua ajuda para fazer julgamentos sábios. Busque a sabedoria dele nas Escrituras. Bata à porta da sala do Seu trono e entre com ousadia para falar com seu Pai celestial acerca do que você necessita. Então, caminhe com fé, confiando que Ele cumprirá a Sua promessa.

Senhor, ajuda-me a lembrar-me da alegria que terei quando ouvir a Tua voz a me dizer: "Bem-vindo ao lar". Amém.

DIA 5

O coração do justo pensa bem antes de falar; a boca dos perversos transborda de palavras maldosas. —PROVÉRBIOS 15:28

Nas Escrituras, *sensatez* é frequentemente chamada de *prudência* e *bom senso*. Esses três adjetivos requerem uma ponderação de palavras e ações. Devemos considerar os fatos e as consequências do que intencionamos dizer ou fazer. Se somos impulsivos e disparamos as primeiras palavras que vêm à ponta da nossa língua, estamos fadados a ter problemas. Provérbios 22:3 descreve dois resultados: "O prudente antevê o perigo e toma precauções; o ingênuo avança às cegas e sofre as consequências".

Paul Weaver recomenda uma pausa de cinco segundos antes de deixar tais palavras escaparem. Nesses cinco segundos, considere não somente se você *deve* dizer alguma coisa, mas também *como* deve dizê-la. Se você prevê perigo, refugie-se. Refugie-se na força de contenção do Espírito. Refugie-se em Sua sabedoria, pedindo ajuda para articular as suas palavras com sabedoria e ter a atitude correta ao dizê-las. Refugie-se na Videira e peça que a vida do Senhor flua através da sua.

Paciência, atitude, moderação, discernimento, bondade, sabedoria, humildade, autocontrole — cada um desses aspectos contribui para nossa sensatez, prudência e bom senso. Qual dos oito é mais difícil para você? Hoje, em sua oração, peça ao Espírito Santo que lhe ensine como se tornar mais semelhante a Ele nessa característica. Isso fortalecerá a sua sensatez.

Senhor, tu és o meu Pastor. Eu tenho tudo de que necessito.
Senhor, Tu és o Pastor Soberano e sabes exatamente o que está acontecendo;
não há surpresas para ti. Senhor, Tu és o Grande Pastor; ninguém
e nada é maior do que Tu. Assim, eu descansarei sob os Teus cuidados.
Vida, venha! Amém.

DIA 6

Portanto, como filhos amados de Deus, imitem-no em tudo que fizerem. Vivam em amor, seguindo o exemplo de Cristo, que nos amou e se entregou por nós como oferta e sacrifício de aroma agradável a Deus. —EFÉSIOS 5:1-2

Por que Deus quer que desenvolvamos sensatez em nossa liderança e em nosso viver? Por que é tão importante que características como honestidade, transparência e ousadia sejam temperadas com sensatez?

Efésios 5 responde a essas questões. Devemos viver como filhos amados de Deus, imitando-o como os filhos terrenos imitam seus pais. Nós somos a família de Deus, e o capítulo prossegue dando vários exemplos de comportamento impróprio ao povo de Deus; nem mesmo cogitar algo disso deve ocorrer em Sua família. Respostas irrefletidas e descontroladas que vêm como reações automáticas não são a maneira de Deus lidar com situações ou pessoas. Seus caminhos são repletos de propósito, compassivos e, acima de tudo, amorosos.

O amor colocará uma guarda sobre nossas palavras e nossos atos. O amor não permitirá que nosso ego, nossas reações defensivas, raiva ou egoísmo assumam o controle do que dizemos e fazemos. O amor filtrará e será cauteloso, pois considera como os outros serão afetados. O amor é paciente e bondoso; não é arrogante, nem rude. Ele não desonra os outros. Ele vive pela verdade, sempre espera, protege e persevera (1 Coríntios 13).

O amor une a sensatez a todas as outras características divinas, e nós não apenas portamos o nome da família: nós a expressamos ao lidar uns com os outros em amor.

Senhor, a colheita não é no fim deste dia, mas no momento da Tua vinda. Ajuda-me a não ser insensato, e sim a saber que cada momento conta para ti e para o Teu reino. Quando eu estiver cansado, Senhor, lembra-me de que estou honrando a ti. Amém.

DIA 7

*Que as palavras da minha boca e a meditação
do meu coração sejam agradáveis a ti, Senhor, minha rocha
e meu redentor!* —SALMO 19:14

A conclusão é que a sensatez é necessária para eu perseguir o meu objetivo: fazer o melhor que puder para representar Cristo ao mundo ao meu redor. Se eu não consigo tomar decisões sábias acerca de quando e como falar, ou que atitude é adequada, estou refletindo mal o meu Senhor. Eu pertenço a Ele, e meu propósito aqui na Terra é mostrar aos outros quem Ele é. Quando a sensatez não coloca essa guarda sobre mim, estou desacreditando o Seu nome.

Paulo escreveu que nós devemos ter como objetivo não fazer algo que possa afastar as pessoas de Jesus Cristo e de Seu evangelho. "Vocês serão minhas testemunhas", disse Jesus. Testemunhas dele. Nós damos testemunho do que Cristo pode fazer na vida de uma pessoa, como Ele concede um novo coração e transforma a mente. Oro para que a minha vida demonstre isso. Eu preciso da sensatez orientada pelo Espírito a fim de colocar guardas em torno da minha vida, para que eu não falhe com Ele.

Você pode ter aprendido o Salmo 19:14 quando criança. Agora, o Espírito está falando a você como um adulto que conhece a importância das palavras que saem da sua boca e da meditação do seu coração. Preste atenção ao que Ele está dizendo. Minha sincera oração é que as minhas palavras e os meus pensamentos sejam agradáveis ao Senhor, e espero que essa seja a sua oração também, e que você a persiga diariamente.

*Senhor, eu te agradeço por nos recompensares nesta vida
e na vida vindoura. Porém, além das recompensas, que nós possamos
desfrutar da jornada vivendo para ti. Eu te agradeço pelo desejo
diário de adorar a ti em obediência e louvor. Amém.*

NOTAS E ORAÇÕES

EMPATIA

• SEMANA 13 •
DIA 1

A empatia lubrifica as engrenagens da liderança. Tudo se torna mais fácil e os resultados o surpreenderão. —Paul Weaver

> *Alegrem-se com os que se alegram e chorem com os que choram. Vivam em harmonia uns com os outros. Não sejam orgulhosos, mas tenham amizade com gente de condição humilde. E não pensem que sabem tudo.*
>
> —ROMANOS 12:15-16

Uma pessoa sensível vê o mundo com os olhos do amor. Isso é empatia — compaixão e compreensão ao conectar-se com as pessoas. Certas pessoas parecem predispostas a compreender os sentimentos dos outros e escutar com compaixão. Minha esposa diria que dois de meus irmãos receberam uma dose dupla da dádiva da empatia, que deveria ter sido mais distribuída pela família (referindo-se mais a mim, o caçula). E eu sei que ela está certa. Simplesmente não me é tão fácil ter empatia quanto para os dois referidos irmãos. Eu amo as pessoas, mas às vezes tenho dificuldade em ser empático. Eu tive que trabalhar isso.

Essa compreensão e compaixão são características do Senhor que eu represento. Empatia não é uma fraqueza. É uma força. Billy Graham disse: "As lágrimas derramadas por si mesmo são de fraqueza, mas as lágrimas derramadas pelos outros são um sinal de força". Empatia é uma expressão do tipo de amor que Cristo deseja que demonstremos a todos. Ela é resultado do Seu Espírito agindo em meu interior. Por isso, peço a Ele que me ajude a ser mais empático em minha liderança e em minha vida pessoal.

Meus olhos estão atravancados com tantas preocupações. Ajuda-me, Senhor, a ver as necessidades e os desafios dos outros através do Teus olhos. Amém.

Orações sobre *Empatia* —**PASTOR DR. DON PAXTON**

DIA 2

Por fim, tenham todos o mesmo modo de pensar.
Sejam cheios de compaixão uns pelos outros. Amem uns aos outros
como irmãos. Mostrem misericórdia e humildade. —1 PEDRO 3:8

Devemos ser representantes de Cristo em todos os aspectos da nossa vida. Assim, como líderes, queremos demonstrar Sua compaixão e cuidado pelos outros quando lideramos nossas equipes; um dos esforços mais produtivos que você pode fazer como líder é ser modelo e construir bons relacionamentos em seu local de trabalho. A empatia o ajudará a edificar esses relacionamentos.

O ouvir com empatia fortalece os relacionamentos. Isso comunica à outra pessoa que você se importa com ela, que entende a situação dela e como ela se sente. Cria confiança entre as pessoas e reduz os mal-entendidos. Esse cuidado sincero com os outros acabará com a fofoca e o preconceito, duas coisas indesejáveis no local de trabalho. Essas coisas acontecem quando escutamos e procuramos compreender uns aos outros e construir relacionamentos sinceros e compassivos.

Dietrich Bonhoeffer escreveu: "Precisamos aprender a considerar as pessoas menos à luz do que elas fazem ou não fazem e mais à luz do que elas sofrem". A empatia silencia a atitude de julgamento e a substitui pelo amor que consegue enxergar além do comportamento de uma pessoa: as batalhas e o sofrimento na vida dela.

A empatia também ajudará você a ver as pessoas não apenas pelo que são, mas também pelo que podem vir a ser. Você será capaz de falar à vida delas quando tiver esse relacionamento compreensivo. Novamente, vemos que esse traço de caráter atua juntamente com outros, como compaixão, influência, sinceridade e generosidade, para torná-lo um líder melhor.

Ajuda-me, Senhor, a dedicar tempo para ouvir as dores, os medos e as necessidades dos outros. Sou muito rápido em julgar antes de obter os fatos necessários para responder corretamente, então ajuda-me. Amém.

DIA 3

*Amem-se com amor fraternal e tenham prazer
em honrar uns aos outros.*

—ROMANOS 12:10

Hoje, preste atenção em *como* você escuta os outros. Ser capaz de compreender correta e compassivamente os sentimentos dos outros requer que sejamos bons ouvintes. Nós escutamos atentamente, não para discutir ou debater, e sim para nos sintonizar em como a outra pessoa se sente. A empatia surge quando escutamos com um coração desejoso de compreender os sentimentos.

Ouvir com empatia significa tirar os nossos próprios sentimentos e ideias do "primeiro lugar" e focar nos sentimentos e ideias da outra pessoa. Frequentemente, "escutamos" mais os nossos próprios sentimentos e pensamentos, mesmo quando outra pessoa está falando; então, nossas próprias emoções conduzem as nossas ações e reações em relação aos outros. A empatia, porém, tira os nossos sentimentos do banco do motorista.

A empatia pavimenta o caminho para seguirmos a regra de vida que Jesus disse ser o segundo maior mandamento: amar ao próximo como a si mesmo. Seguir esse preceito torna os sentimentos de outra pessoa tão importantes quanto os meus. Meu relacionamento com essa pessoa e minha compaixão são guiados pela minha compreensão dos sentimentos dela; por isso, seria melhor aprendermos a escutar para entendermos uns aos outros. Esse "escutar" inclui prestar atenção aos sentimentos e pensamentos que estão por trás das palavras faladas.

Para manifestar o mandamento de Jesus, de amar aos outros e tratá-los da mesma maneira como queremos ser tratados, precisamos entendê-los e realmente nos importarmos com eles. Desceremos do primeiro lugar e colocaremos nossa atenção na outra pessoa.

*Ajuda-me, Senhor, a amar verdadeiramente
os meus próximos, colocando-os em primeiro lugar pensando
mais neles do que em minhas vontades e desejos. Amém.*

DIA 4

Portanto, como filhos amados de Deus, imitem-no em tudo que fizerem. Vivam em amor, seguindo o exemplo de Cristo, que nos amou e se entregou por nós como oferta e sacrifício de aroma agradável a Deus. —EFÉSIOS 5:1-2

João escreveu que o verdadeiro amor é Deus nos haver amado e enviado Seu Filho como sacrifício por nós. Antes mesmo de nós o conhecermos, Jesus veio para estar conosco e carregar o fardo da punição por nossos pecados. Empatia é estar "com" outra pessoa onde quer que ela esteja e compartilhar os fardos que ela carrega. É esquecer-se de si mesmo e colocar-se no lugar dela.

Assim, a instrução de Jesus aos Seus discípulos foi para que amemos uns aos outros como Ele nos amou. Assim, não apenas devemos estar "com" os outros no sentido de ter compaixão e compartilhar os fardos uns dos outros, mas também agir com empatia — assim como o nosso Senhor teve a iniciativa de estender a mão para nós e estabelecer um relacionamento conosco. Ele "se entregou por nós".

Como podemos demonstrar esse mesmo amor ao mundo ao nosso redor? Procurando entender as pessoas, ainda que elas nos tenham repelido e rejeitado. Procurando amá-las, ainda que elas nos tenham ferido. Nós as tratamos com compaixão e respeito, mesmo quando elas são diferentes de nós.

Você se lembra do samaritano, que socorreu alguém que o via como inimigo? Nós nos entregamos para demonstrar aos outros o amor de Deus. O amor de Deus fez isso pelo mundo, por você e por mim, e amar dessa maneira nos torna "verdadeiros filhos" de nosso Pai celestial (Mateus 5:45).

Dá-me o Teu coração, Senhor, para sentir as dores dos outros de modo a poder chorar com eles. Amém.

DIA 5

O nosso Deus é misericordioso!

—SALMO 116:5

H**oje, dedique algum tempo para pensar sobre quão maravilhoso é** Deus entender *você*, a pessoa que você é e as suas lutas, tristezas e alegrias. As Escrituras nos dizem que Ele conhece todas as nossas tristezas e compreende as nossas lágrimas. Ele vê e entende tudo que fazemos. Ele conhece os segredos do nosso coração. Jesus entende essas fortes tentações. Ele passou pelas mesmas coisas que nós. A letra desta antiga canção é sempre reconfortante.

> Importará ao Senhor Jesus
> Que eu viva no mundo a ter
> O meu coração cheio de aflição?
> Sentirá meu triste viver?
>
> Oh, sim, eu sei, Jesus bem vê
> O que eu estou a sofrer;
> Em cruel peleja, pavor, inveja
> Jesus me quer valer.
>
> —*Importará* (CC 340)

Eu gostaria de que houvesse espaço aqui para citar todos os versos desse hino. Jesus se importa quando caminhamos nas trevas do medo, quando estamos sofrendo porque falhamos em resistir à tentação e quando perdemos as pessoas que nos são mais queridas. O nosso Salvador viveu conosco e foi um de nós. Ele sabe e se importa.

Senhor, concede-me paz quando eu estiver com medo.
Não permitas que meus temores me impeçam de focar-me
em Teu poder e presença prometidos. Amém.

DIA 6

Visto que Deus os escolheu para ser seu povo santo e amado, revistam-se de compaixão, bondade, humildade, mansidão e paciência.

—COLOSSENSES 3:12

Quer estejamos em posição de liderança ou não, como cristãos, não podemos ignorar ou intencionalmente deixar de lado a importância de como nos relacionamos com as outras pessoas. Jesus disse que, além de amar a Deus com tudo que somos e tudo que temos, o mais importante é amarmos aos outros. E as Escrituras estão repletas de instruções práticas sobre como fazer isso.

Sim, nós temos instruções sobre "como" amar, pois o amor não é um sentimento, mas sim o que fazemos, as decisões que tomamos acerca de como tratar os outros. Devemos nos vestir a cada dia com essas qualidades. Todas elas influenciam diretamente na maneira como nos relacionamos com os outros.

Posso garantir a você que pôr essas roupas conscientemente a cada manhã aumentará a sua empatia pelos outros. Só que esses não são trajes que usaríamos por nossa própria vontade. As nossas tendências são exatamente o oposto dessas qualidades. Essas vestimentas são confeccionadas pelo Espírito Santo — o Deus que é Amor. Por isso, para usar tais roupas, precisamos pedir ao Espírito para nos vestir. Essa é a única maneira de vivermos com compaixão, bondade, humildade, ternura e paciência.

Se você é algum tipo de líder, o seu exemplo dá o tom para o que acontece no local de trabalho ou no comitê, na igreja, na escola ou na família. A qualidade de ser capaz de compreender os outros e estar "com" eles em suas lutas o ajudará em todos os relacionamentos. Peça ao Espírito Santo para ajudá-lo a aumentar a sua empatia. Vista-se para o dia!

Lembra-me, Senhor, de como doía quando eu sentia nos outros falta de compaixão, bondade, ternura ou paciência. Amém.

DIA 7

E todos vocês vistam-se de humildade no relacionamento uns com os outros. Pois, "Deus se opõe aos orgulhosos, mas concede graça aos humildes". —1 PEDRO 5:5

Não podemos ser empáticos se não possuímos humildade. Quando falamos em empatia, precisamos pensar também em humildade. O que é humildade? Humildade é ter uma visão acurada de si mesmo.

Humildade significa nos lembrarmos de que todos somos feitos de pó. Eu não sou melhor do que você. Para Deus, o príncipe e o mendigo têm o mesmo valor. Ele os ama igualmente. Ele age em todas as vidas, e a humildade vê isso. A humildade sabe que nossas realizações provêm do Senhor. O que opera em nós é o poder de Deus, não o nosso. E, assim como Deus ainda está trabalhando em mim, a empatia lembra que Ele ainda está agindo também nos outros.

Servir com humildade significa vestir as roupas do Espírito a cada dia. A humildade entende que nossas próprias roupas não nos servem. A humildade visa honrar a outra pessoa. A humildade nos permite nos colocar no lugar do outro e entender a situação dele sem julgá-lo. A humildade nos compele a colocar de lado nossas próprias ideias e emoções para verdadeiramente escutar os outros e participar da luta deles. A humildade nos ajuda a encorajar uns aos outros e vê Deus agindo em cada vida.

Peça a Deus para ajudá-lo em qualquer das áreas em que você sabe estar faltando humildade. Você terá maior empatia pelos outros, uma das qualidades mais importantes de todo filho ou filha de Deus.

Senhor, eu nada posso fazer sem ti e tudo que tento fazer é inaceitável diante de Tua presença. Torna-me humilde, Senhor, para que os outros vejam mais de ti e menos de mim. Amém.

NOTAS E ORAÇÕES

EQUIDADE

• SEMANA 14 •
DIA 1

Equidade não é tratar a todos exatamente da mesma maneira. É tratar todos os indivíduos com dignidade e respeito, e dar às pessoas o benefício da dúvida. —Paul Weaver

> *Vivam em amor, seguindo o exemplo de Cristo,*
> *que nos amou e se entregou por nós como oferta e sacrifício*
> *de aroma agradável a Deus.* —EFÉSIOS 5:2

Nossa definição *Lodestar* diz que equidade é seguir as regras de maneira honesta e razoável, valorizando a igualdade e tratando todos de maneira imparcial e sem favoritismo. O que dizem as Escrituras sobre seguir as regras? As regras de quem estamos nos esforçando para seguir? As do mundo ou as de Deus? Haja vista que, na maioria das vezes, as regras do mundo são contrárias às normas de Deus. O mundo é uma selva implacável. Pegue-os antes que eles nos peguem. Cuide primeiro de você mesmo. Você tem direitos. Use as pessoas para o seu próprio benefício. Avance sempre que puder. Elimine a oposição. Os mais fortes governam os mais fracos.

Porém, o reino de Deus é regido por princípios diferentes. Ame ao próximo como a si mesmo. Sirva aos outros. Seja bondoso com os seus inimigos. Perdoe. Dê uma segunda, terceira e quarta chances. A sua vida não pertence a você. Você não está aqui para ser rico e famoso. Vocês não estão neste negócio por si mesmos, e sim como representantes e parceiros de Cristo, para glória de Deus.

Querido Senhor, ajuda-me a fazer o que é certo quando houver uma decisão a ser tomada. Ajuda-me a amar os outros como a mim mesmo e a servi-los de uma maneira que redunde em glória a ti. Senhor, por favor, ajuda-me a perdoar aos outros como Tu perdoaste a mim. Amém.

Orações sobre *Equidade* —**PASTORA TERRY LYNN WYANT-VARGO**

DIA 2

Mas a sabedoria que vem do alto é, antes de tudo, pura. Também é pacífica, sempre amável e disposta a ceder a outros. É cheia de misericórdia e é o fruto de boas obras. Não mostra favoritismo e é sempre sincera. —TIAGO 3:17

A **equidade trata as pessoas de maneira honesta e razoável.** Isso o torna acessível. As pessoas sabem que a porta está aberta para elas entrarem e falarem com você. Isso tem vital importância nos negócios e na vida. Aqui, novamente, entram em jogo outros princípios *Lodestar*: honestidade, transparência, discernimento, bondade, respeito, sinceridade, compaixão e outros. E as Escrituras, sobre as quais edificamos a nossa vida, nos dizem que a maneira *certa* de lidar com as pessoas é de maneira honesta e razoável.

O que significa *razoável*? O dicionário diz que é ser racional, moderado, equilibrado e decente. As Escrituras descrevem isso como ser sincero, compassivo, pacífico, manso e aberto à razão. Você percebeu quantas dessas características fazem parte da sabedoria que vem do alto? (Veja o nosso versículo do dia.) Veremos o versículo de Tiago 3:17 com frequência nestas páginas, pois muitas dessas características fazem parte da sabedoria divina. Discernimento também é necessário; estar aberto à razão significa que você desejará descobrir a verdade acerca de uma situação e das pessoas envolvidas.

"Seja a vossa equidade notória a todos os homens. Perto *está* o Senhor" (Filipenses 4:5 ARC). Mesmo em situações difíceis, em decisões nas quais pessoas ficarão infelizes com você ou você souber que será criticado, peça ao Senhor, que está sempre ao seu lado, para lhe dar uma equidade piedosa, criteriosa e razoável.

Pai, em situações difíceis, ajuda-me a exercer discernimento divino. Ajuda-me a lidar com as outras pessoas da maneira como eu gostaria de ser tratado. Senhor, ajuda-me a ter sabedoria vinda de ti para discernir a verdade em cada situação. Amém.

DIA 3

*Não há diferença entre judeus e gentios,
uma vez que ambos têm o mesmo Senhor, que abençoa
generosamente todos que o invocam.* —ROMANOS 10:12

Esse versículo afirma que Deus é imparcial. É uma dádiva maravilhosa saber que Deus não tem favoritos. A equidade valoriza a igualdade e trata todos com imparcialidade. E, se você percebeu anteriormente, o versículo de Tiago 3:17 revela que a sabedoria divina é imparcial. Ela não mostra favoritismo.

O favoritismo pode ser o inimigo mais furtivo da equidade. Podemos nos esforçar para seguir as regras, sendo honestos e razoáveis, mas o favoritismo costuma escapar pela porta dos fundos quando não estamos alertas; então, afeta nossos pensamentos e emoções e, finalmente, enfraquece a nossa equidade. Nós não gostamos de chamar isso de *favoritismo*, mas — sejamos honestos — certas pessoas são simplesmente mais agradáveis do que algumas, e outras sabem como nos agradar totalmente. E pode haver aquela astuta tentação de impressionar ou agradar pessoas que pensamos que ajudarão nossa carreira, nosso status social ou nossos objetivos pessoais. Nossos próprios desejos podem atrapalhar a equidade.

Porém, em Sua Palavra, Deus deixou bem claro para nós que Ele é imparcial. Para Deus não há judeu ou gentio, escravo ou livre, homem ou mulher (Gálatas 3:28). Como Seu representante, eu quero expressar isso também em todos os meus relacionamentos — não somente nos negócios, mas também na minha vida pessoal. Os relacionamentos de prestação de contas podem nos ajudar a detectar esse inimigo da equidade.

Se o Espírito estiver alertando você sobre algum favoritismo em seus pensamentos, peça Sua ajuda para erradicá-lo.

*Querido Jesus, eu quero viver de forma que eu reconheça
as pessoas como indivíduos. Ajuda-me a estar alerta ao favoritismo e,
pela orientação do Teu Espírito Santo, ajuda-me a não ser parcial
para com os outros em todas as áreas da minha vida. Amém.*

DIA 4

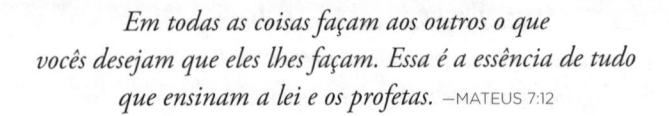

> *Em todas as coisas façam aos outros o que*
> *vocês desejam que eles lhes façam. Essa é a essência de tudo*
> *que ensinam a lei e os profetas.* —MATEUS 7:12

Equidade diz respeito à maneira como tratamos os outros. Grande parte das Escrituras aborda as maneiras como nos portamos nos relacionamentos. O caminho mais simples e direto para a equidade é estabelecido por Jesus no que chamamos de a *Regra de ouro*: "Tratem os outros como vocês querem que os outros tratem vocês" (Lucas 6:31 NBV-P).

Queremos ser compreendidos. Queremos ser ouvidos. Queremos receber consideração, graça e respeito. Queremos ser perdoados e ter outra chance. A diretriz de Jesus diz que devemos conceder o mesmo aos outros: compreensão, ouvido, consideração, graça, respeito e perdão.

Volte ao início desta seção e leia as palavras de Paul Weaver acerca da equidade. Somos capazes de tratar os outros com dignidade e respeito quando olhamos profundamente por sob a superfície e vemos que, abaixo de todas as barreiras exteriores que podem surgir entre nós, todos somos muito semelhantes. Jesus fazia isso. Ele olhava além de rótulos como coletor de impostos, pescador, romano ou adúltera e enxergava o coração das pessoas. Ele se conectou às necessidades delas.

O mundo coloca nas pessoas todos os tipos de rótulos, os quais nos separam. Jesus Cristo vê uma única coisa: corações que Ele deseja chamar de volta para Deus ou corações que já estão a caminho de casa para Deus. Desejo ver os outros como Jesus os vê e ama e tratá-los com dignidade, respeito e equidade.

Aba *Pai, Tu amas todas as pessoas e todas elas*
são preciosas aos Teus olhos. Ajuda-me, Senhor,
a ver as outras pessoas através dos Teus olhos.
Ajuda-me, Espírito Santo, a tratá-las com dignidade
e respeito em todo tempo. Amém.

DIA 5

Falamos como mensageiros aprovados por Deus, aos quais foram confiadas as boas-novas. Nosso propósito não é agradar as pessoas, mas a Deus, que examina as intenções de nosso coração. —1 TESSALONICENSES 2:4

Nossa busca por equidade como líderes significa que haverá momentos em que teremos de tomar decisões difíceis. Às vezes, pessoas ficarão insatisfeitas conosco. O que diz mesmo aquele antigo ditado? "Você pode agradar algumas pessoas o tempo todo e pode agradar todas as pessoas durante algum tempo, mas não pode agradar todas as pessoas o tempo todo." Isso faz parte do âmbito de ser um líder.

Mesmo com sabedoria, discernimento e equidade, nossas decisões e escolhas nem sempre serão populares. Às vezes, iremos até mesmo contra pessoas que podem ter impacto direto em nosso emprego ou negócio, como um cliente insatisfeito ou um superior frustrado.

Em todas as decisões, pensamentos e atitudes de todos os dias, quer sejam decisões pequenas, geralmente despercebidas, ou maiores, que abalam a empresa, precisamos sempre considerar o seguinte: afinal, a quem devo prestar contas? Nossa máxima lealdade não pode ser para com pessoa alguma desta Terra. Nós servimos a Jesus Cristo! Seu evangelho nos foi confiado, fomos nomeados Seus embaixadores no mundo até que Ele retorne para governar. Tudo que fazemos, façamos como representantes do Senhor. Esse chamado e propósito nos guiarão bem em nossa liderança.

Jesus, Tu és a pedra angular de minha vida.
Ajuda-me a ser semelhante a Cristo em tudo que faço,
digo e penso. Espírito Santo, ao longo das circunstâncias
de minha vida, ajuda-me a representar-te bem. Amém.

DIA 6

Seu divino poder nos deu todas as coisas de que necessitamos para a vida e para a piedade [...] ele nos deu as suas grandiosas e preciosas promessas, para que por elas vocês se tornassem participantes da natureza divina e fugissem da corrupção que há no mundo, causada pela cobiça. —2 PEDRO 1:3-4 NVI

Você sabe que nem sempre a equidade será favorável a você. Pelo menos, não aos olhos do mundo. Equidade é algo que escolhemos. Nós escolhemos deixar de lado a parcialidade e o favoritismo. Escolhemos demonstrar respeito e compreensão. Escolhemos tratar os outros como gostaríamos de ser tratados. Porém, às vezes essa escolha é difícil. O diabo não apenas tentará nos persuadir a agir e a pensar de outra maneira, mas poderá também usar pessoas de nossa família ou organização que resistam ativamente à equidade.

Nem sempre tratar os outros como Jesus tratou e amar como Jesus amou atingem os objetivos do mundo. A equidade, de acordo com as normas de Deus, nem sempre segue as "regras" das obstinadas convenções mundanas.

Quando você estiver diante de uma situação difícil, eu o encorajo a lembrar-se das palavras de Pedro: Deus nos deu "todas as coisas de que necessitamos para a vida e para a piedade [...] ele nos deu as suas grandiosas e preciosas promessas". Suas promessas nos asseguram de Sua ajuda. Confie nas promessas do Senhor para ajudá-lo, dar-lhe força, orientação, sabedoria, discernimento e tudo mais de que você precisar. Jesus declarou: "Peçam, e receberão" (Mateus 7:7).

Deus tem para nós recursos abundantes que excedem qualquer coisa que possamos imaginar. Caro amigo, eu o encorajo a mergulhar nesses recursos. O Senhor abençoa ricamente todos os que o invocam.

Jesus, Filho de Deus, Tu és quem me abre caminhos.
Sê minha porção de força, orientação, sabedoria, discernimento
e tudo mais de que eu precisar quando estiver enfrentando
uma situação difícil. Senhor, abençoa-me para que eu possa ser
uma bênção para os outros. Amém.

DIA 7

Pois Deus queria que [o seu povo soubesse] que as riquezas gloriosas desse segredo também são para vocês, os gentios. E o segredo é este: Cristo está em vocês, o que lhes dá a confiante esperança de participar de sua glória! —COLOSSENSES 1:27

Como seguidores de Cristo, nós temos uma vantagem, não somente em buscar equidade, mas também em desenvolver todos esses traços de caráter. Em Colossenses 1, Paulo chama isso de "mistério" ou "segredo" que Deus agora está tornando conhecido: Cristo vive em nós. "Já não sou eu quem vive, mas Cristo vive em mim" (Gálatas 2:20). Isso é algo incrível de se afirmar, não é mesmo? Porém, não é só você ou eu quem declara isso. A Palavra de Deus diz que é assim.

A Sua Palavra diz também que "nós temos a mente de Cristo" (1 Coríntios 2:16). Ora, isso não significa que sabemos tudo que Jesus Cristo sabe. Significa, porém, que o Espírito Santo nos orienta de acordo com a mente de Cristo. O Espírito direciona nossa atenção às realidades do Céu e do reino de Deus. Ele nos ensina, lembra-nos das palavras de Jesus, abre os nossos olhos para o pecado em nossa vida e abre nossos ouvidos para ouvir a Palavra de Deus com mais clareza.

Não estamos trabalhando unicamente com os nossos próprios recursos. Estamos pensando, agindo e sentindo pelo poder do Espírito de Jesus Cristo, e Ele orienta a nossa mente para estar alinhada com a dele. Deus deseja que você conheça as riquezas e a glória da vida de Cristo em você.

Salvador e Senhor, preenche a minha mente com os Teus pensamentos. Ajuda-me a pensar e agir em harmonia com os Teus desejos. Tu me dás descanso enquanto eu ando em obediência a ti. Amém.

NOTAS E ORAÇÕES

FLEXIBILIDADE

• SEMANA 15 •
DIA 1

Nós devemos ser os líderes que queremos que as nossas equipes e famílias imitem. —Paul Weaver

> *Apeguemo-nos firmemente, sem vacilar, à esperança que professamos, porque Deus é fiel para cumprir sua promessa.*
> —HEBREUS 10:23

Flexibilidade é a disposição para mudar ou fazer concessões conforme uma situação exigir. Essa é uma característica desejável dos representantes de Cristo? Comecemos pensando nos muitos versículos bíblicos que nos exortam a permanecer firmes, manter a nossa esperança, andar no caminho certo e jamais nos desviarmos dele, testar cada espírito, atar o cinto da verdade ao nosso redor como armadura e não deixar coisa alguma nos mover. Isso soa inflexível para você?

Para mim, todas essas palavras dizem que precisamos nos apegar às verdades da Palavra de Deus. Essas são convicções. Eu tenho convicções pelas quais estou disposto a morrer. Oro que, se preciso for, eu venha a morrer, até mesmo por um tiro, por minhas convicções, pois essas verdades básicas nunca mudarão e nós jamais podemos fazer concessões quanto a elas. Precisamos nos apegar firmemente às verdades de Deus sobre as quais construímos toda a nossa esperança.

Ainda assim, acredito que uma disposição para ajustes, adaptações e concessões é uma característica positiva em líderes e representantes de Cristo. Enquanto nos apegamos firmemente à verdade, também pensemos sobre como, quando e onde a Palavra de Deus também nos aconselha a sermos flexíveis. Não penso que isso seja uma contradição.

Concede-me, Senhor, a mesma convicção que Tu deste
ao Teu servo Jeremias, para que eu seja capaz de suportar reprovação
por Tua causa e tenha fé para dizer que as Tuas palavras
foram encontradas, eu as comi, e elas se tornaram para mim
uma alegria e o deleite do meu coração. Amém.

Orações sobre *Flexibilidade* —**PETE LULUSA**

DIA 2

Para com os fracos tornei-me fraco, para ganhar os fracos. Tornei-me tudo para com todos, para de alguma forma salvar alguns. Faço tudo isso por causa do evangelho, para ser coparticipante dele. —1 CORÍNTIOS 9:22-23 NVI

O apóstolo Paulo disse que se tornou todas as coisas para todos os homens, para que por todos os meios possíveis pudesse difundir a mensagem do evangelho, ver pessoas serem salvas e compartilhar as bênçãos. É urgente usarmos todos os meios disponíveis para alcançar para Cristo todas as pessoas possíveis. Esse "tornar-se tudo" não é uma licença para cair em comportamento pecaminoso, e sim "encontrar algum ponto em comum" a fim de conectar-se a outras pessoas, como indica a versão bíblica NVT. Primeiro, temos que nos conectar às pessoas se desejamos que elas abram seus ouvidos à nossa mensagem.

Paulo escreveu também que viver em paz e harmonia uns com os outros fará parte do nosso testemunho ao mundo. Deus nos criou como indivíduos únicos — física, mental e espiritualmente. Ele nos projetou para sermos *diferentes*. E, quando partes diferentes trabalham juntas, criam um corpo *único* — saudável e funcional. Ele nos projetou para sermos fluentes e flexíveis. Seja em nossa evangelização ao mundo ou vivendo juntos em unidade como Corpo de Cristo, frequentemente teremos de abrir novos canais em nosso pensamento e atitudes.

Com humildade me aproximo do trono da graça
e peço que o poder de Teu fogo consumidor queime em mim
tudo que é pecado. Enche-me com amor para que eu seja
capaz de amar os perdidos, para Tua honra e glória. Amém.

DIA 3

*Jesus lhes disse: "Venham! Sigam-me,
e eu farei de vocês pescadores de gente".*

—MARCOS 1:17

Caso você ainda não tenha descoberto, seguir Jesus significa que você irá a lugares que nunca imaginou. Não estou dizendo que você será chamado para ser um missionário em algum país remoto, mas, quando nos comprometemos a seguir Jesus, temos de estar abertos a mudanças. Certo dia, quando Jesus chamou Simão Pedro e André, enquanto eles pescavam, você supõe que eles planejavam ou estavam esperando por isso? Provavelmente, não. Ainda assim, "No mesmo instante, deixaram suas redes e o seguiram" (v.18). Certamente, eles não poderiam ter conhecido ou sequer imaginado os planos que Deus tinha para eles como "pescadores de gente". Pode ser que essa frase os tenha confundido no dia em que Jesus lhes fez tal convite, mas eles decidiram seguir o Senhor. E isso mudou a vida deles.

Se você pretende ser um seguidor de Cristo, terá de desenvolver flexibilidade ou fluidez. Ele poderá abrir portas pelas quais você não esperava. Ele poderá levá-lo a servir de uma maneira que você jamais imaginou. O Senhor tem um plano e um propósito para você. Segui-lo exigirá que você abra algumas novas frentes.

Teremos de estar abertos ao inesperado e à mudança, mas, como estamos, podemos nos apegar inabalavelmente à verdade da promessa de que Deus sempre nos guiará.

*Senhor Jesus, agradeço-te por me chamares para seguir-te.
Agradeço-te por essa divina honra que Tu, Senhor, concedes àqueles
a quem Tu chamas. Tu não tens vergonha de me chamar
de Teu irmão e amigo. Faze de mim, Senhor, um instrumento
útil para Tua glória. Amém.*

DIA 4

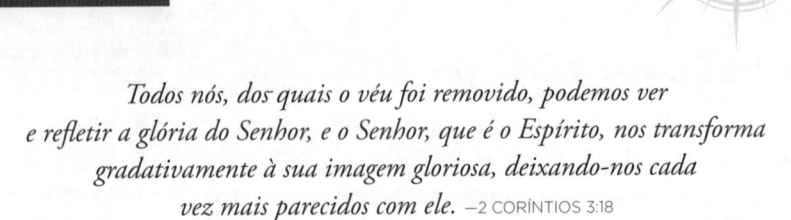

Todos nós, dos quais o véu foi removido, podemos ver e refletir a glória do Senhor, e o Senhor, que é o Espírito, nos transforma gradativamente à sua imagem gloriosa, deixando-nos cada vez mais parecidos com ele. —2 CORÍNTIOS 3:18

A falta de disposição para ser flexível e mudar pode retardar a obra de Deus em nós. Em Filipenses 1:6 temos a promessa de que Ele terminará a boa obra que começou em nós. Ele está sempre trabalhando em nós, transformando-nos à Sua imagem. Essa é uma promessa a qual podemos nos apegar. Porém, podemos ser teimosos e resistentes à Sua obra em nosso interior.

A Bíblia nos diz que o plano de Deus é nos transformar. Em Romanos 12:2 somos instruídos a deixar Deus nos transformar em novas pessoas. Desejo que Ele me abrande e me molde, da maneira que Ele quiser, para que eu me torne a pessoa que Ele quer que eu seja. Tudo da vida eterna que nos foi concedida se refere ao *novo* substituindo o *antigo*. Nós vivemos em um novo reino, temos novo coração, nova vida, nova herança, nova família, novo poder, nova força, novo propósito, nova mente, novo destino. Tudo que é referente à vida eterna é novo. Aprender a viver em conformidade com essas novas realidades exigirá a abertura de novas frentes em nosso pensar, sentir e agir.

Temos de ser ensináveis, humildes e abertos ao crescimento. Deus deseja que cresçamos. Seu plano é nos transformar "de glória em glória". Essa é outra promessa a que podemos nos agarrar, sabendo que Ele cumprirá a Sua palavra.

Ó, doce Jesus, oro para que eu esteja sempre procurando a bendita esperança e o aparecimento da glória do nosso grande Deus e Salvador, Jesus Cristo. Amém.

DIA 5

O SENHOR diz: "Eu o guiarei pelo melhor caminho para sua vida, lhe darei conselhos e cuidarei de você". —SALMO 32:8

A falta de disposição em ser flexível pode impedir a obra de Deus por nosso intermédio. Não há melhor exemplo do que Simão Pedro e a ordem de Deus para ele em Atos 10. Pedro era judeu e, durante toda a sua vida, havia vivido segundo as leis e tradições judaicas. Ele acreditava que isso era essencial para viver de maneira piedosa. De fato, ele disse ao Senhor "*Jamais* comi coisa alguma que fosse considerada impura". Porém, com a visão de muitos tipos de carnes que ordenou a Pedro que comesse, o Senhor estava ensinando a esse apóstolo que era tempo de mudar algumas de suas ideias. Perceba que Deus deu essa visão *três vezes* a Pedro antes que ele estivesse pronto para cumprir a designação do Senhor de levar o evangelho a uma família gentia. Às vezes, também nós demoramos um pouco, mas o Espírito é persistente.

Jesus estava levando Pedro a um lugar onde ele jamais esperara ir. Felizmente, Pedro entendeu a mensagem. Ele obedeceu. Sua obediência abriu a porta para os gentios, levando o evangelho além da nação judaica para o mundo inteiro.

Deus está sempre agindo. Esteja preparado! Você está pronto para obedecer quando Jesus lhe ordenar a abrir novas frentes?

Ó Senhor, vim pedir que Tu perdoes meu coração rígido e indisposto por nem sempre confiar nos Teus planos para a minha vida. Coloca em mim uma obediência constante e enche-me com o Teu Espírito Santo para que eu tenha compaixão dos perdidos e dos necessitados. Amém.

DIA 6

*Como é feliz aquele que teme o SENHOR,
que anda em seus caminhos!*

—SALMO 128:1

Nós pensamos em nos agarrar e permanecer firmes. Pensamos em abrir mão, mudar, ser flexível. Como podemos saber qual dessas coisas é adequada em diferentes situações? Veja de que forma o Salmo 119 começa:

"Como são felizes os íntegros, os que seguem a lei do SENHOR! Como são felizes os que obedecem a seus preceitos e o buscam de todo o coração. Não praticam o mal e andam em seus caminhos. Tu nos encarregaste de seguir fielmente tuas ordens" (vv.1-4).

Quero que os meus caminhos sejam firmes em obedecer ao Senhor. Quero sempre andar nos Seus caminhos. Como posso ter certeza de que estou fazendo isso e ainda demonstrar a flexibilidade necessária para alcançar os não salvos e viver em harmonia com as irmãs e os irmãos em Cristo? Nós precisamos pedir sabedoria para saber quando agarrar e quando liberar.

Esses versículos nos apresentam uma chave. Precisamos buscar a Deus de todo o coração. Se o fizermos, Ele direcionará os nossos passos. Essa é outra promessa a que podemos nos agarrar com firmeza. O texto de Provérbios 8:33-34 me diz que a sabedoria de Deus está constantemente aumentando o nosso bom senso, conhecimento e discernimento. A Sua sabedoria nos ensinará diariamente.

Paulo em Filipenses 2:13 afirma que Deus age em nós dando-nos "o desejo e o poder de [realizar] aquilo que é do agrado dele". Permaneça firme nessa verdade. Peça a sabedoria dele, dependa do ensino do Espírito Santo e confie que Ele está trabalhando em você. Quando você pedir de todo o coração, Ele o manterá no caminho certo.

*Senhor, eu estou confiando em ti. Mostra-me por onde andar,
pois me entrego a ti.* (Inspirado no Salmo 143:8)

DIA 7

*Que a mensagem a respeito de Cristo, em toda a sua riqueza,
preencha a vida de vocês.* —COLOSSENSES 3:16

Como líderes que desejam representar bem a Cristo, queremos ser pessoas humildes, receptivas às opiniões dos outros, abertas ao crescimento e mudança, líderes que são modelos da atitude: "Vamos nos unir e fazer isso acontecer". Paulo declara: "Graças a Deus, que [...] por nosso intermédio [...] espalha o conhecimento de Cristo por toda parte, como um doce perfume" (2 Coríntios 2:14). Amigos, esse é o quadro geral, nosso objetivo final em tudo que estamos fazendo. Nosso maior propósito é refletir as boas-novas de Jesus Cristo nos tornando Seu povo, transformando-nos para sermos semelhantes a Ele, usufruindo da nova vida que Ele nos concede. O apóstolo Paulo escreveu sobre igreja de Tessalônica: "...a palavra do Senhor tem se espalhado por toda parte [...], pois sua fé em Deus se tornou conhecida em todo lugar" (1 Tessalonicenses 1:8).

Compare isso às palavras de Deus transmitidas a Judá por Jeremias — uma triste descrição do estado espiritual daquele país: "Meu povo, porém, não me deu ouvidos. Continuaram a fazer o que bem queriam e a seguir os desejos teimosos de seu coração perverso. Andaram para trás em vez de avançar" (Jeremias 7:24). Teimosia e recusa de viver em fluidez guiada pelo Espírito resultarão nessa mesma situação: retrocederemos em vez de avançar em nossa vida pessoal e espiritual, bem como em nossas tentativas de liderar.

Como líder, cujo objetivo mais elevado é demonstrar Cristo ao mundo, qual dessas descrições você deseja que represente a sua liderança?

*Senhor, oro para que a beleza e a fragrância de Jesus Cristo
encham meu coração para te amar mais todos os dias. Dá-me, Senhor,
um coração manso e humilde e imprime nele a eternidade. Amém.*

NOTAS E ORAÇÕES

FOCO

• SEMANA 16 •
DIA 1

Foco é o poder para fazer grandes coisas com os recursos disponíveis. Não pense em sua vida como uma luz que ilumina uma pequena área sem impacto, e sim como um feixe de laser focado que possui a energia necessária para iniciar incêndios.
—Paul Weaver

Tu guardarás em perfeita paz todos que em ti confiam, aqueles cujos propósitos estão firmes em ti. —ISAÍAS 26:3

A paixão e o zelo de levar as boas-novas de Jesus Cristo a todos os que quiserem ouvir foram nutridos em mim pela mentoria do Dr. Elmer Towns. Durante um culto na *Liberty University*, ele encorajou os alunos com estas palavras:

Tenha uma visão, tome posse de uma visão. Veja o que Deus quer que você faça, então tome posse disso. Eu não quero que vocês apenas tenham um sonho. Eu quero que vocês se tornem o sonho.

O que quer que o Senhor lhe ordene a fazer, esse é o seu papel em promover o Reino e levar pessoas a Cristo. O foco é tornar-se o sonho do que Deus quer que você faça.

Foco é atenção concentrada e energia. O foco é minuciosamente intencional acerca do que deseja fazer. Pessoas com foco ecoam as palavras do apóstolo Paulo, que disse: "...concentro todos os meus esforços nisto" (Filipenses 3:13), e não "me desdobro em mil coisas". Existe a visão, a única coisa acima de tudo mais, que direciona as escolhas, as decisões sobre prioridades e a alocação de recursos.

Para os cristãos, há um único foco que abrange tudo: o chamado de Deus na vida de cada um de nós.

Senhor, agradeço-te por Tua graça em minha vida.
Tu me criaste para causar impacto neste mundo.
Que Tu me dês o foco necessário não apenas para fazer
a Tua obra, mas sim para me tornar a Tua obra. Amém.

Orações sobre *Foco* —**CHRIS JOHNSON**

DIA 2

Portanto, não olhamos para aquilo que agora podemos ver; em vez disso, fixamos o olhar naquilo que não se pode ver. Pois as coisas que agora vemos logo passarão, mas as que não podemos ver durarão para sempre. —2 CORÍNTIOS 4:18

A **Bíblia tem muito a dizer acerca de foco**; uma das primeiras coisas que vemos é que precisamos treinar o nosso foco no reino correto. Paulo afirma em Colossenses 3:3 que nós morremos "para esta vida, e agora [nossa] verdadeira vida está escondida com Cristo em Deus". A nossa vida terrena morreu com Cristo. Nós fomos criados para uma nova vida, uma vida no Reino eterno. Por isso, "[pense] nas coisas do alto, e não nas coisas da terra" (Colossenses 3:2).

Isso não significa que não prestemos atenção às coisas terrenas. Nós estamos cumprindo a missão de Cristo aqui mesmo, na Terra, todas as horas deste dia. Porém, semelhantemente a focalizar uma câmera ou um telescópio, colocamos o hoje em foco através das lentes do que é eterno. Tomamos decisões e estabelecemos prioridades com base nos valores do reino de Cristo. Nós nos esforçamos para alinhar os nossos planos com os planos do Todo-poderoso Criador.

Enquanto vivemos nossa vida cotidiana, buscamos primeiramente o reino de Cristo. Ele promete que, se a nossa prioridade for a obra do Seu reino, "todas as coisas" nos serão fornecidas.

Já estamos vivendo nossa vida eterna como cidadãos do reino invisível do Céu e, daqui a 50 bilhões de anos, é lá que viveremos. A nossa obra nesse Reino hoje trará alegria e satisfação. Mantenha o seu foco nele.

Senhor, arrependo-me pelas vezes em que fiquei preso no temporário quando Tu me chamaste para o eterno. Ajuda-me a fixar meus olhos em ti, mais do que em qualquer outra coisa que este mundo tem a oferecer. Amém.

DIA 3

Você, porém, que é um homem de Deus, fuja de todas essas coisas más. Busque a justiça, a devoção e a fé, o amor, a perseverança e a mansidão. Lute o bom combate da fé. Apegue-se firmemente à vida eterna para a qual foi chamado. —1 TIMÓTEO 6:11-12

Visto que a nossa vida real não é mais deste mundo, devemos nos livrar da velha natureza: os males de ganância, egoísmo, impureza, ira e desobediência. Não precisamos ir muito longe para ver que, se a nossa mente estiver fixada nas coisas deste mundo e funcionar como o mundo funciona, acabaremos vazios e desesperados. Em vez disso, devemos nos revestir da nossa nova natureza, nascida do Espírito Santo, transformando-nos para sermos semelhantes a Cristo. Quem vive segundo a carne foca no que a carne deseja; quem segue o Espírito Santo coloca seu foco no que o Espírito deseja. Viver segundo a velha natureza é morte. Viver segundo o Espírito é vida e paz.

Porém, diariamente descobrimos que o nosso foco oscila. Não podemos depender apenas das nossas boas intenções para nos manter nesse caminho. O Espírito de Deus que habita em nós é o nosso guia e mentor. Seu poder em nós é o que torna possível o bom combate e mantém o nosso foco no Reino. Não abafe a voz do Espírito Santo. Viva em sintonia com Ele. Ele manterá o seu foco intenso e nítido.

Senhor, ajuda-me a fugir do mundanismo, a lutar e focar na justiça diariamente. Quando o meu foco tentar vacilar, fortalece-me para resistir e combater o bom combate. Amém.

DIA 4

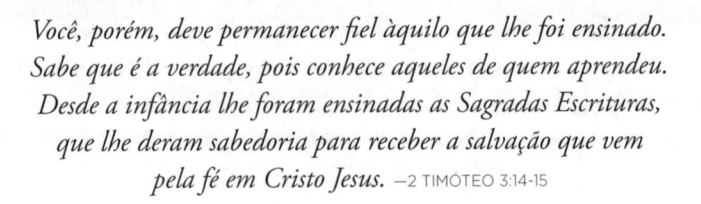

Você, porém, deve permanecer fiel àquilo que lhe foi ensinado. Sabe que é a verdade, pois conhece aqueles de quem aprendeu. Desde a infância lhe foram ensinadas as Sagradas Escrituras, que lhe deram sabedoria para receber a salvação que vem pela fé em Cristo Jesus. —2 TIMÓTEO 3:14-15

As cartas a Timóteo foram escritas a um jovem — palavras de sabedoria entregues por um homem idoso refletindo sobre a sua própria vida. Paulo encoraja o jovem Timóteo, que tem grande parte de sua carreira ainda pela frente, a continuar naquilo que lhe foi ensinado e ele passou a crer. Permaneça focado em sua fé, porque você conhece aqueles com quem a aprendeu.

Timóteo aprendeu com sua mãe e avó, mulheres cheias de fé, e com o próprio Paulo (e, sem dúvida, com outros da igreja). Em nosso caso, podemos confiar em outros cristãos para nos ajudar a manter nítido o nosso foco. Deus deu aos Seus filhos um vínculo sobrenatural por meio do Espírito Santo — uma conexão que concede vida e a orienta. O texto de Efésios 4:12-14 diz que recebemos o dom de ajudar uns aos outros a crescer na salvação e a nos tornarmos cada vez mais semelhantes a Cristo.

Persevere também, pois você tem as Sagradas Escrituras. Nelas você encontrará aquilo de que precisa para viver essa vida eterna. Elas contêm sabedoria para você expressar a sua salvação. As Escrituras serão também proteção contra as mentiras do diabo, consolação e segurança quando você precisar e defesa contra o desânimo. O Espírito Santo usa a Palavra e o povo de Deus para nos ajudar a manter o foco. Dependa dos dois.

Pai, agradeço-te por Tua Palavra e Teu Espírito, que Tu tão graciosamente deste para me sustentar e guiar no caminho eterno. Escreve a Tua palavra no meu coração e enche-me com o Teu Espírito. Amém.

DIA 5

Portanto, irmãos santos que participam do chamado celestial, considerem atentamente a Jesus. —HEBREUS 3:1

Precisamos escolher viver em constante relacionamento com o nosso Senhor e Rei. Essa será a escolha mais importante que faremos. Coloque o seu foco nele. Então, esse foco orienta como você aloca o seu tempo, quais valores fundamentarão seus atos e palavras e as metas que você estabelecer para si.

É poderoso dizer que eu pertenço ao Senhor e quero crescer, amadurecer e ser tudo que Ele deseja que eu seja. Porém, para que isso aconteça, tenho de permanecer conectado a Ele e focado nele. O ramo murchará e morrerá se não estiver conectado à Videira, extraindo sua vida da Fonte da vida.

Essa é a razão pela qual é tão vital ter um tempo diário a sós com o Senhor. Falar com Ele constantemente, orar acerca de tudo, dizer a Ele do que você precisa e agradecer pelo que Ele faz mantêm você em comunhão e em paz. Ler a Sua Palavra molda o seu pensamento, e o Espírito Santo a usará para protegê-lo nas batalhas que você enfrentará todos os dias. Manter à sua frente a visão do chamado de Deus para a sua vida, tomar posse dela e, então, *tornar-se* essa visão (como disse o Dr. Towns) mantém você firmemente atado à Videira a vida inteira.

Irmãos e irmãs, parceiros na missão de Jesus, chamados por Deus, mantenham os seus pensamentos em Jesus. Quando os seus pensamentos estiverem focados nele, a sua vida refletirá a dele.

Senhor Jesus, rendo meu coração, minha mente e minha alma a ti hoje. Peço que Tu me transformes, renovando a minha mente e remodelando o meu coração para desejar-te mais. Amém.

DIA 6

Ninguém pode servir a dois senhores, pois odiará um e amará o outro; será dedicado a um e desprezará o outro. —MATEUS 6:24

O diabo usa muitas coisas para nos distrair da nossa devoção a Cristo e à Sua missão. Na parábola da semente lançada em diferentes tipos de solo, Jesus falou do espinheiro, onde a Palavra é semeada, mas é sufocada "pelas preocupações desta vida, pela sedução da riqueza e pelo desejo por outras coisas" (Marcos 4:18-19). Se não somos cuidadosos, nossos dias se tornam tão ocupados, tão cheios das atividades deste mundo, que perdemos o foco. O nosso foco é as atividades do nosso Rei e do Seu reino! Enquanto fazemos tudo em nosso dia, estamos representando a Ele. Esse é o nosso chamado, a carreira mais importante que teremos.

Permaneça alerta. O inimigo nos desviará de qualquer maneira que puder. Ele nos tentará a servir a outros senhores. Ele nos distrairá com coisas que desviam nosso foco do nosso chamado e da nossa devoção ao nosso Rei. "O ladrão vem para roubar, matar e destruir. Eu vim para lhes dar vida, uma vida plena, que satisfaz" (João 10:10). Buscar o reino de Cristo acima de tudo, focando em todas as coisas da vida através das lentes eternas, trará alegria e satisfação. Permaneça alerta hoje!

Senhor, ajuda-me a distinguir entre a Tua voz
e a voz do inimigo. Eu quero desacelerar o suficiente
para me concentrar em ti. Enquanto o inimigo tenta roubar,
matar e destruir, protege-me e dá-me vitória. Amém.

DIA 7

Olhe sempre para frente; mantenha os olhos fixos no que está diante de você. Estabeleça um caminho reto para seus pés; permaneça na estrada segura. Não se desvie nem para a direita nem para a esquerda; não permita que seus pés sigam o mal. —PROVÉRBIOS 4:25-27

Caro amigo, esses versículos são um bom resumo do foco que queremos ter! Mantenha os seus olhos no Senhor, em Seu chamado para a sua vida e na visão do que Ele deseja que você seja. Você é Seu representante neste mundo. Você carrega o Seu nome, é um cidadão do Seu reino e um filho de Deus. Mantenha o seu foco nos objetivos do Senhor para você.

Pense cuidadosamente no caminho que você segue. Seja intencional em tornar-se a visão que Deus tem para você. Faça escolhas que o mantenham conectado a Ele, que tenham valor eterno e que representem bem a Ele. Não saia vagando por outros caminhos, por mais forte que seja a atração. Também não olhe para trás. Olhos à frente. Olhos no invisível.

Cresça! Busque maturidade em seu discernimento entre o bem e o mal. O inimigo confunde essas linhas. Permita ao Espírito manter nítida a sua visão. Homem ou mulher de Deus, busque retidão, piedade, fé, amor, perseverança e mansidão. Quanto mais amadurecermos em tudo isso, mais demonstraremos Cristo por meio de nossas palavras e ações.

Combata o bom combate da fé. Agarre-se à vida eterna para a qual você foi chamado.

Senhor Jesus, eu sou feitura Tua, que Tu destinaste a fazer boas obras. Ajuda-me a ser cheio de fé, fiel e focado. Amém.

NOTAS E ORAÇÕES

PERDÃO

• SEMANA 17 •
DIA 1

Quem recebe a maior recompensa pelo perdão é a pessoa que perdoa. —Paul Weaver

Seu Pai celestial os perdoará se perdoarem aqueles que pecam contra vocês. —MATEUS 6:14

O **perdão limpa o registro dos males**. Isso é o que Deus fez por nós e o que devemos fazer pelos outros. Assim como Deus continua nos perdoando quando tropeçamos, devemos continuar perdoando. Pedro perguntou a Jesus: "Senhor, quantas vezes devo perdoar alguém?" (Mateus 18:21). Você também já fez essa pergunta? A lei judaica exigia perdoar sete vezes. Até mesmo isso poderia soar excessivo. "Eu o perdoei uma vez, agora… mais seis vezes? Isso não me torna fraco, um saco de pancadas?" Essa seria a resposta do mundo, não é? A resposta de Jesus foi enfática: "Não sete vezes, mas setenta vezes sete" (v.22). Ou seja, apenas continue perdoando! Isso faz do perdão um estilo de vida.

Uma das maneiras de fazer isso é orar o Pai Nosso todos os dias. Eu faço essa oração com minha esposa todos os dias, antes de sair de casa. Muitas vezes, faço-a pela manhã, antes de levantar-me da cama. Ore reflexivamente, atentamente, pensando nas palavras que está proferindo.

Então, viva o perdão. Faça dele um estilo de vida.

Senhor, dá-me forças para ser semelhante a Jesus e perdoar.
Ajuda-me a lembrar e levar a sério aquela terrível verdade que diz que,
se eu não perdoar tal pessoa, Tu também não me perdoarás!
Que eu viva na liberdade do perdão. Amém.

Orações sobre *Perdão* **—JOHN SCHMID**

DIA 2

Felizes os misericordiosos, pois serão tratados com misericórdia.
—MATEUS 5:7

O perdão, ou o seu oposto, guardar rancor e carregar amargura e raiva, afetará você ainda mais do que afetará a pessoa que lhe fez mal. Viver em perdão abrirá o caminho para relacionamentos mais benéficos, para um relacionamento mais profundo com Deus, e um *você* mais saudável.

Quem não perdoa sai perdendo. Apegar-se a ressentimentos, isolar-se e deixar a raiva corroer a sua vida destruirá a sua paz. Perdoe, esqueça os males do passado e dê às pessoas uma oportunidade de seguir em frente. O perdão liberta você e a pessoa que o ofendeu. O perdão nos liberta de todos os sentimentos destrutivos que cercam o passado: raiva, tensão, frustração, sentimento de culpa e fracasso e talvez até um desejo de vingança. Esses sentimentos nos dois lados de uma situação podem nos manter em grilhões. Se perdoamos, tomamos a decisão de renunciar a tais sentimentos. O perdão é uma escolha pela liberdade.

Não se trata de algo isolado, pois às vezes os sentimentos de perda e dor causados por outra pessoa continuam surgindo. O perdão continua indefinidamente, setenta vezes sete. Nós decidimos, repetidamente, abandonar a raiva. E, cada vez que tomamos essa decisão, fortalecemos a influência do Espírito Santo em nossa vida — a orientação do Espírito para vivermos em perdão.

Senhor, sem a Tua misericórdia eu estaria perdido, condenado.
Eu te agradeço por Tua misericórdia. Tu e eu sabemos que não a mereço.
Que eu possa demonstrar essa mesma misericórdia, não só pelo
bem da outra pessoa, mas para que eu possa me livrar da amargura
que cresce devido à chaga da falta de perdão e do ressentimento.
Senhor, eu quero ser livre. Amém.

DIA 3

Sejam compreensivos uns com os outros e perdoem quem os ofender. Lembrem-se de que o Senhor os perdoou, de modo que vocês também devem perdoar. —COLOSSENSES 3:13

C. S. Lewis escreveu: "Ser cristão significa perdoar o indesculpável, porque Deus perdoou o indesculpável em você". Todos nós olhamos para a nossa vida e sabemos que não temos uma ficha limpa. Dissemos e fizemos coisas que nunca deveríamos ter dito e feito. Sabemos que não atingimos o padrão de vida desejado por Deus. Sabemos que em qualquer registro de nossa vida haveria muitas marcações em preto. Contudo, o perdão de Deus cancela todos os registros de acusações contra nós (Colossenses 2:14). Cristo pegou tal registro e o pregou na cruz. Ele perdoou todos os nossos pecados. Ele não vê mais as coisas que dissemos e fizemos como imperdoáveis.

Você foi a Cristo e pediu a Ele para cancelar o registro contrário a você? Percebeu o alívio, a alegria e a paz absolutos que há em saber que você pode achegar-se a Deus com confiança visto que Ele não mantém registro algum contra você?

O perdão do Senhor é completo e, quando sabemos disso, entendemos como o perdão pode transformar a vida e o relacionamento. Sabemos disso porque o experimentamos. Sabemos o que significa ser totalmente perdoado. O Senhor cancelou o registro acusatório sobre nós; por isso, devemos fazê-lo em relação às outras pessoas.

Senhor, eu te agradeço porque, embora meus pecados e falhas sejam muitos, meu registro no Céu está limpo devido ao precioso sangue de Cristo e do Teu perdão. Que eu seja uma das pessoas que "carregam os fardos uns dos outros" e aprenda a viver e a me relacionar bem com meu vizinho, meu irmão, minha família e todos os Teus filhos. Amém.

DIA 4

Onde está o Espírito do Senhor, ali há liberdade.
—2 CORÍNTIOS 3:17

Perdoar é difícil. Fazê-lo vai contra tudo que há em nossa natureza pecaminosa, que é egoísta, orgulhosa e vingativa. O Espírito Santo nos guia a perdoar e esquecer, mas nossa natureza pecaminosa luta contra isso. Talvez você esteja bem em meio a essa luta neste momento. Você foi ferido e ainda está apegado a dor, raiva ou ressentimento. Porém Jesus nos orienta a continuarmos perdoando. E, se Ele nos disse para fazer isso, o Seu Espírito que vive em nós também nos dará a força e a disposição para fazê-lo. Ele continuará a Sua obra em nós. Se mantivermos forte a nossa conexão com a Videira, Sua vida fluirá para dentro de nós.

Desenvolver um espírito que não perdoa pode nos manter cativos. A falta de perdão destrói relacionamentos, estilhaça a nossa paz, corrói a alegria. Porém o Espírito de Jesus é mais forte. Na luta para perdoar, o Espírito pode nos libertar das correntes da falta de perdão. Quando Jesus nos liberta, somos verdadeiramente livres (João 8:36).

Quando estamos nesta batalha difícil, podemos pedir ajuda ao Senhor. Nós vamos a Ele com confiança porque somos assegurados de que "receberemos misericórdia e encontraremos graça para nos ajudar quando for preciso" (Hebreus 4:16).

Senhor, eu anseio por liberdade. Estou cansado da prisão
por não perdoar. Dê-me a força e a disposição de perdoar quem me ofendeu,
não apenas para libertá-lo, mas para permitir que Tu me libertes.
Senhor, lembra-me novamente de que, se em Cristo somos livres
(perdoados), somos verdadeiramente livres! Amém.

DIA 5

Eu, porém, lhes digo: amem os seus inimigos e orem por quem os persegue. Desse modo, vocês agirão como verdadeiros filhos de seu Pai, que está no céu. —MATEUS 5:44-45

Demos o título errado a uma das parábolas mais famosas de Jesus: a história do filho pródigo. Usamos o adjetivo *pródigo* para descrever o filho devido à sua vida esbanjadora e extravagante. Porém a pessoa mais significantemente pródiga dessa história é o pai.

A palavra *pródigo* tem também uma definição positiva: generoso ao dar; liberal, magnânimo, que produz em abundância (*Houaiss*, 2009). Assim foi o perdão do pai: generoso e abundante. O filho jamais esperava ser recebido de volta como filho. Tudo que ele queria era viver sob os cuidados de seu pai como um servo. Porém seu pai abriu os braços para o filho, comemorou o retorno dele e o acolheu novamente como herdeiro. Caro amigo, isso é perdão pródigo.

Para o mundo, amar e perdoar abundantemente, como o nosso Pai celestial faz, parecerá pródigo no sentido de desperdício e tolo. Amar nossos inimigos? Orar por quem é contrário a nós? Perdoar quem nos feriu? O mundo diria: "Não seja bobo! Você é louco e ingênuo por acreditar nisso!". Porém Jesus afirma: "É assim que os verdadeiros filhos do Pai agirão".

Senhor, assim como o filho pródigo, eu me afastei da Tua presença, da Tua provisão, da Tua proteção, da Tua orientação. Eu queria cuidar da minha própria vida e ter o meu próprio caminho, e agora vejo que me encaminhei para uma vida com porcos. Não sou digno de ser chamado de Teu filho. Pai, eu estou voltando para casa. Eu desperdicei o Teu amor. Agradeço-te porque os Teus braços perdoadores estão sempre bem abertos. Agradeço-te por eu ter um lugar à Tua abundante mesa. Amém.

DIA 6

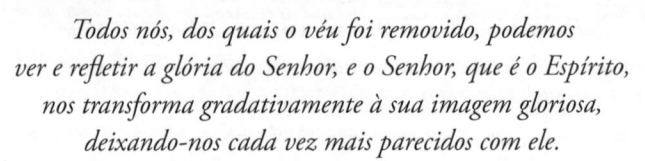

*Todos nós, dos quais o véu foi removido, podemos
ver e refletir a glória do Senhor, e o Senhor, que é o Espírito,
nos transforma gradativamente à sua imagem gloriosa,
deixando-nos cada vez mais parecidos com ele.*

—2 CORÍNTIOS 3:18

Viver perdoando demonstra às outras pessoas a misericórdia e o perdão de Deus. Somos Seus filhos e devemos imitá-lo. Para alguns, a única maneira de o perdão de Deus se tornar real é vê-lo imitado e reproduzido nos relacionamentos interpessoais.

Após encontrar-se com Deus no monte Sinai, Moisés desceu, e seu rosto resplandecia tão intensamente com a glória de Deus que as pessoas temiam se aproximar dele. "Seu rosto brilhava, pois ele havia falado com o SENHOR" (Êxodo 34:29). Será que o nosso rosto, a vida apresentada às pessoas com quem convivemos todos os dias, reflete a glória de Deus? Elas conseguem ver que estivemos com Jesus, que falamos com o Senhor? Elas conseguem ver uma "semelhança de família" entre nós e o Pai celestial?

Parte da obra do Espírito em nossa vida é realizar uma transformação, uma mudança fundamental de *eu* para *Ele*. Meu perdão e misericórdia manifestam aos outros o caráter do meu Pai celestial.

Os líderes têm uma posição singular para demonstrar às pessoas o amor e perdão de Deus ao praticarem o perdão que somente o Espírito de Cristo possibilita. Nós não perdoamos para edificar a nossa própria reputação e glorificar a nós mesmos. Nós perdoamos para glorificar a Deus.

*Senhor, que a minha vida resplandeça de forma que
as pessoas vejam como eu vivo e glorifiquem a ti no Céu.
Que eu seja um exemplo de "semelhança com Cristo"
para que as pessoas sejam atraídas a ti. Que eu reflita
a Tua glória! Amém.*

DIA 7

E tudo que fizerem ou disserem, façam em nome do Senhor Jesus, dando graças a Deus, o Pai, por meio dele. —COLOSSENSES 3:17

Q**ueremos representar bem a Cristo** não apenas no que dizemos e fazemos, mas também em quem somos. Os princípios que enfocaremos ao longo do estudo *Lodestar* são essenciais para a liderança; e, quando o Espírito de Deus nos capacita por meio dessas características, somos ainda mais eficazes como Seus representantes, realizando Sua obra e missão.

Muitos desses princípios andam de mãos dadas. Por exemplo, perdão requer compaixão e humildade. É interessante que, na história do filho pródigo, a única coisa que sabemos acerca do caráter do pai — além de seu extravagante perdão — é que ele estava "cheio de compaixão" por seu filho (Lucas 15:20). Compaixão e perdão. É difícil ter um sem o outro.

Todas essas qualidades são fortalecidas e levadas a um novo nível quando são infundidas pelo poder do Espírito Santo. Caros amigos, a minha oração por todos nós ao realizarmos este estudo é que, todos os dias, o Senhor nos transforme enquanto nos esforçamos para nos tornar cada vez mais quem Ele deseja que sejamos.

Senhor, transforma-me à semelhança de Cristo. Que eu perdoe, ame e confie tanto que reflita a Tua glória. Dá-me o poder e a liberdade que decorrem de uma vida de perdão e compaixão. Que eu ame a ti e ao meu próximo com o amor de Jesus. Eu te louvo, Pai! Amém.

NOTAS E ORAÇÕES

GENEROSIDADE

• SEMANA 18 •
DIA 1

Devemos dar aquilo de que desejamos possuir mais. —Paul Weaver

Oro para que você ponha em prática a comunhão que vem da fé, à medida que entender e experimentar todas as coisas boas que temos em Cristo. —FILEMOM 1:6

Deus nos criou para dar. O Sol ilumina de dia. A Lua e as estrelas iluminam à noite. O Senhor envia chuva para regar a terra e trazer nutrição. As plantas crescem, depois se deterioram e tornam o sol mais fértil, doando até mesmo na morte. É um ciclo. Todas as coisas dão.

Billy Graham disse que "Deus nos deu duas mãos, uma para receber e outra para dar. Nós não somos cisternas feitas para acumular; somos canais feitos para compartilhar".

Para quem está em Cristo, porém, o antigo se foi, veio a nova criação. E, na nova vida que Ele nos concede, o Espírito Santo age para eliminar o egocentrismo que impede a generosidade de fluir livremente. O Espírito de Deus está trabalhando, tornando-nos o que fomos criados para ser desde o início — filhos de Deus, de quem flui um rio de amor, bondade e bem, como flui de Deus, o Pai, que é tão rico em amor e bondade. Que o Espírito Santo o conduza a viver generosamente.

Senhor, enquanto o Teu rio de generosidade flui muito gratuitamente para mim, trazendo-me uma vida de liberdade e esperança, que a generosidade flua em mim e através de mim para os outros. A maior dádiva que Tu deste é a mesma que me encarregou de compartilhar: as boas-novas da vida em Teu Filho Jesus. Que o amor flua através de mim para os outros neste dia, em nome de Jesus. Amém!

Orações sobre *Generosidade* —**ANDREW PALAU**

DIA 2

Em tudo vocês serão enriquecidos a fim de que possam ser sempre generosos. E, quando levarmos sua oferta para aqueles que precisam dela, eles darão graças a Deus. —2 CORÍNTIOS 9:11

Qualquer que seja o recurso que Deus tenha dado a você, Ele o deu para que você possa ser generoso em ajudar e servir aos outros. Pode ser dinheiro e a capacidade de ganhar dinheiro. Eu não conseguiria fazer o que faço sem amigos os quais o Senhor tem abençoado com essa capacidade, e eles a estão usando para avançar o reino de Deus. Pode ser talento em qualquer área: administração, hospitalidade, desenho artístico, habilidade mecânica, culinária, cuidar de crianças, jardinagem, pintura ou a captura de uma mensagem através de uma fotografia. O tempo é uma dádiva, talvez a coisa mais preciosa que alguém pode dar — uma vez dado, ele nunca pode ser reposto. Seja qual for a maneira com a qual o Senhor tenha enriquecido você, Ele o fez para que esse recurso seja usado generosamente em benefício de outros. O nosso Senhor nos lembra de que pode até ser apenas uma garrafa de água fresca que você dá à outra pessoa, em vez de bebê-la em um dia escaldante.

Pense no que o Senhor colocou em suas mãos e peça ao Espírito Santo que lhe mostre maneiras pelas quais você pode ser generoso "em todas as ocasiões".

Senhor, Tu me disseste que eu fui "feito de modo tão extraordinário".
Tu me fizeste e me deste dádivas para que eu possa reparti-las.
Ajuda-me a entender como me fizeste e os dons especiais para mim,
com os quais posso encorajar e enriquecer outras pessoas.
Algo que sei que posso fazer é pedir-te que substitua toda palavra
e pensamento cínico por palavras vivificantes a fim
de levantar o ânimo e encorajar as pessoas ao meu redor.
Usa-me hoje, Deus! Amém.

DIA 3

*Deem e receberão. Sua dádiva lhes retornará
em boa medida, compactada, sacudida para caber mais,
transbordante e derramada sobre vocês.
O padrão de medida que adotarem será usado
para medi-los.* —LUCAS 6:38

Jesus disse: "Há bênção maior em dar que em receber" (Atos 20:35). Quer estejamos ofertando de nosso tempo, talentos ou dinheiro, certas vezes a alegria que vem quando damos é avassaladora. Você poderá pensar que está abençoando outra pessoa (e está), mas, de fato, muitas vezes você receberá uma bênção ainda maior. Eu descobri que isso é absolutamente verdadeiro em minha vida. A economia de Deus é diferente da nossa. Pode parecer ilógico ou não fazer sentido prático segundo o pensamento do mundo, mas faz sentido espiritual. O Senhor diz: "Deem e receberão".

Porém, nós não doamos para receber. Se é por isso que damos, estamos errados. Isso é motivado por egoísmo. A generosidade é um estilo de vida abnegado que doa por amor e gratidão. É um modo de vida de administrar o que Deus nos deu, deixando tudo fluir através de nós para beneficiar outros.

A Palavra de Deus nos ensina a sermos doadores. As pessoas mais felizes que conheço são doadoras. O projeto de Deus para a vida plena, livre e alegre inclui viver generosamente.

Pai celestial, eu te agradeço! Sou muito grato por Tua maravilhosa provisão. Lembro-me de pessoas que Tu enviaste à minha vida ao longo dos anos, que me ajudaram e me doaram sem expectativa de retribuição. Abençoa-as e torna-me mais semelhante a elas. Neste dia, poderias dar-me algo feito especificamente para eu não guardar, e sim passar adiante? Amém.

STEVE WINGFIELD

DIA 4

*Deus é capaz de lhes conceder todo tipo de bênçãos,
para que, em todo tempo, vocês tenham tudo de que precisam, e
muito mais ainda, para repartir com outros.* —2 CORÍNTIOS 9:8

Em sua carta aos coríntios, Paulo nos garante que Deus sempre proverá, e generosamente. Ele nos dará muito, para que possamos ter a alegria adicional de compartilhar com outras pessoas.

Meu pai viveu de forma generosa; desde cedo vi seu exemplo. Certo dia, estávamos andando pela rua principal da cidade. Eu tinha 4 ou 5 anos. Parecia que todos conheciam e cumprimentavam meu pai. Certo homem se aproximou e pediu ao papai dinheiro para uma xícara de café. Meu pai pegou sua carteira e olhou dentro; ela estava vazia. Ele apanhou a bolsinha porta-moedas que carregava e averiguou o conteúdo — apenas duas moedas de dez centavos e um botão de madeira. Nós três entramos em uma lanchonete; papai colocou as duas moedas no balcão e disse: "Dê ao meu amigo uma xícara de café". Então, virou-se para o homem e se dirigiu a ele pelo nome. "Você não tem de viver assim. Deus tem um plano para a sua vida e pode ajudá-lo a superar esse alcoolismo."

Eu pensei: *Caramba, meu pai deu todo o nosso dinheiro!* Porém, quando nós dois saímos, não havíamos caminhado mais do que dez passos quando papai se curvou, abaixou-se e pegou uma nota de um dólar que estava na calçada. Ninguém mais estava por perto, então não tínhamos como saber a quem ela poderia pertencer. Papai a colocou no bolso e disse: "Filho, você nunca será capaz de dar mais do que Deus".

Deus proverá! Não apenas em moedinhas e dólares, mas em todas as formas de dádivas da graça. Seja generoso! Você descobrirá que o Senhor sempre dará mais do que você.

Senhor, dá-me olhos para ver as oportunidades ao meu redor. Abranda o meu coração e encoraja o meu espírito para saber o que fazer e fazê-lo. Enche o meu coração com a compreensão da Tua provisão e com gratidão por ela, para que eu seja conhecido por uma generosidade de bom coração. Especialmente aos olhos de meus filhos e familiares, quero ter reputação de alguém que confia em ti e reconhece que todo bom presente vem de ti! Ajuda-me nisso, Senhor. Amém!

DIA 5

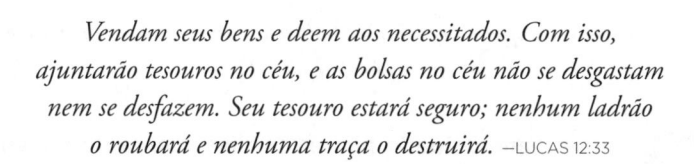

Vendam seus bens e deem aos necessitados. Com isso, ajuntarão tesouros no céu, e as bolsas no céu não se desgastam nem se desfazem. Seu tesouro estará seguro; nenhum ladrão o roubará e nenhuma traça o destruirá. —LUCAS 12:33

As **coisas terrenas deste mundo são apenas isso — deste mundo.** Elas ficarão aqui quando nos mudarmos para o Céu. A única coisa que levaremos conosco é outra pessoa. Você já ouviu dizer que nunca se verá um caminhão de mudança atrás de um carro funerário? Tudo ficará aqui. Não poderemos levar conosco.

O melhor investimento que podemos fazer para o nosso futuro — um futuro que continua muito depois dos poucos anos que ainda podemos ter aqui — é investir em pessoas, para que também elas possam ir para o Céu. Não digo isso só porque sou um evangelista. Esse deve ser um estilo de vida para todos nós, a única coisa a que devotamos nossa vida. É nosso chamado como seguidores de Cristo. Nós compartilhamos a Sua missão.

Jesus disse que, quando cuidarmos primeiramente da obra do Seu reino, todas as coisas necessárias de que precisamos para esta vida terrena nos serão dadas. Concentre-se no Reino, disse Ele, e deixe o seu Pai celestial cuidar do restante.

Eu não sou deste mundo. O Céu é o meu lar!
Tu me disseste que esta vida é como um vapor, depois passarei
toda a eternidade naquele lugar — sem tristeza, lágrimas,
carência, desejo, dor ou luta ciumenta. Eu quero viver
assim agora, praticando o Reino hoje para os dias vindouros.
Senhor, ajuda-me a fazer isso! Amém.

DIA 6

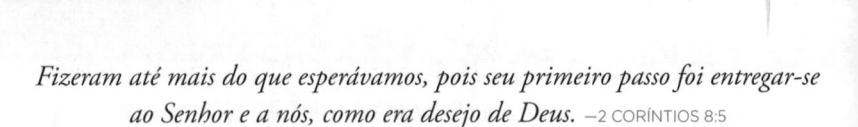

Fizeram até mais do que esperávamos, pois seu primeiro passo foi entregar-se ao Senhor e a nós, como era desejo de Deus. —2 CORÍNTIOS 8:5

O que a generosidade não é: normas acerca do "quanto". Existe uma lei em ação, que é a lei da semeadura e da colheita. Semear com moderação dará uma colheita fraca. Semear generosamente resultará em uma colheita abundante.

C. S. Lewis, um de meus escritores favoritos, escreveu: "Receio que a única regra segura seja dar mais do que somos capazes de poupar". Se pensarmos sobre o que "somos capazes de poupar", nosso egocentrismo imediatamente entra em cena e com seus argumentos em favor de si mesmo. Porém, se dermos além disso, derrotaremos o egoísmo. Então, estamos entregando não apenas os nossos recursos, mas tudo de nós mesmos e de nossa vida em Suas mãos.

A letra do antigo hino expressa essa entrega de nós mesmos ao Senhor. Ofertamos a Ele o que somos e temos, consagrando tudo a Ele. Nosso tempo, nossas mãos, nossos pés, nossa voz, nossa mente, nossa vontade, nosso coração e nosso dinheiro.

> Sempre minhas mãos se movam
> Com presteza e com amor,
> E meus pés velozes corram
> Ao serviço do Senhor.
> —*Consagração* (CC 296)

Quando isso se torna a nossa oração, a generosidade — doando-nos aos outros — não é apenas uma característica; é a nossa vida.

Deus, ajuda-me a colocar os outros antes de mim mesmo,
a me esforçar para servir mais do que buscar ser servido. Dá-me paciência,
uma índole pacífica e palavras bondosas para investir nos outros,
como se eu colocasse dinheiro em um banco, sabendo que ali estará
seguro e será produtivo, mais do que se fosse poupado. Amém.

DIA 7

E nós recebemos o Espírito de Deus, e não o espírito deste mundo, para que conheçamos as coisas maravilhosas que Deus nos tem dado gratuitamente. —1 CORÍNTIOS 2:12

Ao concluirmos nosso tempo acerca da generosidade, dediquemos este dia a nos regozijar na surpreendente generosidade que Deus demonstrou para conosco. A Bíblia nos diz que, quando o mundo se afastou cada vez mais de Deus, o Senhor até se arrependeu de haver criado a humanidade. Ver o mal no mundo entristeceu o Seu coração. Ora, é difícil imaginar que Deus se arrependeu assim, sabendo o quanto o Senhor nos ama. Porém, Ele se arrependeu.

Contudo, em vez de nos abandonar ou destruir, Sua bondade e Seu amor efetivaram uma maneira de reconstruir o nosso relacionamento com Ele. Nada que pudéssemos fazer conseguiria realizar isso. No entanto Ele providenciou a forma e, com ela, nos trouxe vida — a vida que Ele planejara no início.

Deus deseja que o conheçamos. Ele não nos deixa sozinhos para, de algum modo, abrir caminho através dos emaranhados desta vida. Ele caminha conosco, suprindo aquilo de que necessitamos com Seu vasto suprimento. Ele vai além das nossas necessidades básicas. Ele nos abençoa abundantemente com boas dádivas que acrescentam alegria à nossa jornada.

Hoje, independentemente do que esteja acontecendo ao seu redor, concentre-se na maravilhosa generosidade que Deus tem demonstrado a você. Agradeça a Ele por ela. Alegre-se com ela. Continue a aprender como viver generosamente, seja grato ao nosso Pai celestial e deseje desenvolver o caráter dele.

Ó, Deus, eu te agradeço por me ofereceres a dádiva gratuita da vida. Gratuita para mim, altamente custosa para ti. Eu a recebo com lágrimas de gratidão. Gracioso Pai celestial, eu te agradeço! Agora, usa-me para difundir a notícia dessa dádiva disponível para todos os que quiserem recebê-la. Amém!

NOTAS E ORAÇÕES

GRATIDÃO

• SEMANA 19 •
DIA 1

A gratidão transforma as coisas comuns da vida em algo especial. —Paul Weaver

> *Palavras bondosas são como mel: doces para a alma e saudáveis para o corpo.* —PROVÉRBIOS 16:24

Viver com gratidão transforma a atmosfera. As pessoas que respiram tal atmosfera buscam o positivo. Elas não cederão à derrota. Elas se fortalecerão, se encorajarão mutuamente e enfrentarão os obstáculos que surgirem. Uma atmosfera de gratidão estimula produtividade, crescimento, bondade, compaixão e uma série de outras características *Lodestar* em sua equipe.

Expressar sua gratidão também tem efeito sobre você. Estudos psicológicos de grupos revelam que a gratidão é boa para a sua mente e o seu corpo. Ela melhora a saúde física e psicológica e reduz o estresse. Certo estudo até concluiu que você dormirá melhor se praticar a gratidão. Ela também sustenta e aprimora outros traços de caráter desejáveis. As palavras que você fala reforçam tudo o que cresce em sua mente e em seu coração. A gratidão anda de mãos dadas com a humildade; prospera em uma atitude positiva; esta, por sua vez, é fortalecida pela gratidão; ela nos torna mais generosos; estimula o crescimento, a bondade e a empatia. Certamente, nos torna mais amáveis. Todos nós preferimos estar perto de uma pessoa positiva, em vez de alguém que usa uma sombria mortalha negativa.

Expresse sua gratidão. Nem sempre tem de ser uma palavra falada; pode ser uma palavra escrita. Mas a nossa gratidão precisa ser expressa.

Que eu sempre me lembre de que não sou um indivíduo
que se fez sozinho, e sim o produto de muitas vidas que se juntaram
a mim em minha jornada. Senhor, eu te bendigo por cada uma
delas hoje. Em nome de Jesus. Amém.

Orações sobre *Gratidão* —**PASTOR JIM HARRISON**

DIA 2

É bom dar graças ao Senhor e cantar louvores ao Altíssimo. É bom proclamar de manhã o teu amor e, de noite, a tua fidelidade. —SALMO 92:1-2

A gratidão não apenas melhora a nossa liderança e os nossos relacionamentos interpessoais, mas também fortalece a nossa comunhão com o Senhor — o relacionamento mais essencial de todos. Davi, que escreveu tantas canções de adoração e louvor, conhecia o poder de expressar gratidão ao nosso Senhor. O Salmo 92 começa com a afirmação de que é simplesmente bom ser grato e expressar a sua gratidão. Em seguida, ele nos diz como desenvolver o hábito da gratidão: encerre o dia dando graças.

Pela manhã, declare sua confiança no amor constante de Deus. Ele é o seu pastor, o Grande Pastor. Ele fornecerá aquilo de que você necessita, estará com você em todas as situações, guiará o seu pensamento e o manterá em Suas mãos. Lembre-se do quanto o Senhor o ama e das promessas que Ele lhe fez. Em seguida, prossiga para a jornada do dia.

À noite, agradeça a Ele pela Sua fidelidade demonstrada a você em todas as etapas do dia. Lembre-se de como o Senhor foi fiel às Suas promessas naquele dia. Lembre-se e seja grato pelas dádivas de amor que Ele enviou — aquelas pequenas coisas em seu dia que são presentes do coração do Pai celestial para o seu; as maravilhosas dádivas comuns, de acordo com Ann Voskamp. Seja específico em seus agradecimentos.

Senhor, nós te agradecemos porque este é o dia que Tu fizeste; escolhemos regozijar-nos e estamos contentes por isso. Que neste dia possamos ser lembrados do Teu poder e da Tua presença agindo em nós quando saímos da cama e cantamos com o coração pela manhã. Quando eu me levantar, dá-me Jesus. Amém.

DIA 3

Estejam sempre alegres. Nunca deixem de orar. Sejam gratos em todas as circunstâncias, pois essa é a vontade de Deus para vocês em Cristo Jesus. —1 TESSALONICENSES 5:16-18

Hoje, memorize três versículos da Bíblia. Não será demorado. Eles são alguns dos mais curtos das Escrituras. Os dois primeiros têm apenas três e quatro palavras: "Estejam sempre alegres" (v.16), "Nunca deixem de orar" (v.17).

O versículo 18 é um pouco mais longo, mas guarde-o também na memória: "Sejam gratos em todas as circunstâncias". *Em todas as circunstâncias.* Sim, teremos momentos difíceis e circunstâncias desafiadoras, mas devemos viver com um coração grato. Isso não deixa espaço para reclamações, lamúrias, desculpas, inveja ou para fazer-se de vítima.

Alegre-se. Ore. Dê graças.

Por quê? Porque essa é a vontade de Deus para nós, visto que estamos em Cristo Jesus. É assim que Ele deseja que pensemos, sintamos e vivamos (pois a gratidão é uma questão de pensar, sentir e viver). Poderia Ele ser mais claro do que isso? Às vezes, as pessoas perguntam qual é a vontade de Deus; elas pensam que a Bíblia é ambígua ou vaga quanto a isso. Não aqui, não nesses versículos. A vontade de Deus é que a nossa vida seja saturada com gratidão. Se a questão é manter a nossa atitude alinhada, estamos mantendo-a alinhada com a vontade de Deus.

Então, memorizamos os três versículos, certo? "Estejam sempre alegres. Nunca deixem de orar. Sejam gratos em todas as circunstâncias, pois essa é a vontade de Deus para vocês em Cristo Jesus." Agora, vivamos isso!

Senhor, nas circunstâncias da vida, ajuda-me a perceber que Tu és o Deus soberano, que podemos confiar em ti e que me convidaste a invocar-te. Tu és grande e digno de ser louvado. Amém.

DIA 4

Toda dádiva que é boa e perfeita vem do alto, do Pai.
—TIAGO 1:17

"**Um coração agradecido é um ímã para milagres**". Li isso em algum lugar. Todos nós não passamos por momentos em que um milagre seria simplesmente tremendo? Somos gratos por todas as coisas aparentemente pequenas em todos os dias da nossa vida? Por exemplo, água limpa. Tudo que precisamos fazer é abrir a torneira ou abrir uma tampa. Nós não caminhamos quilômetros para encher cântaros de água. Podemos tomar um longo banho quente quase sempre que quisermos. Ou expor-se ao Sol em um dia em que precisamos de um reforço de energia. Ou aquele telefonema de um amigo com quem você não tem falado há anos. Ou uma bela paisagem. Ou uma palavra de encorajamento de alguém que nem sabia que você estava lutando contra o desânimo. Alguns minutos para uma soneca. Sua música de adoração favorita no rádio enquanto você dirige para o trabalho. Um sussurro do Espírito para lembrá-lo de que Deus está ali com você.

Sim, às vezes um milagre nos deslumbra. Porém, não ignore todas as pequenas dádivas que Deus lhe dá todos os dias. Dietrich Bonhoeffer escreveu: "Nós oramos pelas coisas grandes e nos esquecemos de agradecer pelas dádivas comuns e pequenas (que, na verdade, não são pequenas). Como Deus pode confiar grandes coisas a alguém que não receberá dele com gratidão as pequenas coisas?".

Se um pardal não pode cair ao chão nem um copo de água fria passar despercebidos, que eu sempre me lembre de que Tu me amas, estás zelando por mim e prometeste nunca me deixar. Senhor, eu sou grato. Amém.

DIA 5

*Então nós, teu povo, ovelhas do teu pasto,
para sempre te daremos graças e louvaremos tua grandeza
por todas as gerações.* —SALMO 79:13

Viver em gratidão não é uma questão de receber uma abundância de bênçãos — é uma questão de perspectiva e escolha. Corações e mentes que escolheram viver com gratidão olham para a bondade em sua vida, não para falta, carência ou deficiências.

Eu sou grato por muitas coisas: a bondade de Deus, Sua provisão, Sua bênção. Saber que fui perdoado, que meus pecados foram removidos, que Ele foi preparar um lugar para mim e que vou viver com Cristo eternamente — que alegria isso traz, independentemente do que esteja acontecendo em minha vida. Ele me ama com amor eterno e nada pode mudar isso.

Leia o Salmo 23 devagar e com atenção, e perceba como tal narrativa é verdadeira em sua vida. O Senhor é o seu Pastor. Seus olhos estão sempre em você e o cuidado dele é constante. Esse Pastor é humilde e manso e convidou você a aprender com Ele e confiar nele. Ele está sentado à destra de Deus, intercedendo por você.

Viver com o coração cheio de gratidão é uma maneira maravilhosa e alegre de viver. Não deixe o diabo roubar isso de você; ele gostaria de destruí-lo e escurecer sua vida. Porém nós, as pessoas que vivem sob os cuidados do Grande Pastor, louvemos o Seu nome eternamente e expressemos a plenitude da gratidão que transborda do nosso coração.

*Senhor Jesus, eu te agradeço pela mesa preparada
e o cálice transbordante. Ajuda-me a contentar-me com as coisas
que Tu provês e com as circunstâncias em que me encontro.
Dá-me um coração agradecido. Amém.*

DIA 6

Que ofereçam sacrifícios de ações de graças e anunciem suas obras com canções alegres. —SALMO 107:22

O Salmo 107 é maravilhoso! Ele canta a bondade do Senhor, Seu amor fiel e Seu resgate de todos nós de todos os tipos de perigos e de vidas tumultuosas e desesperadas. Quando as pessoas pedem ajuda, o Senhor as atende e as salva. "O Senhor redimiu você?", pergunta o escritor. "Então, fale e diga aos outros!" Expresse sua gratidão. Leve esse sacrifício a Ele, seu Salvador e Rei.

Pedro escreveu que quem é salvo, que vai a Jesus, se torna parte de Seu templo espiritual aqui na Terra. Agora, o templo onde Deus habita é o Seu povo. E nós "[oferecemos] sacrifícios espirituais que agradam a Deus" (1 Pedro 2:5). O antigo sistema de sacrificar animais, pássaros e grãos no altar do tabernáculo ou Templo é, agora, um ato espiritual de oferecer nossos sacrifícios a Ele. Um desses sacrifícios é a gratidão. "Assim, por meio de Jesus, oferecemos um sacrifício constante de louvor a Deus, o fruto dos lábios que proclamam seu nome" (Hebreus 13:15).

A nossa gratidão é a entrada para a adoração. Nós entramos pelos Seus portões com ações de graças e em Seus átrios com louvor. Ele redimiu você? Então, expresse gratidão. Hoje, adore-o com os sacrifícios de um coração agradecido.

Senhor, eu te agradeço pelo sangue derramado na cruz,
pelo qual nós somos salvos. Agradeço-te por me redimires do meu passado
e de mim mesmo, para que eu sempre louve e sirva a ti,
para glória do Teu nome. Amém.

DIA 7

Não vivam preocupados com coisa alguma; em vez disso, orem a Deus pedindo aquilo de que precisam e agradecendo-lhe por tudo que ele já fez. Então vocês experimentarão a paz de Deus, que excede todo entendimento e que guardará seu coração e sua mente em Cristo Jesus. —FILIPENSES 4:6-7

Quando decidimos nos centrarmos na bondade que Deus derrama em nossa vida, conhecemos uma alegria e um contentamento que nos protegem de cair em poços de inveja, comparação, ciúme e autopiedade. Em vez disso, somos gratos porque sabemos quão abençoados somos por estarmos sob Seus cuidados. A gratidão que transborda do nosso coração alcança a vida de outras pessoas e transforma também a realidade delas. Ela também se manifesta em nossa adoração e em nosso relacionamento com o nosso Pai celestial. A gratidão afeta todos os aspectos da nossa vida e das vidas que nós tocamos.

Em Filipenses 4, vemos mais um resultado de viver com um coração grato: paz de espírito e de coração. Essa paz vem quando dependemos totalmente de Deus e levamos a Ele os nossos pedidos e a nossa gratidão pelo que Ele fez, está fazendo e fará. Nós veremos todas as nossas circunstâncias através dessa lente da gratidão.

Se você anseia por paz no coração e na mente, a gratidão é essencial. A oração bem temperada com gratidão traz uma paz que excede o entendimento mundano. Então, é a paz de Deus guardando o nosso coração e a nossa mente. O coração e a mente agradecidos têm uma forte defesa contra a preocupação e o desespero — a paz de Deus.

Por tudo que Tu tens feito por nós, que possamos apresentar, em gratidão, a nossa vida a ti como uma oferta viva, um sacrifício santo e aceitável por ti. Transforma-nos para que possamos ser semelhantes a ti, não semelhantes ao mundo, e sim semelhantes a ti. Em nome de Jesus. Amém.

NOTAS E ORAÇÕES

HONESTIDADE

• SEMANA 20 •
DIA 1

Seja corajoso e faça a coisa certa. Lembre-se de que, em 90% das vezes, a coisa certa não será a mais bem aceita pelas pessoas. Mesmo assim, faça-a. —Paul Weaver

> *Levem uma vida pura e inculpável como filhos de Deus, brilhando como luzes resplandecentes num mundo cheio de gente corrompida e perversa.* —FILIPENSES 2:15

A nossa honestidade — ou o nosso comprometimento com a honestidade — fala ao mundo acerca daquele a quem representamos. Nós carregamos o Seu nome. É triste ouvirmos "Se é assim que um cristão vive, não quero ter algo a ver com Cristo ou com o cristianismo".

Ninguém pode contestar a descrição do mundo contida em Filipenses 2:15 — "gente corrompida e perversa". Assim era o mundo na época de Paulo e é o nosso mundo atual. Muitas pessoas nunca se chamariam de "desonestas", mas falsificarão um pouco os fatos aqui e ali caso isso lhes seja vantajoso. Ou tirarão vantagem em uma negociação se surgir uma oportunidade. Ou se apresentam como alguém não são, para causar uma boa impressão ou conseguir o que desejam de outra pessoa.

Ao pensar em viver honestamente, peça ao Senhor para lhe mostrar todas as áreas em que você talvez não seja o mais honesto possível e que lhe dê a coragem necessária para mudar.

Senhor, dá-me a coragem necessária para sempre andar na verdade pelo poder do Teu Espírito Santo e brilhar como uma luz neste mundo tenebroso. Perdoa-me pelas vezes que deixei de invocar a ti, que provês a minha força, porque Tu, Jesus, és o Caminho, a Verdade e a Vida. Amém.

Orações sobre Honestidade **—VICKI GREENE**

DIA 2

SENHOR, quem pode ter acesso a teu santuário?
Quem pode permanecer em teu santo monte? Quem leva
uma vida íntegra e pratica a justiça; quem, de coração,
fala a verdade. —SALMO 15:1-2

As pessoas que vivem de maneira honesta frequentemente estão nadando contra a correnteza. É preciso coragem para viver de maneira correta, verdadeira e aberta. Coragem, sentindo o medo, mas fazendo a coisa certa de qualquer forma, independentemente do custo ou da dificuldade. O nosso Grande Pastor é quem nos guia para uma vida reta, verdadeira e aberta. Viver assim traz a liberdade da verdade, a aprovação de Deus, respeito e confiança nos relacionamentos, consciência limpa e paz.

Um dos benefícios mais preciosos da honestidade é que ela protege o seu relacionamento com o Senhor: "os íntegros viverão em tua presença" (Salmo 140:13); "os íntegros verão sua face" (Salmo 11:7). Quando toleramos a desonestidade em nós mesmos, é difícil viver na presença de Deus e contemplar o Seu rosto. Nós tentamos esconder dele partes da nossa vida e do nosso coração. É claro que isso é impossível, mas o nosso pecado nos isola da alegria da Sua presença. A alegria e a paz de viver na presença do Senhor é algo sem o qual eu não consigo viver. Eu almejo a vida descrita em outro salmo: plantado na casa do Senhor e florescendo nos pátios de nosso Deus (Salmo 92:13).

Senhor Jesus, ensina-me a seguir os Teus caminhos, buscando sempre
a Tua aprovação, não a dos homens. Que eu me contente em habitar
em Tua presença. Tu, ó Senhor, és de onde vem a minha força.
Que eu sempre seja agradável a ti. Faze-me crescer nos Teus caminhos,
ó Senhor, enquanto eu busco a Tua face, para que possa viver à luz da
eternidade, e não desta vida temporal. Em nome de Jesus. Amém.

DIA 3

A honestidade guia os justos;
a desonestidade destrói os desleais.

—PROVÉRBIOS 11:3

Viver com honestidade abrange mais do que falar a verdade. A nossa definição *Lodestar* inclui "estar aprumado" e "aberto na comunicação". *Estar aprumado* significa "reto e correto". O contraste disso é alguém que anda torto, errado e hipocritamente. Andar aprumado é andar no caminho certo, evitar o mal, não fazer coisas erradas. É viver de maneira tal que não tenhamos que esconder ou encobrir coisa alguma.

Falar com sinceridade faz parte de uma vida correta. Jó jurou que, enquanto respirasse, seus lábios não falariam maldades e sua língua não falaria mentiras (Jó 27:3-4).

Os retos são guiados por sua integridade. Eles permanecem no caminho reto, não se desviando aqui e ali por atalhos sombrios que os afastam do Senhor e da Sua vontade. Deixe a integridade e a honestidade guiarem você. Se deseja ser edificado e ser tudo que pode ser, permita a Palavra de Deus e o poder do Espírito Santo serem a força dirigente e capacitadora em sua vida, e Ele o guiará. "O caminho do Senhor é fortaleza para os íntegros […]. O justo jamais será abalado" (Provérbios 10:29-30).

Deus, ensina-me a ser um exemplo de quem anda em integridade. Que seja dito de mim: "Esse homem conheceu a Deus e caminhou com Ele". Que nenhuma fala maldosa saia dos meus lábios. Dá-me discernimento e entendimento para evitar qualquer mal que venha em meu caminho, para que Tu possas ser glorificado por minha vida. Perdoa-me, Senhor, por quando falhei e fiz alguém tropeçar devido à minha desobediência a ti. Senhor, eu te agradeço por me amares e perdoares todos os meus pecados e caminhos iníquos. Amém.

DIA 4

Portanto, abandonem a mentira e digam a verdade a seu próximo, pois somos todos parte do mesmo corpo. —EFÉSIOS 4:25

Deus odeia mentiras e calúnias. Ele nos diz isso sem rodeios e repetidamente. Uma das dádivas da graça que Deus nos deu é a comunidade de cristãos, mas perdemos as bênçãos dessa comunidade se não vivemos aberta e honestamente uns com os outros. Mentir faz parte da velha natureza, que morreu para você.

Toda a humanidade está doente. Foi por isso que 1 João 1:9 foi escrito — a fim de que possamos voltar ao caminho certo. Foi também por isso que Deus nos deu essa conexão do Espírito com outros cristãos — para que possamos ajudar uns aos outros, encorajar uns aos outros e edificar uns aos outros. Precisamos ser honestos quanto ao que está acontecendo em nossa vida; caso contrário, nós nos excluímos dos benefícios da comunidade de Cristo.

Há quem diga a verdade, mas de uma maneira que fere. Meu pai me ensinou que você pega muito mais moscas com mel do que com vinagre. Aprenda a falar a verdade em amor. Seja compassivo com a sua honestidade. Seja amoroso. O amor não faz mal; não destrói, e sim edifica. Para encontrar a alegria de pertencer ao Corpo de Cristo, viva honesta e abertamente.

Revela-me a Tua verdade, Senhor, e convence-me do meu farisaísmo, para que eu possa glorificar a ti. Que eu possa ser uma parte benéfica do Corpo de Cristo por meio de minhas palavras e atitudes.
Eu te agradeço, Senhor Jesus, por poder fazer parte do Corpo de Cristo, servindo uns aos outros em Teu nome. Amém.

DIA 5

Os lábios mentirosos são detestáveis para o Senhor, mas os que dizem a verdade lhe trazem alegria. —PROVÉRBIOS 12:22

C. S. Lewis disse que integridade é fazer a coisa certa, mesmo quando ninguém está olhando. A integridade *fará* a coisa certa, mas devemos nos lembrar de que nunca há um momento em que ninguém está olhando. Deus vê tudo, o tempo todo, e Ele é quem mais importa. Nós devemos prestar contas a Ele por tudo que fazemos.

Permita-me encorajá-lo novamente a encontrar um grupo de prestação de contas para o acompanhar em sua caminhada com o Senhor. Você não pode ser amigo íntimo de todos, mas precisa de um grupo ao seu redor que o proteja, onde você possa ser honesto e dizer: "Estou com dificuldades nesta área". Reunirem-se regularmente, serem honestos e abertos uns com os outros e encorajar e edificar uns aos outros o ajudará a andar em retidão. Os seus parceiros de prestação de contas o ajudarão a ser honesto quando você examinar seus motivos e atitudes. Eles o ajudarão a rever os seus atos com honestidade.

O seu melhor parceiro de prestação de contas é o Espírito Santo. Peça a Ele para sondá-lo e indicar o que você precisa confessar e onde precisa ser purificado. Peça a Ele que lhe mostre como andar mais retamente pelos caminhos certos. Seja aberto em sua comunicação com o Senhor. Peça a Ele para mostrar o que tem escondido de si mesmo. O desejo do meu coração é que o meu Senhor se deleite com o que Ele vê em minha vida. Espero que esse seja também o seu desejo.

Senhor, que eu viva com a consciência de que Tu estás sempre olhando e ouvindo. Ao fim da minha jornada aqui na Terra, quero ouvir Tu dizeres: "Muito bem, servo bom e fiel". *Amém.*

DIA 6

*Por fim, irmãos, quero lhes dizer só mais uma coisa.
Concentrem-se em tudo que é verdadeiro, tudo que é nobre,
tudo que é correto, tudo que é puro, tudo que é amável
e tudo que é admirável. Pensem no que é excelente
e digno de louvor.* —FILIPENSES 4:8

O que nós deixamos entrar em nossa mente pode rapidamente criar raízes, crescer e invadir o coração como uma erva daninha — mesmo quando não queremos que aquilo cresça ali. Precisamos guardar os nossos olhos e ouvidos, as portas da nossa mente. Isso inclui ser sábio acerca das nossas companhias. Provérbios 22:25 avisa que poderemos aprender a ser iguais aos nossos amigos; eles influenciam a nossa mente. Devemos ser diligentes em guardar a mente, guardar o coração e tudo que flui dele.

Leia a lista dos temas (página 11) em que devemos focar os nossos pensamentos. Cada um deles tem relação com viver de maneira honesta e íntegra.

Como líderes, nós vamos à frente na edificação da cultura de nossa organização ou equipe. Focar no que é verdadeiro, nobre, correto, puro, amável e admirável cria o tipo de ambiente que você deseja. Um líder mentiroso, dissimulado, manipulador e que será desonesto para atingir objetivos logo descobrirá que os integrantes da equipe não são confiáveis e poderão adotar os mesmos comportamentos. Um dos nossos objetivos precisa ser proteger o ambiente daqueles que lideramos.

*Senhor Jesus, ajuda-me a manter o olhar fixo em ti, o consumador
da minha fé. Que os meus olhos não se desviem da Tua orientação.
Mantém meu coração e minha mente focados em ti e nos Teus caminhos.
Ensina-me diariamente a trilhar o Teu caminho. Tu és a mão que me guia.
Que eu possa confiar em ti e somente em ti. Amém.*

DIA 7

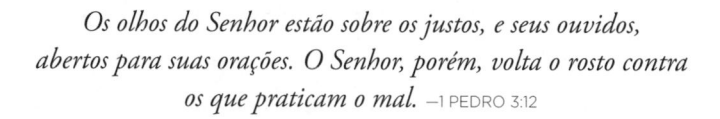

Os olhos do Senhor estão sobre os justos, e seus ouvidos, abertos para suas orações. O Senhor, porém, volta o rosto contra os que praticam o mal. —1 PEDRO 3:12

As **Escrituras dizem que Deus não pode mentir; isso não faz parte do Seu caráter**. Nós somos Seus filhos, criados para ser semelhantes a Ele. Também a desonestidade não deve ter lugar no nosso caráter. Jesus chamou Satanás de mentiroso e pai da mentira. A nossa linhagem é por meio do nosso Pai celestial. Somos parte da Sua nova criação, na qual mentiras não terão lugar.

Para muitos, perseguir uma vida honesta pode ser a batalha mais difícil de todas, uma vez que a velha natureza tenta viver à maneira antiga — usando um pouco de engano quando é para seu benefício, protegendo seu ego quando você não quer que os outros saibam a verdade, trapaceando "só um pouquinho" nos impostos devidos ou apresentando uma imagem falsa de quem você realmente é. Isso é o que acontece o tempo todo no mundo ao nosso redor. As tentações para viver da mesma maneira são astutas e fortes e começam pequenas. Todos os dias, nós precisamos decidir viver retamente em todas as pequenas coisas. Caso contrário, essas "pequenas" desonestidades corroem a nossa integridade, como pequenas traças fazendo buracos em um tecido e destruindo-o.

Os olhos do Senhor estão sobre os justos; Ele ouve as orações deles. Ele está lá para ajudá-lo e lhe dar força em todas as batalhas contra todas as tentações. Deus o abençoe enquanto você se mantém firme em Seu poder.

Que apenas a verdade saia dos meus lábios e que nenhuma mentira seja encontrada saindo da minha boca. Ouve o meu clamor por perdão enquanto eu procuro andar retamente diante de ti, Jesus. Amém.

STEVE WINGFIELD

NOTAS E ORAÇÕES

HUMILDADE

• SEMANA 21 •
DIA 1

A soberba é inimiga de tudo que é bom.
—Paul Weaver

> *Então Jesus os reuniu e disse: "Vocês sabem que os governantes deste mundo têm poder sobre o povo, e que os oficiais exercem sua autoridade sobre os súditos. Entre vocês, porém, será diferente. Quem quiser ser o líder entre vocês, que seja servo".* —MATEUS 20:25-26

Jesus e toda a Escritura são claros — a soberba prejudicará apenas a nós mesmos e a nossa vida. A Bíblia nos adverte fortemente contra a soberba e nos dá grandes promessas em relação à humildade. Quem ocupa posições de liderança é especialmente advertido a viver com humildade e a se precaver contra a soberba.

Humildade não é se forçar a fazer algo por obrigação. Ah, você poderia cerrar os dentes e agir de uma maneira que você pensa que uma pessoa humilde *deveria* agir, mas o verdadeiro homem interior sempre transparece. Humildade é uma mentalidade e um estado do coração. A soberba também. Ao examinarmos as Escrituras esta semana, peça ao Espírito para transformar o seu coração e a sua mente em qualquer área em que Ele encontrar soberba e falta de humildade. Ele se ocupa de nos transformar para que entre nós, representantes de Cristo, *seja diferente*.

Ó Senhor, faze de mim um servo. Perdoa-me pelas vezes em que ostentei a minha posição. Pelas vezes em que usei a minha autoridade para empurrar pessoas para baixo, em vez de erguê-las. Eu lamento por me ocupar de mim mesmo e não de ti. Ajuda-me a atender às necessidades do Teu povo e a estender a mão para o Teu povo neste mundo. Deus, faze de mim um servo. Traz-me a humildade que só Tu podes trazer. Amém.

Orações sobre *Humildade* **—BOB LANTZ**

DIA 2

Nenhuma disciplina é agradável no momento em que é aplicada; ao contrário, é dolorosa. Mais tarde, porém, produz uma colheita de vida justa e de paz para os que assim são corrigidos. —HEBREUS 12:11

Deus se opõe aos orgulhosos. Ele mantém distância deles. Eles serão humilhados e punidos. E Ele sabe como humilhá-los. Quando crianças, todos nós aprendemos algumas coisas pela maneira mais difícil. Nossos pais nos ensinaram bem, mas todos nós tivemos momentos em que simplesmente fizemos as coisas do nosso jeito, até mesmo o mais obediente de nós. E aprendemos lições dolorosas.

Temos exemplos disso na Bíblia. Um dos mais surpreendentes é a história de Nabucodonosor. Soberbo e poderoso, o rei olhou para o seu reino e tudo que havia realizado e pensou: *Por meu próprio grande poder, fiz tudo isso. Uau! Eu sou incrível*. Deus o pôs em Suas mãos e lhe ensinou quem realmente estava no comando. O rei passou sete anos com problemas mentais e vivendo como um animal selvagem antes de aprender a lição; então, Deus lhe restaurou a saúde e o reino. Nabucodonosor passou a crer em Deus e proclamou a soberania e glória do Senhor em todo o seu reino.

Se você precisa aprender a ser humilde, não tema a disciplina do Senhor. Acolha-a. Deseje-a. *Agradeça a Ele* por ensinar você. Ele favorece e sustenta os humildes. Não seria maravilhoso o Senhor dizer a seu respeito: "Eu confio nele e falo com ele face a face. Este meu filho me vê como Eu sou"?

Deus Pai, eu preciso da Tua disciplina. Ajuda-me a estar disposto a ir ao pé da cruz e a abandonar o meu ego. Eu quero ser um homem segundo o Teu próprio coração. Ajuda-me a receber a Tua disciplina para que eu possa encontrar a verdadeira humildade e tornar a minha vida mais compromissada contigo. Amém.

DIA 3

*Tomem sobre vocês o meu jugo. Deixem
que eu lhes ensine, pois sou manso e humilde de coração,
e encontrarão descanso para a alma.* —MATEUS 11:29

Às vezes, podemos pensar que, por ser Deus, Jesus tinha a vida sob controle. Porém Ele disse que, assim como nós, nada podia fazer por Sua própria conta; Jesus tinha de depender de Seu Pai celestial (João 5:30). O autor e sustentador de toda a criação escolheu renunciar, tornar-se semelhante a nós e viver no nosso problemático mundo. Ele fez isso para dar Sua vida em serviço até mesmo pelas pessoas que o rejeitaram, para dar-lhes esperança e, depois, morrer rotulado de criminoso.

Talvez nunca tenhamos de morrer fisicamente por alguém, mas já vimos sonhos morrerem em decorrência de um chamado de Deus para fazermos outra coisa? Desisti de meu plano para este dia porque o Espírito me convenceu a dar meu tempo a outra pessoa? Neguei a mim mesmo algo a que eu tinha "direito" por ter em mente o bem de outra pessoa? Reprimi as grandes exigências do meu eu e, em vez disso, servi aos outros de algum modo? Engoli meu orgulho em certa situação por desejar ser diferente como Jesus era?

Como obtemos a mente de Cristo? Andando com Ele. Quando estivermos ligados a Ele, o Senhor nos mostrará como a humildade age e fala. Ele moldará a nossa mente de acordo com a dele.

*Jesus, eu quero ser mais semelhante a ti. Tu tinhas todo
o poder do mundo, mas te humilhaste até a morte, e morte de cruz.
Perdoa-me por meu cansaço em fazer o bem. Encontra em mim
a soberba que causa o cansaço e remove-a! Amém.*

DIA 4

Deus se opõe aos orgulhosos, mas concede graça aos humildes.

—TIAGO 4:6

Assim como as advertências aos orgulhosos são numerosas e ameaçadoras, as promessas aos humildes são numerosas e maravilhosas. Para estabelecer esse contraste em nossa mente e saber como Deus vê a diferença entre os soberbos e os humildes, eis aqui algumas das promessas para quem tem um coração humilde.

[O Senhor] Guia os humildes na justiça e ensina-lhes seu caminho (Salmo 25:9).
Os humildes verão Deus agir e se alegrarão (Salmo 69:32).
O Senhor cuida dos humildes (Salmo 138:6).
O Senhor protege os humildes (Salmo 147:6).
Ele coroa os humildes com vitória (Salmo 149:4).
O Senhor [...] concede graça aos humildes (Provérbios 3:34).
Com a humildade vem a sabedoria (Provérbios 11:2).
A humildade alcança a honra (Provérbios 29:23).
Os que se humilham serão exaltados (Mateus 23:12).
Os humildes ficarão cheios de alegria do Senhor (Isaías 29:19).
Eu, o Senhor [...] Abençoarei os de coração humilde (Isaías 66:2).
Humilhem-se diante do Senhor, e ele os exaltará (Tiago 4:10).

Há mais uma, a promessa definitiva, profetizada por Sofonias 3:11-12. Deus diz que todas as pessoas orgulhosas e arrogantes serão removidas do Seu santo monte. "Só restarão os pobres e os humildes, pois eles confiam no nome do Senhor". Os humildes são os cidadãos do reino de Deus. O terreno é nivelado ao pé da cruz.

Deus Pai, ajuda-me a confiar em Tuas promessas.
Em Cristo elas são SIM, e por meio de ti são AMÉM. Ajuda-me
a humilhar-me diante de ti. Eu anseio por Tua presença.
Eu quero a verdadeira humildade. Eu desejo ser quem Tu me
criaste para ser. Não mais. Não menos. Amém.

DIA 5

Os humildes verão Deus agir e se alegrarão; animem-se todos que buscam socorro em Deus. —SALMO 69:32

Dr. Elmer Towns, meu amigo e mentor, sugere que o líder desanimado precisa considerar três ângulos. Primeiro, olhar para dentro de si, para ver se a raiz do problema está no íntimo; pedir a ajuda do Senhor nesse exame e, em seguida, para a correção do problema. Segundo, olhar para fora e buscar a ajuda, o conselho ou a experiência de alguém que possa ter o conhecimento e a sabedoria de que você necessita para o momento. E por terceiro, olhar para o alto e lembrar-se de que o Senhor prometeu estar com você eternamente e suprir todas as suas necessidades. A sua fraqueza permite que o poder dele opere.

A humildade pode fazer, e fará, as três coisas. A soberba, porém, nunca buscará o problema dentro, não pedirá ajuda aos outros e não vê Deus como a resposta. A humildade diante de Deus o verá agindo em todos os encontros e todas as situações, e aceitará alegremente que Ele está no controle e executando os Seus planos. A humildade sabe que Deus está presente. Quem lidera com humildade dirá como Cristo disse: "Não posso fazer coisa alguma por minha própria conta" (João 5:30).

Senhor Jesus, eu sei que, quando me humilho em Tua maravilhosa presença, encontro alegria, alegria em Tua presença, e então meu coração se alegra. Senhor Deus, ajuda-me a confiar na comunidade de cristãos que Tu colocaste em minha vida para ver em mim coisas que estão me detendo. Ajuda-me a sempre olhar para o alto. Eu sei que Tu atenderás a todas as minhas necessidades. Tu és Aquele que abre caminhos. Em nome de Jesus. Amém.

DIA 6

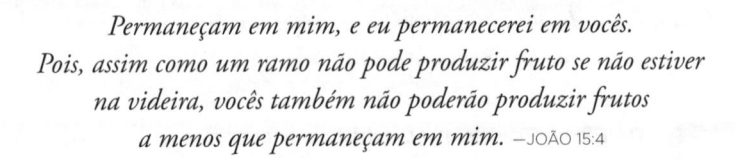

Permaneçam em mim, e eu permanecerei em vocês.
Pois, assim como um ramo não pode produzir fruto se não estiver
na videira, vocês também não poderão produzir frutos
a menos que permaneçam em mim. —JOÃO 15:4

Qualquer coisa boa em mim é resultado do que o Senhor tem feito. Sem Ele, sou um galho inútil e morto. Nossa cultura quer nos ensinar a ter orgulho de quem somos e daquilo que podemos realizar. Porém, a verdade, o quadro exato, é que somos fracos, pecadores e estamos distantes do que Deus pretendia que a Sua criação fosse. Nós quisemos fazer as coisas do nosso jeito, em vez do modo de Deus, e fizemos uma bela bagunça. No entanto Deus nos oferece redenção, nova vida e um novo coração. O Senhor cria algo novo em nós. Tudo depende dele, não do que eu mesmo posso fazer. Eu só estarei vivo nesse caminho se a vida dele fluir através de mim.

Jesus diz também que, se permanecermos vitalmente conectados a Ele, grandes coisas acontecerão! Daremos muito fruto. O ramo estará saudável, crescendo e produzindo. Também essa é uma visão acurada de nós mesmos. O mundo poderá rotular isso de arrogância ou fanatismo; não é nenhuma das duas coisas — é a verdade. A nossa fraqueza abre caminho para que o grande poder de Deus entre em ação.

Querido Jesus, sem ti eu nada posso fazer. Deus, perdoa-me
por pensar que meus talentos, minha capacidade ou minha estratégia
é o que produz frutos. Leva-me ao fim de mim mesmo. Tu és tudo
que eu desejo. Eu creio que aquilo que Tu tens para mim é o suficiente.
Eu venho e me humilho ao pé da cruz. Amém.

DIA 7

> *Com toda a humildade e mansidão.*
> —EFÉSIOS 4:2 ARA

Em Efésios 4:2, Paulo usa, para nos encorajar, as mesmas palavras usadas por Jesus para se descrever: humilde e manso. A atitude da mente e do coração que desejamos é esta: ter o caráter igual ao de Jesus.

Estamos vivendo na humildade que Deus deseja daqueles que Ele chamou para serem Seu povo santo? Todos nós já ouvimos piadas referentes a pessoas que se orgulham de ser humildes, e não faremos isso. Todavia podemos nos testar quanto a certas características da humildade. O Espírito tem falado com você acerca de alguma destas?

- A humildade dá toda glória a Deus, curvando-se somente ao Deus entronizado.
- A humildade sabe que todo bem flui de Deus. Ele nos sustenta. Seu plano prevalecerá.
- A humildade sabe quem éramos e quem somos agora.
- A humildade sabe que "fraqueza" é um lugar onde o grande poder de Deus pode agir.
- A humildade sabe que é um ramo, dependente da Videira para tudo na vida.
- A humildade acolhe a correção.
- A humildade pede a disciplina de Deus.
- A humildade extingue o eu em favor dos outros.
- A humildade pede ajuda.
- A humildade anda o mais perto possível de Jesus.
- A humildade busca sua recompensa e honra somente em Deus.

Caro amigo, ande em humildade diante de Deus, tendo sempre em mente a Sua presença, quem Ele é e quem você é. E o Senhor se deleitará em você.

Senhor Deus, Tu nos chamaste para sermos humildes e mansos. Mansidão não é fraqueza, e sim força sob controle. Eu não tenho força em mim mesmo. Eu confio no nome do Senhor Deus. "Não por força, nem por poder, mas pelo meu Espírito, diz o SENHOR*…". Amém.*

NOTAS E ORAÇÕES

INFLUÊNCIA

• SEMANA 22 •
DIA 1

A influência é um ímã que atrai os outros para si sem exigir fidelidade. —Paul Weaver

> *O justo dá bons conselhos a seus amigos, mas os perversos os desencaminham.* —PROVÉRBIOS 12:26

Influência: o poder de produzir transformações sem forçar ou exigir. A influência é uma questão de caráter, não de posição ou de autoridade. Independentemente da posição que você ocupe no seu trabalho, no seu lar, na igreja, nos círculos sociais ou simplesmente como um vizinho das pessoas da sua rua, você pode influenciar.

Você não nasce com influência, e ela não vem simplesmente a você de maneira automática. Você pode obter certa influência devido a seu trabalho específico, à sua posição ou a um cargo que ocupa na igreja, mas a verdadeira influência não provém de um título ou do seu nome escrito na porta. Você sequer precisa ter um título ou nome na porta de um escritório para ser influente.

A influência é conquistada por quem somos e pelo que fazemos. Como tantos outros traços de caráter nos quais pensaremos, ela é edificada e sustentada por muitas outras qualidades, como humildade, bondade, integridade, sabedoria, sinceridade, equidade, tomada de decisão — e muito mais. E, por ela ser a capacidade de produzir transformação, isso significa que, se essas qualidades fazem parte da sua liderança, essas características também começam a se disseminar por toda a sua organização e a afetar redes cada vez maiores de pessoas.

Deus tem um propósito em conceder a você qualquer influência que você tenha.

Aba *Pai, torna a minha vida mais do que uma palestra sobre influência — permite que ela seja um laboratório. Enquanto eu vivo a minha vida, que os outros saibam que sou Teu pelo fruto do Teu Espírito crescendo do meu interior. Em nome de Jesus. Amém.*

Orações sobre *Influência* **—KERRY WILLIS**

DIA 2

Assim, vocês podem mostrar às pessoas como é admirável aquele que os chamou das trevas para sua maravilhosa luz. —1 PEDRO 2:9

Esta é uma palavra moderna: *influenciadores*. Não ouvimos Jesus a pronunciando nas Escrituras, mas essa era a Sua missão e Ele a tornou a missão de cada um dos Seus seguidores. Por que Jesus foi enviado? Para redimir o mundo. Para salvá-lo e levá-lo de volta a Deus. Após Sua morte e ressurreição, Ele disse aos Seus discípulos: "Como o Pai me enviou, eu os envio" (João 20:21). Assim, eles seriam Suas testemunhas em toda a Terra.

Nós devemos ser influenciadores. Jesus disse que Ele era a luz do mundo. Ele também disse aos Seus discípulos: "Vocês são a luz do mundo [...]. Não faz sentido acender uma lâmpada e depois colocá-la sob um cesto. Pelo contrário, ela é colocada num pedestal, de onde ilumina todos que estão na casa" (Mateus 5:14-15). Jesus acendeu a Sua luz em nós e nos colocou no mundo para o iluminarmos.

Quando você respondeu ao chamado de Deus para tornar-se um dos Seus, Ele lhe deu um novo propósito na vida: demonstrar aos outros Sua bondade, Sua misericórdia, Seu amor. Deus está chamando as pessoas para voltarem a Ele, e você e eu fazemos parte do Seu plano de alcançar o mundo que está em trevas. Nós devemos ser influenciadores, atraindo as pessoas não para nós mesmos e os nossos interesses, e sim para Deus e o Seu reino.

Amoroso Deus e Pai, eu quero ser uma influência santa
em todas as pessoas que encontrar. Além de meras palavras,
que o modo como a minha vida direciona ternamente
os outros a ti seja prova de que os bens que a minha vida
exibe são, realmente, um fluir da Tua bondade.
Em nome daquele cujo nome é Maravilhoso. Amém.

DIA 3

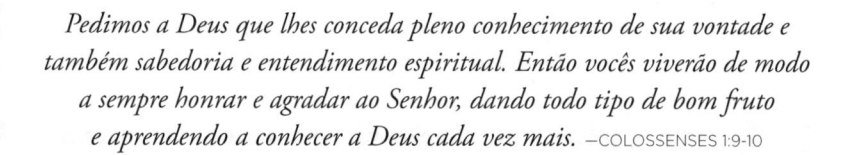

Pedimos a Deus que lhes conceda pleno conhecimento de sua vontade e também sabedoria e entendimento espiritual. Então vocês viverão de modo a sempre honrar e agradar ao Senhor, dando todo tipo de bom fruto e aprendendo a conhecer a Deus cada vez mais. —COLOSSENSES 1:9-10

O **grande teólogo e evangelista inglês John Wesley** declarou haver aprendido mais acerca do cristianismo com sua mãe do que com todos os teólogos da Inglaterra. Esteja ou não em uma posição rotulada de "liderança", você pode ser um influenciador. Esse é o propósito de Deus para você.

Quando Jesus disse aos Seus discípulos que eles levariam a Sua mensagem até os confins da Terra, o que você imagina que eles estavam pensando? Lembre-se, eles eram pessoas comuns de vida simples antes de conhecerem Jesus. Você não imagina que eles se perguntaram como realizariam um empreendimento tão ambicioso?

Se temos os mesmos pensamentos — *Que posso eu, uma pessoa comum, realizar?* —, o segredo é o mesmo que discípulos, tornados apóstolos, encontraram: o poder do Espírito Santo. O poder do Espírito concede sabedoria, entendimento e orientação. Não somos nós quem leva a mensagem ao mundo: é o poderoso Espírito de Cristo agindo em nossa vida cotidiana.

John Wesley escreveu: "Dai-me cem homens que nada temem senão o pecado, e que nada desejam senão a Deus, e eu abalarei o mundo. Não me importo que sejam clérigos ou leigos, somente esses sacudirão as portas do inferno e estabelecerão o Reino do Céu sobre a Terra".

Ajuda-me a desenvolver uma influência que beneficie os outros enquanto eu dedico toda a minha atenção à Tua santa sabedoria. Lembra-me de que a minha sabedoria humana é apenas ignorância se comparada à Tua mente pura. Em nome de Jesus. Amém.

DIA 4

Fiz-me escravo de todos, para ganhar o maior número possível de pessoas. —1 CORÍNTIOS 9:19 NVI

Uma das coisas mais importantes que você pode fazer para conquistar influência é dedicar-se aos outros e investir na vida das pessoas ao seu redor. Não é apenas um clichê bonitinho dizer que as coisas são mais captadas do que ensinadas. As pessoas observam como você se relaciona com elas. Elas percebem as maneiras como você investe na vida delas. E, quando você faz isso, está conquistando o que eu gosto de chamar de capital de influência. Seja no trabalho, na igreja ou em círculos sociais, a influência conquista para você uma liderança forte e relacionamentos saudáveis.

Quanto mais você investir nos outros, maior será a sua influência. Essa é uma declaração poderosa e eu quero que você a receba.

A generosidade que lhe permite investir nos outros vem de uma atitude de servo, uma mentalidade que segue o exemplo de humildade e serviço de Cristo. Não nos esqueçamos do motivo pelo qual estamos investindo nos outros — não simplesmente para transformá-los ou controlá-los, e sim para servi-los "para o seu progresso e alegria na fé" (Filipenses 1:25 NVI). Jesus, nosso exemplo, abriu mão de Sua igualdade com Deus e nasceu como ser humano com o propósito de ir à cruz "nos libertar de todo pecado, para nos purificar e fazer de nós seu povo" (Tito 2:14). Como servo, Jesus deu a Sua vida pelos outros.

Nós somos Seus representantes e, quer sejamos líderes ou vizinhos com influência, o Senhor colocou a Sua missão em nossas mãos.

Jesus, Tu deste a Tua vida para que eu pudesse ser salvo.
Devido ao que Tu fizeste por mim, que eu use todos os meios possíveis
para alcançar todas as pessoas disponíveis. Amém.

DIA 5

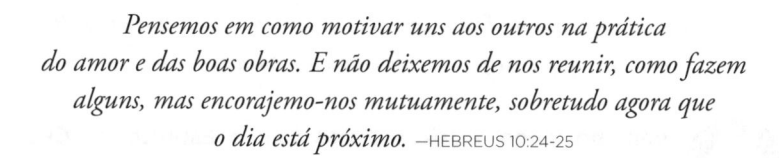

Pensemos em como motivar uns aos outros na prática do amor e das boas obras. E não deixemos de nos reunir, como fazem alguns, mas encorajemo-nos mutuamente, sobretudo agora que o dia está próximo. —HEBREUS 10:24-25

A influência que Deus nos deu não deve ser usada somente para lançar luz na vida dos incrédulos, mas também para encorajar outros que estão trilhando o mesmo caminho que nós. Todas as partes do seu corpo são interdependentes. Até o dedinho do pé é importante — melhora o equilíbrio, assim como os minúsculos fios de cabelo invisíveis da orelha interna. Todas as partes do corpo contribuem para a função eficaz do todo. Você, caro amigo, faz parte do Corpo de Cristo. Nossas vidas estão entrelaçadas, assim como as partes do nosso corpo físico dependem umas das outras.

Como podemos influenciar a vida de outros discípulos? Orar uns pelos outros é uma das maneiras mais importantes de edificarmos uns aos outros. Paulo escreveu que devemos ser persistentes em nossas orações por todos os cristãos. Ele até pediu orações para si mesmo, para que pudesse encontrar as palavras certas e a ousadia para pregar a mensagem do evangelho aos gentios (Efésios 6:18-19). Amar uns aos outros como representantes de Cristo e construir relacionamentos reais. Prestar contas uns aos outros. Encorajar-se mutuamente. Estar aberto para compartilhar as suas necessidades; permitir que os outros o ajudem. Continuar lembrando uns aos outros das verdades da Palavra de Deus e do plano de Deus. Investir na vida de cada um dos outros.

Possa-se dizer de mim: "Como são belos os pés dos mensageiros que trazem boas-novas!" (Romanos 10:15). *Boas notícias são influência, de fato! Em nome de Jesus. Amém.*

DIA 6

Pois somos obra-prima de Deus, criados em Cristo Jesus a fim de realizar as boas obras que ele de antemão planejou para nós. —EFÉSIOS 2:10

Quem pertence a Jesus Cristo tem o Espírito de Cristo vivendo nele, e o Espírito é quem nos dá a maior influência que podemos ter. Há um espírito poderoso agindo nos filhos de Deus; Ele nos equipa para ter influência, cada um em sua própria rede de negócios, igreja, redes sociais e no lar. Cada um de nós recebeu dons diferentes que o Espírito usará para os Seus propósitos.

Deus tem um propósito em nos dar dons — e esse propósito é nos conceder influência tanto no Corpo de Cristo quanto no mundo em que vivemos diariamente. Jesus disse para deixarmos nossa luz brilhar a fim de que outros louvem a Deus (Mateus 5:16). Pedro escreveu que devemos usar os nossos dons espirituais para servir uns aos outros (1 Pedro 4:10). O conselho de Paulo ao jovem Timóteo foi manter-se puro para que fosse um vaso limpo, adequado para o Mestre usar para boas obras (2 Timóteo 2:21). Os dons de influência que recebemos não são para nosso uso ou ganho pessoal; eles são concedidos para a obra do Mestre.

A influência é um ímã, uma força que aciona transformações. A influência deve ser usada para voltar os olhos de todos, não para nós, mas para o nosso Pai celestial.

Querido Deus Todo-poderoso e amoroso, que seja uma realidade
o fato de que o sangue de Jesus purificou as minhas motivações por completo.
Então, e somente então, Tu serás glorificado, magnificado e satisfeito
por meio da influência da minha vida, que é realmente "Cristo em [mim],
a esperança da glória" (Colossenses 1:27 NVI). *Amém e amém.*

DIA 7

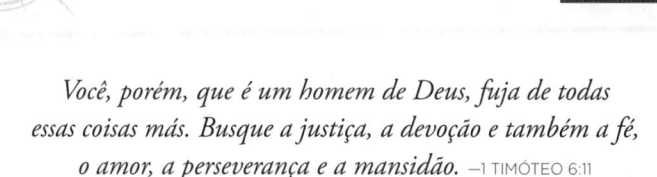

Você, porém, que é um homem de Deus, fuja de todas essas coisas más. Busque a justiça, a devoção e também a fé, o amor, a perseverança e a mansidão. —1 TIMÓTEO 6:11

Nosso versículo de hoje destaca o que queremos buscar e como desejamos edificar o nosso caráter. Isso é extraído da carta de Paulo a Timóteo, um jovem seguidor, e é um conselho sábio para nós. Precede esse versículo a discussão de Paulo acerca das características que *não* devem fazer parte de quem somos como representantes de Cristo: arrogância, ganância e soberba, todos produtos de foco em si mesmo e concessões morais. Essas coisas arruinarão a nossa influência pelo Reino.

Encorajo você a dedicar algum tempo pedindo ao Espírito que lhe mostre quais coisas em seu caráter podem estar limitando a sua influência. Peça a Ele sabedoria para isso. Use a oração de Davi: "Desvia-me dos caminhos enganosos; por tua graça, ensina-me a tua lei" (Salmo 119:29 NVI).

Enquanto o Espírito lhe dá discernimento e compreensão, ore este próximo versículo do salmo — "Eu escolho o caminho da fidelidade e da verdade" (119:30 parafraseado). Então, como parte do povo de Deus e *influenciador* por Ele, fuja das coisas que limitam a sua influência para o Reino e busque retidão, piedade, fé, amor, perseverança e mansidão.

Aba Pai, *se eu conheço meu coração, sou acima de tudo um buscador da Tua justiça. Sim, quero ter um relacionamento correto contigo acima de tudo. Não tenho interesse próprio, apenas lealdade a ti. Permite-me transmitir a outros um desejo sagrado de viver em fidelidade e verdade como líder servo. Senhor, torna-me semelhante a ti. Tu foste um servo leal. Faze-me ser também assim. Em nome do meu Rei, Jesus. Amém.*

NOTAS E ORAÇÕES

INICIATIVA

• SEMANA 23 •
DIA 1

Pessoas com iniciativa e caráter chegarão ao topo; elas levarão empresas, departamentos e sua própria vida pessoal do bom ao excelente.
—Paul Weaver

> *Não deixe de fazer o bem àqueles que precisarem,*
> *sempre que isso estiver ao seu alcance.* —PROVÉRBIOS 3:27

Nosso versículo de hoje é um provérbio escrito pelo sábio rei Salomão. Esse princípio não se limita a negócios, redes sociais ou qualquer área da vida. Trata-se de um princípio de vida sadia e correta no trabalho, no lar, na sua vizinhança. As pessoas estão observando e o notarão como alguém que reconhece o que precisa ser feito e o faz. Você não é alguém que tenta fazer o mínimo necessário para seguir em frente. Você está procurando maneiras de melhorar as coisas ou de resolver um problema e age. Mesmo que seja algo tão simples quanto esvaziar uma lata de lixo transbordante, seus atos são motivados pela necessidade de soluções, não pelos requisitos de uma descrição de função.

Quando você reconhecer o que precisa ser feito e tiver a capacidade de fazer algo a respeito, faça-o. Ultrapasse a sua descrição de função. Não dê a desculpa de que aquilo é responsabilidade de outra pessoa. É sua responsabilidade.

Senhor, faze de mim um instrumento de Tua paz e Teu amor.
Dá-me, Senhor, um coração terno e generoso, e abre os meus olhos
para que eu possa ver e conhecer as necessidades das pessoas
ao meu redor. A Tua palavra diz que quem é misericordioso
para com os pobres empresta ao Senhor. Ajuda-me, eu oro,
para ser esse servo com ação de graças. Amém.

Orações sobre *Iniciativa* —**DR. ERWIN LUTZER**

DIA 2

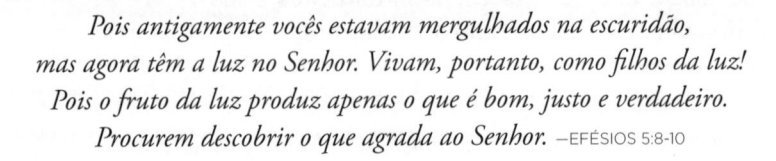

*Pois antigamente vocês estavam mergulhados na escuridão,
mas agora têm a luz no Senhor. Vivam, portanto, como filhos da luz!
Pois o fruto da luz produz apenas o que é bom, justo e verdadeiro.
Procurem descobrir o que agrada ao Senhor.* —EFÉSIOS 5:8-10

Demonstrar iniciativa em coisas grandes e pequenas fará sua carreira deslanchar. Porém, nossa carreira mais importante é ser um representante de Cristo. Nesse chamado, temos um livro maravilhoso de sabedoria e instrução: a Bíblia. Eu tenho sido seguidor de Cristo há mais de 40 anos e amo a Palavra de Deus. Ela aborda todos os princípios de caráter que ensinamos na *Lodestar* e muito mais. E se aplica a tudo na vida, não apenas a negócios e liderança.

No tocante à iniciativa, Tiago escreveu uma solene verdade: "Lembrem-se de que é pecado saber o que devem fazer e não fazê-lo" (Tiago 4:17). Escolher ignorar o que sabemos ser a coisa certa a fazer tem implicações espirituais. Nos devocionais desta seção, veremos mais versículos que abordam nossas motivações e iniciativa, e seu impacto em todos os aspectos da vida.

Esteja atento às coisas que precisam ser feitas e tome a iniciativa de fazê-las. O que acontece no exterior é uma indicação do que está acontecendo no interior. Peça a Deus para colocar uma guarda armada ao redor do seu coração, e "[experimentará] a paz de Deus, que excede todo entendimento e que guardará seu coração e sua mente em Cristo Jesus" (Filipenses 4:7).

*Meu Senhor, eu confesso que minha luz não brilha muito.
Perdoa o meu pecado e restaura em mim a luz que brilha nas trevas,
pois sei que devo ser um filho da luz, não das trevas.
Tem misericórdia de mim, ó Senhor. Amém.*

DIA 3

Permaneçam em mim, e eu permanecerei em vocês.
Pois, assim como um ramo não pode produzir fruto se não estiver
na videira, vocês também não poderão produzir frutos
a menos que permaneçam em mim. —JOÃO 15:4

Iniciativa — a capacidade de ver o que precisa ser feito e agir — é um produto da saúde espiritual, e a saúde espiritual depende de permanecermos conectados à fonte da vida. As palavras de Jesus no versículo acima enfatizam a conexão vivificante do ramo com a videira. Alguns versículos depois, nos é passada a imagem de um ramo separado do caule da videira: seco e murcho.

Sabe, essa é realmente a chave para todos os traços de caráter do programa *Lodestar*. Nossa conexão com a videira é o que faz crescer em nós e dá força às qualidades desejáveis das quais necessitamos como líderes e como representantes de Cristo. Em resumo, o nosso relacionamento com Jesus Cristo é o alicerce que afeta todas as áreas da nossa vida.

Dedique hoje algum tempo para avaliar o seu relacionamento com Cristo. A vida e o poder dele estão fluindo para o seu interior? Ou você está se sentindo seco e murcho? Se você não se sente conectado a Ele, o que pode fazer para mudar isso? Tiago, o irmão de Jesus, escreveu aos cristãos uma carta repleta de grandes verdades práticas e expõe este simples fato: "Aproximem-se de Deus, e Deus se aproximará de vocês" (Tiago 4:8).

Ó Deus, ajuda-me a expressar o que Tu fazes em meu coração.
Oro, Senhor, para que Tu amplies a minha visão e que a minha fé
seja gratificada em Ti, para que eu possa ser um cristão frutífero,
agradável a ti. No incomparável nome de Jesus, amém.

DIA 4

Eu, porém, lhes digo: amem os seus inimigos e orem por quem os persegue. Desse modo, vocês agirão como verdadeiros filhos de seu Pai, que está no céu. —MATEUS 5:44-45

O exemplo supremo de iniciativa nos é demonstrado pelo nosso Criador. Ele viu o que precisava ser feito. O mundo estava doente por conta do pecado e escravizado pela morte. O mundo precisava ser resgatado. E Deus o fez. Sem ser solicitado ou coagido. De fato, o mundo sequer se importou com Ele, mas o Senhor tomou a iniciativa de nos resgatar. Alguém disse que *graça* é dar a uma pessoa o que ela não merece, e *misericórdia* é não dar a uma pessoa o que ela merece. Jesus disse que, se realizarmos atos de bondade para com os nossos inimigos e orarmos por eles, agiremos como verdadeiros filhos do nosso Pai celestial.

Ora, essas palavras são fáceis de dizer. *Ame aos seus inimigos. Faça o bem a eles.* Pense em alguém que foi cruel com você, traiu a sua confiança, tentou sabotar a sua influência no trabalho ou o caluniou. Você consegue ser bondoso para com ele? Orar por ele? Fazer algo bom para ele? Alguns poderão dizer que isso é impossível. Sim, sem Deus é impossível. Porém eu lhe garanto que, quando você quiser sinceramente seguir a orientação do Espírito quanto a isso, Ele entrará em ação para ajudá-lo a fazê-lo.

O caráter do nosso Pai celestial demonstrou a maior iniciativa possível. Quando incorporamos essa iniciativa da graça, também demonstramos o Seu caráter.

Meu querido Senhor, eu peço misericórdia e perdão, pois sou fraco em amar aos meus inimigos. Envia um avivamento ao meu coração, para que eu possa abraçar e beijar o mundo todo. Com ação de graças. Amém.

DIA 5

Em tudo que fizerem, trabalhem de bom ânimo, como se fosse para o Senhor, e não para os homens. Lembrem-se de que o Senhor lhes dará uma herança como recompensa e de que o Senhor a quem servem é Cristo. —COLOSSENSES 3:23-24

O apóstolo Paulo escreveu cartas para encorajar os novos cristãos de sua época. As boas-novas de Cristo haviam sido difundidas por muitos países e transformado vidas em todos os níveis da sociedade. Os versículos de hoje são de um breve relato em que Paulo se dirige a escravos. Felizmente, essa não é a sua situação, mas a verdade enfatizada por Paulo é válida para todos nós hoje, independentemente do patamar social ou empresarial que vivamos em nosso mundo.

É assim que devemos proceder quando há uma tarefa a ser cumprida: trabalhar com empenho, sinceridade de coração e reverência ao Senhor. Lembre-se: você está trabalhando para Ele, e as suas recompensas virão dele.

Quer sejamos chefes ou escravos, tomar iniciativa significa que faremos o que precisa ser feito, não porque somos forçados ou ordenados a fazê-lo, mas simplesmente porque é a coisa certa a se fazer. A verdade é que, quando somos filhos de Deus, independentemente do nosso cargo, no que quer que façamos estaremos trabalhando para o Senhor; assim, a iniciativa se torna um estilo de vida, pois sabemos que é assim que Deus deseja que vivamos.

Ajuda-me, Senhor Jesus, a trabalhar não para o tempo, e sim para a eternidade. Ajuda-me a investir meu tempo e tudo que tenho em pessoas, a única coisa eterna do mundo. Senhor, ensina-me a amar com humildade todas as pessoas. Em nome de Cristo eu oro, amém.

DIA 6

Mas temos esse tesouro em vasos de barro,
para mostrar que este poder que a tudo excede provém de Deus,
e não de nós. —2 CORÍNTIOS 4:7 NVI

Quando o furacão Katrina atingiu a costa sul dos EUA, alguns de nós estávamos reunidos em torno da televisão em meu escritório, assistindo a cenas de destruição. Um de meus colegas de trabalho disse: "Precisamos fazer algo". Mas o que um pequeno grupo de pessoas pode fazer a respeito de tamanha devastação? Tão claro quanto se o Senhor estivesse ali conosco, ouvi Ele dizer: "Adote uma cidade para ajudar". Assim fizemos.

Nova Orleans estava recebendo a maior parte da atenção. Encontramos outra cidade que havia estado no epicentro da tempestade e estava desesperadamente necessitada. Reuni-me com outras pessoas interessadas da nossa região, líderes empresariais, líderes políticos e líderes religiosos, e conversamos sobre como poderíamos fazer diferença. Conectamo-nos com os líderes daquela cidade e começamos a orar e agir. Ao longo de dois anos, enviamos ajuda, alimentos e outros itens necessários. Arrecadamos bem mais de três milhões de dólares. Deus fez coisas surpreendentes por aquela cidade por meio da nossa iniciativa. Nós vimos milagre após milagre.

Caro amigo, se você ouvir o Espírito incitá-lo, tome a iniciativa e aja. Você verá o surpreendente poder de Deus.

Ó Deus, eu sou como um copo metade cheio tentando
desesperadamente transbordar. Senhor, enche-me com o Teu doce Espírito
Santo para que eu possa conhecer a alegria da Tua salvação e dá-me
um coração terno onde Tu encontres satisfação. Em Teu nome, amém.

DIA 7

Conscientes disso, oramos constantemente por vocês, para que o nosso Deus os faça dignos da vocação e, com poder, cumpra todo bom propósito e toda obra que procede da fé. Assim o nome de nosso Senhor Jesus será glorificado em vocês, e vocês nele, segundo a graça de nosso Deus e do Senhor Jesus Cristo. —2 TESSALONICENSES 1:11-12

Com que frequência sentimos o Espírito nos incitando a agir, mas nada fazemos? O que nos impede? Às vezes, é o medo. Às vezes, é a incerteza. Frequentemente, podemos nos convencer a não tomar iniciativa. Nós procrastinamos. Será que somos simplesmente preguiçosos ou descuidados?

Em seu devocional *Tudo para Ele* (Publicações Pão diário, 2015) Oswald Chambers disse: "O descuido é um insulto ao Espírito Santo. Não deveríamos ser negligentes na maneira como adoramos a Deus; nem na forma como comemos e bebemos".

Os recursos do Espírito Santo disponíveis para nós são capazes de lidar com nosso medo, incerteza e descuido. Às vezes, podemos sentir essas emoções, mas não temos que vivê-las. Minha oração por todos nós é que vivamos de forma digna ao chamado de Cristo e que Ele nos dê o poder necessário para fazer todas as boas coisas que o Espírito nos orientar a fazer. Então, como Seus representantes, honraremos a Cristo.

Ó, meu Senhor, é difícil crucificar o velho eu. Senhor, eu sei que sou necessitado e vazio, e nada é demasiadamente difícil ou impossível para ti. Senhor, eu sei que tenho coração, lábios e mãos manchados de pecado. Senhor, eu não estou orando por muletas. Quero que, se for do Teu agrado, por misericórdia, me dês asas. Em Cristo Jesus, amém.

NOTAS E ORAÇÕES

INOVAÇÃO

• SEMANA 24 •
DIA 1

Solução de problemas e inovação são as ferramentas para o sucesso de amanhã. Quando olhamos para os problemas como oportunidades, mudamos de atitude — de aversão para inovação.
—Paul Weaver

Estou prestes a realizar algo novo. Vejam, já comecei!
Não percebem? —ISAÍAS 43:19

Deus é o maior inovador de todos. Basta você ler Gênesis 1. No início, Deus criou. Eu diria que Ele é resoluto em verdadeira inovação. Isaías 43:19 poderia ser o tema da Bíblia declarado em um versículo: Deus, criando, redimindo o que criou e fazendo coisas novas para cumprir os Seus propósitos. Em toda a Bíblia encontramos essa "novidade". Jesus trouxe o anúncio de uma nova maneira de viver. Ele se tornou o novo caminho para nos reconciliarmos com Deus e para uma nova aliança com o Pai. Novidade é o plano de redenção de Deus, até o livro de Apocalipse, onde aprendemos sobre os planos para um novo Céu e uma nova Terra — e "E aquele que estava sentado no trono disse: 'Vejam, faço novas todas as coisas!'" (Apocalipse 21:5). *Todas as coisas.*

Se você pertence a Jesus Cristo, a sua nova natureza foi criada para ser semelhante à natureza de Deus. Essa é uma declaração surpreendente, não é mesmo? Não estamos sendo arrogantes ou fanáticos ao afirmar isso; ela está bem ali, para nós, na Palavra de Deus (Efésios 4:24). O Senhor deseja que saibamos que faz parte do Seu plano de novidade sermos criados de novo e à Sua semelhança.

Ajuda-me, Senhor, a buscar diligentemente o Teu plano
e propósito para a minha vida, e a ter a coragem necessária para
dar um passo de fé a fim de viver na criatividade e inovação
que me leva à vida abundante que Tu providenciaste para mim.

Orações sobre Inovação —**VERNON ZOOK**

DIA 2

Pois, pelo batismo, morremos e fomos sepultados com Cristo. E, assim como ele foi ressuscitado dos mortos pelo poder glorioso do Pai, agora nós também podemos viver uma nova vida. —ROMANOS 6:4

Para onde posso ir a partir daqui? É importante nos fazermos essa pergunta em tudo na vida. Ela se aplica também à nossa caminhada espiritual, pois, se temos uma nova vida em Cristo, a nossa caminhada espiritual *é* "tudo na vida". Andar com Jesus significa novidade de coração, crescimento constante e total transformação na maneira pela qual pensamos e enxergamos a vida.

Toda a mensagem do evangelho trata de novidade de vida. Deus não nos deixou presos em nosso pecado. Ele providenciou um meio para que todos os que a desejarem retornem a Ele e tenham a vida celestial e eterna que Ele inicialmente planejou que os seres humanos tivessem. Ele não nos deixou à mercê da velha natureza, condicionados a carregar os antigos fardos da culpa ou presos a um "estilo de vida vazio", como Pedro escreveu em 1 Pedro 1:18. Deus mudou tudo isso.

O nosso novo nascimento para uma nova vida trouxe novo coração, nova cidadania, novo propósito, nova família, novo status de filho de Deus, nova liberdade, novo poder, nova transformação — tudo é novo. O antigo se foi. Podemos andar em novidade! Pertencer ao reino de Cristo é pertencer ao Reino onde coisas empolgantes acontecem. Deus nos oferece essa vida, e nós podemos reivindicá-la.

Senhor, Tu me amaste e me salvaste exatamente da maneira como eu era. Porém agora Tu me chamaste para uma surpreendente vida de alegria, paz, amor e realização. Que por Tua graça eu possa crescer para ser aquela pessoa que Tu me chamaste para ser. Amém.

DIA 3

Cada um exerça o dom que recebeu para servir aos outros,
administrando fielmente a graça de Deus em suas múltiplas formas.
—1 PEDRO 4:10 NVI

Desenvolver mente e espírito inovadores é uma questão de administração. Todos nós recebemos talentos e habilidades singulares, presenteados além do comum em determinada área. Em sua primeira carta, Pedro nos diz que devemos usar bem esses dons, administrando-os sabiamente ao servir aos outros. Eles não nos foram concedidos meramente para que pudéssemos nos elevar acima da multidão e conquistar fama e adulação. Esses dons foram dados "de forma que em todas as coisas Deus seja glorificado" (1 Pedro 4:11 NVI).

Usar bem esses dons significa que estaremos sempre buscando formas de usá-los *melhor*. Ou seja, procuraremos maneiras inventivas de deixar a graça de Deus fluir por meio dessas dádivas. Pedro cita a hospitalidade como exemplo. Quem tem o dom da hospitalidade e pensa de forma inovadora está atento a novas oportunidades de estender a mão e permitir que a graça de Deus flua através de sua vida para os outros. Procura formas de engajar pessoas e relacionar-se com elas no amor de Cristo. Essa é uma hospitalidade cheia do Espírito Santo.

O nosso objetivo é, por meio de qualquer dom que Deus nos tenha dado, sermos Seus instrumentos em nosso mundo. O Senhor confiou a você um dom para ser usado para os propósitos dele. Você usará bem esse dom para promover o reino de Deus? Se fizer isso, poderá esperar e ousar grandes coisas.

Senhor, ajuda-me hoje a aproveitar ao máximo quem
Tu me criaste para ser e o que me deste. Rendo tudo que sou
e tudo que posso fazer ao Teu plano e propósito para
a minha vida. Usa-me hoje para ser um encorajamento
para alguém. Amém.

DIA 4

Jesus lhes disse: "Vão ao mundo inteiro e anunciem as boas-novas a todos". —MARCOS 16:15

Certa vez, Billy Sunday disse: "Paremos de brincar com a religião e façamos algo para levar o mundo a Cristo". Isso é contundente. Também é uma linguagem suave para Billy Sunday. Como jogador de beisebol que se tornou evangelista, ele usava uma linguagem e um estilo de falar que, frequentemente, chocava os cristãos mais conservadores. Mas ele se conectava às pessoas. Ele entregou a mensagem de amor, graça e perdão de Deus a milhares de homens e mulheres na linguagem das ruas, que eles eram capazes de entender.

Estou convencido de que Deus deseja que usemos métodos inovadores para fazer brilhar a Sua luz em cada geração. Deus nunca muda. Seu evangelho nunca muda. Porém o mundo muda e a cultura muda, e nós precisamos nos adaptar e encontrar maneiras de participar da vida das pessoas e ser suficientemente contagiosos para que elas queiram o que nós temos. Um exemplo simples e óbvio é o uso da tecnologia. Você pode ter o dom de compor música, mas lançar música para o mundo gravada em fitas cassetes não alcançará mais público algum.

Billy Sunday pregou o evangelho há mais de cem anos, em uma época diferente, para um mundo diferente. Contudo, a mensagem de Jesus Cristo e o amor de Jesus que alcança as pessoas ainda são os mesmos. As pessoas ainda precisam da salvação em Cristo. Elas ainda precisam da nova vida que o Espírito pode lhes dar. Elas ainda precisam de perdão. Elas ainda precisam do relacionamento livre e aberto com o seu Criador. Nós precisamos usar todos os meios disponíveis para alcançar todas as pessoas possíveis.

Senhor, ajuda-me a ter uma atitude do tipo
"Faça o que for preciso" ao compartilhar o amor de Jesus
com as pessoas que Tu trazes à minha vida. Amém.

DIA 5

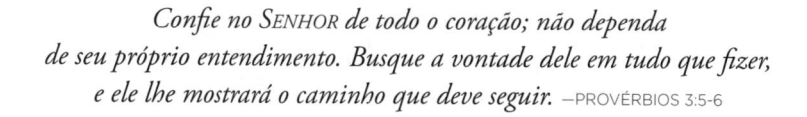

> *Confie no Senhor de todo o coração; não dependa de seu próprio entendimento. Busque a vontade dele em tudo que fizer, e ele lhe mostrará o caminho que deve seguir.* —PROVÉRBIOS 3:5-6

Inovação, ver novas maneiras de resolver problemas ou criar maior eficiência, é fundamental na liderança empresarial. Steve Jobs declarou: "A inovação distingue um líder de um seguidor". As pessoas que conseguirem pensar "fora da caixa" e apresentar novas ideias e abordagens singulares terão portas abertas para elas, terão oportunidades de crescimento e serão membros influentes e motivadores da equipe. Inovação é essencial.

Porém, ser inovador, seja nos negócios ou em apresentar Cristo ao mundo, também significa que estamos correndo um risco. Estamos nos arriscando em algo novo. Poderá não funcionar como esperávamos. Poderemos encontrar armadilhas inesperadas. Medo de fracasso ou de consequências inesperadas pode nos impedir de utilizar a nossa capacidade de inovação.

Estou convencido de que a capacidade de inovação é concedida por Deus. Então, como superar a cautela ou o medo que pode nos deter? A carta de 1 João nos diz que no amor não há medo. Eu sei que Deus direciona os nossos planos quando entregamos o nosso trabalho a Ele. Eu sei que estou em Suas mãos. Sei que o Seu Espírito está me guiando e se importa com todos os detalhes da minha vida. Eu sei que Deus me ama e que Seus planos para mim são bons. Eu *creio* no Senhor; por isso, posso descansar em todas essas promessas enquanto busco ideias inovadoras. Confiar em Suas promessas me liberta.

Senhor, que o medo de fracasso e do que os outros possam pensar de mim seja superado pelo meu compromisso de dar um passo de fé e fazer o que ninguém mais está fazendo para alcançar aqueles que ninguém mais está alcançando. Amém.

DIA 6

Em tudo que fizerem, trabalhem de bom ânimo, como se fosse para o Senhor, e não para os homens [...] o Senhor a quem servem é Cristo. —COLOSSENSES 3:23-24

Esta vida que estamos vivendo agora é um presente do Criador, que faz todas as coisas novas para nós. Essa nova vida nos foi dada com um propósito, de acordo com o Seu plano. Assim, *qualquer coisa que façamos*, lembre-se de que o fazemos como Seus servos.

Nós levamos o Seu nome. Somos Seus representantes. Se pregarmos um sermão amanhã, o faremos por Ele. Se emprestarmos o nosso cortador de grama a um vizinho, assim agiremos a serviço de Cristo. Se pintamos uma casa, o nosso trabalho é para Ele. Quando olhamos para os nossos dias sob essa luz, não há dúvida — em tudo que fizermos para o Senhor, nos esforçaremos por fazer o melhor que pudermos. Nós queremos honrá-lo e representá-lo bem.

Abordar a vida com um espírito inovador é um resultado natural de nosso desejo de fazer o melhor para o Senhor. Não apenas nos esforçamos para fazer o melhor que podemos, mas também buscamos maneiras de aperfeiçoar. Queremos trabalhar com excelência. E, comumente, a excelência é um empurrão para além do *status quo*. Nós não queremos simplesmente "deixar rolar" e nos contentar com o que quer que aconteça. Queremos ser criativos, crescer, aprender e desenvolver recursos — avançar com afinco, indo do melhor relativo ao melhor absoluto — porque estamos fazendo isso para o nosso Senhor.

Deus, tudo que eu faço hoje, faço para honrar e glorificar a ti e para abençoar e encorajar as pessoas ao meu redor. Tu me proporcionaste oportunidades ilimitadas por meio de meu trabalho, minha família, minha vizinhança e minha comunidade, para fazer diferença para ti. Quero aproveitar ao máximo tudo que Tu me deste em prol de tudo que é Teu. Amém.

DIA 7

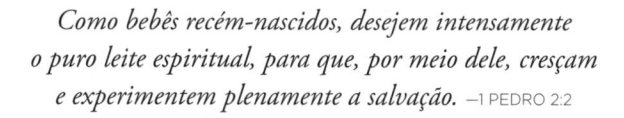

*Como bebês recém-nascidos, desejem intensamente
o puro leite espiritual, para que, por meio dele, cresçam
e experimentem plenamente a salvação.* —1 PEDRO 2:2

Barb e eu fomos abençoados com braçadas de netos. Tem sido uma alegria vê-los crescer, desenvolvendo seus próprios interesses e dons especiais, tornando-se o povo único que Deus os criou para serem. Esse é o crescimento e progressão natural que Deus iniciou também em nossa vida eterna. A salvação é mais do que ser salvo do inferno. Ela significa que nós temos uma vida totalmente nova e uma nova identidade. E devemos "crescer" nessa nova vida.

Em Efésios 4:11-16, Paulo escreveu acerca dos dons que Cristo concede à Igreja. O propósito desses dons é nos ajudar a crescer em nossa salvação, "até que todos [...] amadureçamos, chegando à completa medida da estatura de Cristo" (v.13). Amadurecer é algo esperado na caminhada cristã, mas a meta é surpreendente — o padrão pleno e completo de Cristo! É para lá que está indo essa obra que Deus começou em nós e na qual já está trabalhando.

Assim, o pensamento inovador se torna mais uma característica capacitada pelo Espírito Santo. Nós não inovamos apenas para mudar; inovamos para fazer algo melhor, com mais coerência e eficácia. À medida que nos tornarmos cada vez mais semelhantes a Cristo em tudo que fazemos, naturalmente pensaremos em maneiras de tornar a vida melhor — *todas as coisas* da vida.

Deus se alegra em nos ver crescer.

*Senhor, ajuda-me a crescer todos os dias e de todas
as maneiras, para me tornar mais semelhante a Jesus Cristo.
Ajuda-me hoje a fazer as coisas melhor do que ontem,
a te amar mais e a te conhecer melhor. Amém.*

NOTAS E ORAÇÕES

INTEGRIDADE

• SEMANA 25 •
DIA 1

A integridade do líder de uma organização é tão importante que toda a empresa pode ser arruinada por uma única decisão errada.
—Paul Weaver

> *Cria em mim, ó Deus,*
> *um coração puro; renova dentro de mim*
> *um espírito firme.* —SALMO 51:10

ntegridade não é a reputação que criamos para nós mesmos, e sim quem somos no âmago do nosso caráter. Deus nos conhece intimamente. Ele conhece os nossos pensamentos. Ele entende o que se passa em nosso coração. Salomão exorta: "Acima de todas as coisas, guarde seu coração, pois ele dirige o rumo de sua vida" (Provérbios 4:23).

Quando Satanás se rebelou contra Deus e se propôs a arruinar a criação, onde tudo era bom, atacou a própria essência da nossa humanidade. Nessa guerra contínua, ele planta no coração humano sementes de engano, fraqueza moral, hipocrisia e egoísmo.

O Deus que nos criou no princípio e, portanto, sabe tudo acerca de como agimos pode purificar o nosso coração dessas coisas. Ele pode criar em nós um novo coração, íntegro e puro, devotado a Ele — coração mais semelhante ao que Ele nos criou para ser.

Assim, ao pensarmos em integridade e sua importância para nossa vida, se o Espírito falar a você a respeito de coisas que estão crescendo em seu coração e que quebram e destroem a sua integridade, peça ao Senhor para criar em você um coração puro. Jesus já derrotou todos os poderes que tentam impedir você de viver com integridade. Ele pode criar em você um coração novo.

Senhor, mostra-me os pecados de meu coração,
lembra-me do Teu inabalável amor e do poder que somente Tu
tens para me purificar e renovar. Amém.

Orações sobre *Integridade* —**CHRIS KELTY**

DIA 2

Eu sei, meu Deus, que examinas nosso coração e te regozijas quando nele encontras integridade... —1 CRÔNICAS 29:17

Diz-se frequentemente que a integridade é testada e comprovada pelo que fazemos quando ninguém está olhando. Uma pessoa íntegra fará a coisa certa quando ninguém mais estiver testemunhando o que ela está fazendo. Mas quero lembrar a você que alguém está sempre observando. Alguém sabe quem somos sob todas as camadas de imagem e reputação que construímos.

Deus nos criou para nos relacionarmos com Ele e, independentemente de a pessoa o conhecer ou não, algum dia todos nós teremos de prestar contas ao Deus vivo. Ele é Aquele que vê tudo que fazemos. Ele vai até o âmago e vê tudo.

Eu não digo isso para colocá-lo em cativeiro. Em vez disso, isso lhe traz grande liberdade. Deus nos criou para glorificarmos a Ele. Quando buscamos Jesus como Senhor, Ele cria dentro de nós uma nova vida e um novo coração; o velho se foi, o novo chegou. Quando eu entendo que fui criado para glorificar o Senhor, isso me ajuda a expressar o fato de que desejo ser uma pessoa íntegra.

Em resumo, eu quero ser uma pessoa íntegra porque sei que presto contas a Deus. Meu propósito aqui na Terra é representá-lo bem. E somente a vida vivida com integridade fará isso.

Senhor, abre os meus olhos para o fato de que fui feito para glorificar a ti. Ajuda a minha vida a ser, em palavras e atos, um reflexo dessa verdade e, em última instância, um reflexo Teu e da Tua bondade. Amém.

DIA 3

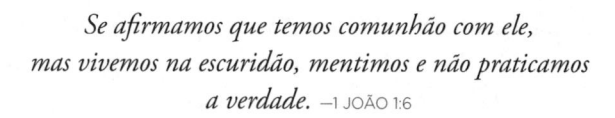

*Se afirmamos que temos comunhão com ele,
mas vivemos na escuridão, mentimos e não praticamos
a verdade.* —1 JOÃO 1:6

O que é integridade? Na nossa definição no programa *Lodestar* é isto: um compromisso consistente e intransigente com o que é certo. Você sabe o que é uma concessão; cada lado cede um pouco e dois pontos de vista ou interesses rendem o suficiente para que possam trabalhar juntos em direção a um único objetivo. Frequentemente, a concessão é muito necessária na vida. Uma das áreas mais importantes é o casamento. Todos vocês que são casados sabem que precisam aprender a fazer concessões para ser bem-sucedido de maneira tranquila e feliz. E todos, casados ou não, aprenderam que fazer concessões é uma maneira de trabalhar e viver juntos.

Porém, quando falamos em *certo* e *errado* e suas escolhas como líder (em outras palavras, estamos falando da sua integridade), é impossível fazer concessões.

Eu não estou dizendo que você nunca fará concessões. Em todos os tipos de projetos e planejamentos, você terá de ser flexível em suas preferências pessoais. Entretanto você não pode comprometer a sua integridade. Você não pode ceder quando se trata de uma decisão entre o certo e o errado.

Não podemos fazer concessões às trevas. A retidão não pode ceder um pouco aqui e um pouco ali e permitir às trevas se infiltrarem. A integridade precisa ser inflexível. Nós precisamos permanecer firmes, defender o nosso território, no tocante às coisas erradas.

Tiago exorta: "Resistam ao diabo, e ele fugirá de vocês" (4:7). Para o bem de sua integridade, absolutamente necessária em um líder, permaneça firme. Resista às trevas.

*Senhor Jesus, Tu vieste repleto de graça e verdade.
Ajuda-me a fazer o mesmo, a andar na luz e ser luz
em um mundo repleto de trevas. Amém.*

DIA 4

Mas o Conselheiro, o Espírito Santo, que o Pai enviará em meu nome, lhes ensinará todas as coisas e lhes fará lembrar tudo o que eu lhes disse. —JOÃO 14:26 NVI

Eu quero fazer o que é certo, ponto final. Lemos em Provérbios 11:3 que "a honestidade guia os justos". Isso é ser *consistente*, fazer da nossa fé um estilo de vida. Dia após dia, estamos comprometidos com o viver em consonância à verdade de Deus.

Como permanecemos consistentes, firmes no caminho da verdade e da retidão? Permanecendo em sintonia com o Espírito. Ele nos mantém no caminho certo. Ao contar aos Seus discípulos acerca do Espírito que viria habitar neles, Jesus disse que o Espírito os lembraria de tudo que Ele havia ensinado e os convenceria do pecado. Esse é o mesmo Espírito que agora habita no interior de todos os que pertencem a Jesus. Ele age para nos transformar, para nos tornar pessoas que refletem a glória do Senhor.

A integridade é construída por meio de centenas de pequenas escolhas todos os dias. Nós pensamos que uma única pequena decisão no decorrer do nosso dia pode não importar, pode ser insignificante. Porém toda escolha que fazemos importa. Toda pequena tentação que recusamos, toda vez que permanecemos firmes e negamos o egoísmo ou a hipocrisia em nossas escolhas ou atos, toda vez que rejeitamos fazer uma concessão contrária ao que é certo, o Espírito está em ação para fortalecer a nossa integridade.

A nossa integridade guia as nossas escolhas. E o Espírito é o guia da integridade. Siga o Espírito. Ele trará consistência à expressão da sua integridade.

Senhor, Tu prometeste o Teu Espírito, mas frequentemente tento confiar em mim mesmo. Ajuda-me a confiar em ti e no poder do Teu Espírito e não depender do meu próprio entendimento, sabendo que Tu endireitarás os meus caminhos. Amém.

DIA 5

O mais importante é que vocês vivam em sua comunidade de maneira digna das boas-novas de Cristo. —FILIPENSES 1:27

Quando a integridade dita o que você e eu fazemos e dizemos, não podemos ser comprados. As tentações não nos influenciarão. Faremos as escolhas certas. Permaneceremos firmes. A nossa integridade cuidará disso, visto que a integridade tem compromisso com o que é certo. Nós temos de ser compromissados. Não sei quem disse isso primeiro, mas há muita verdade nesta afirmação: "Se você não defender algo, se apaixonará por qualquer coisa".

Com o que você está compromissado? Todos nós temos muitos compromissos, mas qual é o seu compromisso supremo? Eu sou compromissado com representar Jesus, e representá-lo bem. Esse é o princípio orientador da minha vida. E eu tenho esse propósito porque agora faço parte do Seu reino. A minha lealdade suprema é para com o meu Rei.

Caro amigo, Deus o transportou do reino das trevas para o reino de Jesus Cristo. Nós somos cidadãos do Seu reino. Como cidadãos desse Reino, vivemos segundo o que Ele diz ser verdadeiro, segundo as Suas leis e com todos os Seus recursos à nossa disposição. Nosso passado, presente e futuro estão nas Suas mãos. Devemos prestar contas a Ele. Mais ainda, nós vivemos em gratidão e louvor ao nosso rei. Hoje, dedique um tempo a conversar com o seu Rei e renovar os seus votos de lealdade a Ele.

Senhor, Tu és um Rei sábio e gracioso. Tu não precisas que eu seja poderoso ou fascinante. Tu queres simplesmente que eu seja fiel e obediente. Que a minha oração definitiva seja que a Tua vontade, e não a minha, seja feita. Amém.

DIA 6

A própria essência de tuas palavras é verdade; todos os teus justos estatutos permanecerão para sempre. —SALMO 119:160

Agora chegamos à última sentença da nossa definição de integridade: *o que é certo*. Hoje em dia, os valores, a moral e até as crenças religiosas parecem arbitrários e transitórios. A clareza sobre o que é certo e o que é errado se tornou difusa, indistinta e, para alguns, até mesmo inexistente. Os limites entre o certo e o errado parecem oscilar, sempre mudando.

De que maneira mantemos um compromisso consistente e intransigente com o que é certo quando "o que é certo" é um alvo móvel?

O alvo não está se movendo. Ele é constante, imutável e permanecerá assim até a eternidade.

O nosso alvo não é a verdade terrena, e sim a verdade de Deus. A Palavra do nosso Deus permanece eternamente, muito depois de você e eu termos partido deste mundo, até mesmo depois que esta Terra não mais exista. O Salmo 111:8 diz que os preceitos de Deus "São verdadeiros para sempre; devem ser obedecidos com fidelidade e retidão". Para sempre.

Jesus disse que Ele é a Verdade e que o Seu Espírito nos levaria à eterna e imutável verdade de Deus. Conheça Jesus. Dedique tempo à Palavra de Deus. Peça a orientação do Espírito Santo. A Palavra de Deus e o Seu Espírito são os nossos guias para seguirmos a Sua verdade com fidelidade e integridade.

Senhor, a Tua Palavra é verdadeira e eterna.
Em um mundo repleto de circunstâncias em constante mudança,
permite que meu coração permaneça naquilo que nunca muda
— Tua verdade, Teu amor, Tua graça e Tua Palavra. Amém.

DIA 7

Aconselhamos, incentivamos e insistimos para que vivam de modo que Deus considere digno, pois ele os chamou para terem parte em seu reino e em sua glória. —1 TESSALONICENSES 2:12

E se houver coisas em seu passado que não foram atos de uma pessoa íntegra? E se "aquela coisa" lá atrás foi uma concessão às trevas? A primeira coisa a fazer é resolver o assunto com o Senhor. Peça o Seu perdão e regozije-se com a Sua misericórdia. O próximo passo é seguir o exemplo de Paulo: esquecer o que ficou para trás e avançar em direção a tudo que Deus tem para você à frente.

Você pensa que é incapaz de esquecer o que ficou para trás? Deus se esquece! Ele cancelou tal registro (Colossenses 2:14). Ele diz que o velho se foi e o novo chegou. Aquela coisa "lá atrás" se foi aos olhos de Deus.

Por isso, avance, olhando para tudo que Ele tem planejado para você. Como diz o nosso versículo de hoje, Deus chamou você para ter "parte em Seu Reino e em Sua glória". Durante toda a semana, estivemos refletindo acerca de viver como parte do Seu reino. Também compartilharemos da Sua glória. O Espírito está nos transformando, nos fazendo crescer à imagem e glória de Cristo. Ele terminará a tarefa e a levará à conclusão. Paulo diz que essa perfeição é a razão pela qual Cristo nos conquistou (Filipenses 3:12). E, à nossa frente, a herança e o prêmio estão nos aguardando.

Senhor, Tu me fizeste novo e prometeste que a boa obra que começaste será concluída no Teu perfeito tempo. Lembra-me dessa bela verdade e da herança que tenho somente por meio de ti. Deus seja louvado! Amém.

NOTAS E ORAÇÕES

ALEGRIA

• SEMANA 26 •
DIA 1

Alegria é um estado do coração e da alma. Acrescentar liderança alegre ao seu plano de negócios não tem custo, e dinheiro é um mau substituto da alegria. —Paul Weaver

> *Tu me deste alegria maior que a daqueles que têm fartas colheitas de cereais e vinho novo.* —SALMO 4:7

"A **alegria do Senhor é a minha força**" (Neemias 8:10). A alegria, que é uma dádiva de Deus, um fruto do Espírito, será a força que levará você ao longo de todos os quilômetros da sua jornada, por mais difícil ou fácil que esta seja. Ela será um refúgio para você, um refrigério, uma proteção. Ela revigora, cura e acalma.

Jesus disse que Ele dá uma paz que o mundo nunca poderá dar; assim também, Ele dá uma alegria que o mundo nunca poderá dar. Você não será capaz de produzi-la por si mesmo. Ela não é algo que você possa treinar para fazer ou uma meta que você possa atingir. A verdadeira alegria vem de uma única fonte — o Deus de toda esperança, alegria e paz.

"Que Deus, a fonte de esperança, os encha inteiramente de alegria e paz […] de modo que vocês transbordem de esperança, pelo poder do Espírito Santo" (Romanos 15:13). A vida não pode ser melhor do que isso!

Pai, Tu queres que o meu tanque de alegria esteja cheio.
Ela se tornou a característica definidora, a força da minha vida.
Com demasiada frequência eu me contento com menos.
Com demasiada frequência permito que as pressões do dia pesem
sobre mim. Com demasiada frequência não escolho a alegria.
Ajuda-me, Senhor, a ver as maravilhas que Tu colocaste
em minha vida, a proteção com a qual me cercaste,
o futuro que me deste. Senhor, ajuda-me a me concentrar
em ti e saber que a verdadeira alegria vem somente de ti. Amém.

Orações sobre *Alegria* **—DREW PRICE**

DIA 2

Então me alegrarei no Senhor, exultarei porque ele me salva. —SALMO 35:9

Deus o transportou do reino das trevas para o reino de Cristo. Ele o libertou da escravidão do pecado e do medo da morte. O Senhor o adotou como Seu filho, dando a você todos os direitos a uma herança de filho ou filha. Ele cancelou o registro da sua antiga vida e lhe deu uma nova vida, que durará eternamente. Você ainda está no mundo, mas já está vivendo essa vida eterna, e Deus está agindo para transformá-lo na pessoa que você foi criado para ser a fim de dar louvor e honra a Ele. O Senhor ama você ternamente e habita com você. Ele lhe deu a Sua Palavra para que você saiba quem Ele é, o que está planejando e o que promete fazer. Você pertence ao Rei que será vitorioso no fim e governará para sempre.

Se conseguir, tente imaginar a vida sem essa dádiva. Sem esperança. Sem Deus. Sem liberdade. Vida com culpa. Com morte. Com tristeza. Se tentamos imaginar a vida sem a salvação de Deus, começamos a perceber como essa grande dádiva transformou tudo que se refere à nossa vida. Gratidão inunda a nossa alma. Nós nos regozijamos porque Ele nos resgatou, nos deu esta vida e nos levou a esse lugar de grande privilégio, onde podemos viver com alegria e confiança (Romanos 5:2).

Querido Senhor, é na Tua salvação que grito de alegria!
Meus inimigos, meus problemas, meus medos desaparecem quando
considero a Tua salvação eterna. Em ti eu tenho vitória!
Em ti eu tenho força! Em ti meu futuro está seguro. Ó, quanta
alegria eu tenho por causa de ti. Como sou abençoado
por ser Teu filho! Amém.

DIA 3

Eu sou o bom pastor. Conheço minhas ovelhas, e elas me conhecem. —JOÃO 10:14

A nossa maior alegria é conhecer a Cristo e ser conhecido por Ele. A alegria de quem é cuidado pelo Grande Pastor não depende das circunstâncias. Não, sequer depende de tudo que o nosso Pastor provê, como no Salmo 23. A nossa alegria está em nosso relacionamento com o Senhor, um relacionamento que Jesus tornou possível por meio de uma vida de sofrimento e sacrifício, porque nos amou e *quis* que o conhecêssemos.

Você já experimentou isso em um nível terreno. Você sabe o que é sentir alegria em um relacionamento quando as pessoas se conhecem intimamente. Ainda que as circunstâncias possam ser difíceis ou que as situações não sejam felizes, há um conforto e um *pertencimento* em tal relacionamento. Aquela pessoa entende você. Você a conhece e ela conhece você. Há alegria em ter esse tipo de relacionamento.

Deus sabe tudo que se refere a mim: minhas lutas, meus tropeços, meus triunfos, meus gostos e aversões, minha tristeza, minhas decepções, minha história, minhas esperanças — tudo. Ele sabe e se importa com tudo isso, e abriu a porta para que eu o conheça. O Criador do Universo; aquele que mantém as estrelas e as marés no lugar; o Deus Todo-poderoso. Aquele que morreu para que eu pudesse ter a vida que Ele me criou para ter.

Alegria para o mundo, pois o Senhor veio a nós.

Querido Jesus, eu te agradeço por Teu toque pessoal em minha vida. É maravilhoso saber que Tu não és apenas o Deus do Universo, das estrelas, do céu e do mar profundo. Tu me conheces intimamente. Tu te importas comigo pessoalmente. Tu generosamente me concedes provisão. Isso é o que torna completa a minha alegria. Amém.

DIA 4

Tu me mostrarás o caminho da vida e me darás a alegria de tua presença e o prazer de viver contigo para sempre. —SALMO 16:11

O que Jesus ensinava era duro. Exigia transformação do coração e total compromisso. Aqueles que anteriormente buscavam com entusiasmo estavam começando a se afastar. Jesus perguntou aos discípulos: "Vocês também vão embora?" (João 6:67). Imediatamente, Pedro respondeu: "Para onde iríamos? Tu és o único que tem as palavras de vida" (v.68 parafraseado).

Ele nos dá a conhecer o caminho da vida. Jesus é muito explícito, muito claro acerca de como Ele deseja que nós vivamos. Depositar nossa esperança e confiança nele nos levará à vida. Posteriormente, Pedro escreveu em uma de suas cartas: "Embora nunca o tenham visto, vocês o amam [...] creem nele e se regozijam [...], pois estão alcançando [...] a sua salvação" (1 Pedro 1:8-9).

Nesse trajeto Jesus caminha conosco, sempre. Nós experimentamos a alegria de conhecê-lo e confiar nele com a nossa vida. O Dr. Elmer Towns declarou: "A alegria não vem do que acontece ao longo do caminho — o caminho geralmente é difícil —, e sim da presença do Senhor conosco".

Nesta vida, a recompensa e a alegria da liderança nem sempre vêm para quem compartilha a disciplina, dor e angústia dela. Um líder pode se esforçar sem ser valorizado, sem ser ajudado, lutando quase sozinho, empurrando as fronteiras para facilitar as coisas para alguém que virá. O brilho glorioso é que Cristo é o companheiro. Ele também percorre o caminho.

Senhor, eu te louvo pelo Teu sacrifício. E te peço que me lembres disso quando eu enfrentar dificuldades. Ensina-me a abandonar os meus desejos e substituí-los pelo Teu coração. Amém.

DIA 5

Alegrem-se em nossa esperança. Sejam pacientes nas dificuldades e não parem de orar. —ROMANOS 12:12

As pessoas mais agradáveis de se ter por perto são as repletas de alegria. Elas entram em uma sala e transformam a atmosfera. As pessoas mais difíceis de se ter por perto são as mal-humoradas e as deprimidas. Também elas transformam a atmosfera de uma sala!

Todos nós temos dificuldades na vida. Frustrações e decepções podem surgir diariamente. O que faz a diferença entre as pessoas que têm esperança e as que parecem ser incapazes de encontrar alegria ou esperança em qualquer circunstância?

Eu quero viver em conformidade com Romanos 12:12 — ser alegre na esperança, paciente na tribulação, orando sempre. A primeira frase — "alegrem-se em nossa esperança" — é fundamental para a alegria. Nós não sabemos o que Deus planejou para nós, mas eu continuo a confiar nele, pois sei que o Seu plano jamais falhará. Sei que posso confiar que o Senhor cumprirá as Suas promessas. Sei que o tempo dele é perfeito. Eu construo a minha vida com base nessa esperança e isso me dá alegria.

Billy Graham afirmou: "A alegria não depende das circunstâncias, e sim triunfa sobre as circunstâncias". A alegria não é resultado das circunstâncias; ela faz parte da nossa armadura enquanto atravessamos as circunstâncias. Nós ficamos felizes por saber que Deus está presente e é fiel à Sua Palavra. Nossa alegria não depende de situações exteriores, e sim da fidelidade do nosso Deus. Viver dessa maneira produz uma alegria que não pode ser derrotada ou roubada por coisa alguma que o diabo e seus demônios lancem sobre você.

Pai celestial, ajuda-me a depender do poder do Teu Espírito Santo para viver uma vida de alegria que transforma não somente a mim, mas também as pessoas ao meu redor. Amém.

DIA 6

Por fim, meus irmãos, alegrem-se no Senhor.
Nunca me canso de dizer-lhes estas coisas, e o faço
para protegê-los. —FILIPENSES 3:1

P**aulo escreveu aos filipenses:** "Alegrem-se sempre no Senhor. Repito: alegrem-se!" (Filipenses 4:4), e aos tessalonicenses: "Estejam sempre alegres" (1 Tessalonicenses 5:16). Sempre? Sim, esse apóstolo repetiu várias vezes, sempre!

Se isso for um mandamento, diz que nós fazemos parte do regozijo. A alegria é um dom do Espírito, mas nós desempenhamos um papel importante para manter a alegria viva em nossa vida. Nós sabemos que existem fatores que podem nos exaurir e fazer com que a nossa alegria se esgote. Falta de perdão, ciúme, inveja, estresse e nossos hábitos de pensamento são inimigos da alegria. Billy Sunday alega que, se não temos alegria, "há um vazamento em algum lugar [em nosso] cristianismo". Esteja alerta contra vazamentos!

A maior ameaça à nossa alegria é tirar o nosso foco de Jesus. Semelhantemente a Pedro, tentando andar sobre as águas, a nossa alegria vive enquanto estamos focados em nosso Senhor. E, quando o nosso olhar está constantemente sobre Ele, não temos como deixar de agradecer ao Senhor e louvá-lo por quem Ele é e pelo que Ele fez. Essa gratidão transforma a nossa vida.

A nossa alegria está no Senhor e é do Senhor; por isso, mantenha o seu olha nele, mantenha-se perto dele no caminho e continue sempre falando com Ele — e a alegria definirá a sua vida.

Querido Senhor, eu te agradeço pela reiteração de Tua Palavra.
Agradeço-te por pronunciá-la repetidas vezes. Agradeço-te pela Tua
repetição. As palavras que Tu dizes repetidamente fazem
a verdade adentrar em meu coração. Alegrem-se! Repito: alegrem-se!
Lembra-me diariamente de fixar o meu olhar em ti.
Alegre e alegre, eu adoro a ti. Amém.

DIA 7

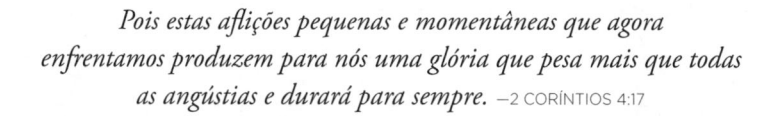

Pois estas aflições pequenas e momentâneas que agora enfrentamos produzem para nós uma glória que pesa mais que todas as angústias e durará para sempre. —2 CORÍNTIOS 4:17

Quando eu estava na faculdade, visitei um empresário muito bem-sucedido que estava morrendo de câncer. Eu perguntei a ele: "Como você está hoje?". Sua resposta falou à minha vida e nunca me esqueci dela. Ele disse: "Nunca estive tão doente, mas meu coração está cheio de alegria". Que testemunho!

Até mesmo a morte perde o seu poder quando estamos alegres em nossa esperança. Eu acredito que os cristãos morrem bem. Não temos de temer a morte. Jesus nos libertou desse medo e destruiu o seu poder. Estou gostando de viver, mas realmente acredito que, quando a minha hora chegar, Deus me dará uma grande alegria. Eu não tenho de temer a morte. Eu confio no Senhor.

Provérbios 17:22 diz que "O coração alegre é um bom remédio". A alegria no Senhor e do Senhor é um bom remédio para toda a vida.

Pai celestial, enquanto o mundo foca a morte, Tu concedes vida. Enquanto o mundo se preocupa com o futuro, Tu controlas o resultado. Enquanto o mundo se preocupa com o dia de hoje, Tu és o mesmo ontem, hoje e para sempre. Sou eternamente grato por poder contar contigo, Senhor, e não com o mundo. Sou humilhado por Tua graça e Teu perdão quando sou enganado pelo mundo. Eu te louvo por teres vencido o mundo. Tua vitória é a minha alegria. Tua misericórdia é a minha alegria. Tua bondade é a minha alegria. Tua justiça é a minha alegria. Tua santidade é a minha alegria. Tua fidelidade é a minha alegria. Tua benignidade é a minha alegria. Amém.

NOTAS E ORAÇÕES

BONDADE

• SEMANA 27 •
DIA 1

As pessoas prosperam sob uma liderança bondosa e se afastam de líderes rudes.
—Paul Weaver

Ele é tão rico em graça que comprou nossa liberdade com o sangue de seu Filho e perdoou nossos pecados. —EFÉSIOS 1:7

"**Eu amei você com amor eterno**, com amor leal a atraí para mim" (Jeremias 31:3). Essa passagem me cativa, pois é assim que Deus nos ama. Nada há que eu possa fazer para impedir que Deus me ame. Sua bondade, compaixão e paciência comigo são surpreendentes. A bondade abre portas para o coração e a mente das pessoas, em todas as línguas e culturas. A bondade é uma linguagem que atravessa todas as barreiras.

A maior barreira era o pecado entre mim e Deus. A bondade de Deus a traspassou e a destruiu. Eu não consigo pensar em outro ato de maior bondade do que Jesus tomando o meu fardo de pecados e levando-o sobre si e, depois, lançando-o fora.

Eu recebo diariamente muitas bondades de Deus. Você também, caro amigo. As misericórdias e a bondade de Deus se renovam todas as manhãs e nos seguirão todos os dias da nossa vida. Oro para que você e eu possamos demonstrar aos outros Sua bondade, compaixão e paciência como Ele as têm manifestado a nós.

Pai celestial, eu te agradeço pelo definitivo ato de bondade que Tu demonstraste ao entregar o Teu Filho Jesus Cristo para morrer na cruz por meus pecados. Peço que Tu abras meu coração e minha mente para me ajudar a compreender verdadeiramente quão grande é a Tua bondade, para que eu possa, por minha vez, demonstrá-la aos que estão ao meu redor. Ajuda-me a ser um embaixador da bondade para todos que eu encontrar. Em nome de Jesus, amém.

Orações sobre *Bondade* —**JESSICA TAYLOR**

DIA 2

> *Mas o Espírito produz este fruto:*
> *amor, alegria, paz, paciência, amabilidade, bondade,*
> *fidelidade...* —GÁLATAS 5:22

Já vimos **Colossenses 3:12** várias vezes em abordagens anteriores. Esse é o versículo que nos informa as "roupas" que devemos vestir para estar devidamente trajados como povo escolhido de Deus. Juntamente com compaixão, paciência e empatia, também devemos acrescentar bondade e amabilidade. Só Deus pode nos vestir com essas roupas. Somente o Seu Espírito agindo em nós pode produzir em nossa vida a mesma bondade e amabilidade para com os outros que Deus demonstrou para conosco.

Colossenses 3:10 também fala sobre nos revestirmos da nossa nova natureza, criada para ser à imagem de Deus. A nossa velha natureza é muito mais inclinada a ser amável somente com quem é amável conosco, ou com quem nós achamos que poderia nos beneficiar de alguma forma, ou a tentar ser bondosos por achar que poderemos ser recompensados. A velha natureza considera algumas pessoas insignificantes e é indiferente às necessidades delas, ou é cínica ou crítica e julgadora.

A verdadeira bondade só pode fluir de nós como fruto do Espírito. O Espírito Santo desenvolve em nosso interior uma nova natureza, trazendo seus frutos ao nosso coração e à nossa mente. O Espírito de Cristo nos transforma renovando a nossa mente. Seu Espírito faz da vida de Jesus a nossa vida. Esse é o poder milagroso do Espírito que habita em nosso interior.

Querido Senhor, impede-me de me inclinar para a minha
própria forma de bondade, que traz egoísmo e cinismo. Abre meu coração
para que eu possa ser receptivo ao Teu poder transformador.
Por meio do Teu Espírito, age em minha vida para que a bondade que
eu produzir seja piedosa e glorifique a ti. Em nome de Jesus, amém.

DIA 3

Portanto, irmãos, vocês não têm de fazer o que sua natureza humana lhes pede. —ROMANOS 8:12

Este é um mundo decaído — egoísta, egocêntrico, de coração duro e obstinado. E, encaremos o fato, essa é também uma descrição da nossa velha natureza. Estar focados em nós mesmos e em nossas próprias necessidades e desejos é o maior inimigo da bondade para com os outros. Basicamente, nós nos preocuparemos somente conosco mesmos enquanto o Espírito não entrar e fizer Sua morada em nós.

Gálatas 5:17 afirma que, ainda assim, a natureza humana se levanta e luta contra o que o Espírito está fazendo para nos transformar. Porém, quando entregamos o controle ao Espírito de Cristo, Ele destrói o poder do que é antigo em nós. Além de produzir frutos piedosos em nossa vida, Ele quebra as correntes da nossa velha natureza egoísta. Não somos mais "obrigados" a obedecer aos antigos desejos. Somos livres para permitir que o amor, a paciência, a misericórdia e a bondade de Cristo fluam para os outros por nosso intermédio.

Onde você encontra a velha natureza humana se levantando e sufocando a bondade para com os outros? Você sabe que em seu interior há atitudes escondidas que não são cristãs, mas você apenas dá de ombros e diz: "Essa é apenas a natureza humana"? Cristo pode romper o poder de tal atitude ou de certos hábitos. Peça a Ele para remover as cadeias da velha natureza e, então, trazer a bondade dele para dentro do seu coração.

Senhor, esclarece a minha mente quanto às coisas pecaminosas das quais eu posso não estar consciente. Aja em mim hoje para romper as cadeias, e até mesmo os pensamentos tentadores, da minha escravidão pecaminosa. Cria em mim um desejo de ser mais semelhante a ti e ajuda-me a manter meus olhos e meus pensamentos em tudo que é piedoso. Em Teu nome, amém.

DIA 4

> *Sejam bondosos e tenham compaixão uns dos outros...*
> —EFÉSIOS 4:32

Bondade é algo do coração. Bondade é estender a mão para ajudar e edificar uns aos outros. Ela pode ser algo tão extenso quanto mentorear alguém ou tão simples quanto oferecer um copo de água fresca. Temos dezenas de maneiras de demonstrar bondade todos os dias. Pense em como um copo de água fresca em um dia quente pode reanimá-lo. Quais copos de água temos para oferecer? Um sorriso em um dia agitado? Uma ou duas palavras de encorajamento? Simplesmente perceber que alguém está tendo problemas com a copiadora e ajudá-lo? Essas pequenas coisas não são tão pequenas — elas podem transformar o dia de uma pessoa. Uma ou duas palavras podem ter um enorme impacto; a Bíblia adverte que a língua tem poder de vida e de morte, e pode ser a nossa parte mais difícil de treinar para a bondade.

Grande ou pequeno, todo ato ou palavra de gentileza diz a alguém que ele é valioso e que nos importamos com ele. Como líderes, nossa responsabilidade é criar a atmosfera da nossa organização; nós queremos ser modelos da bondade que se estende para ajudar cada pessoa a tornar-se mais semelhante ao que Deus a criou para ser. Quer estejamos ou não em posição de liderança, nosso objetivo é agir como representantes de Cristo, ajudando e incentivando sinceramente, pois nos importamos com as pessoas.

Pai precioso, usa-me hoje! Por meio do Teu Espírito, guia-me até aqueles que precisam de um ato de bondade, tanto grande quanto pequeno. Lembra-me de que a bondade para com os outros não é uma questão de reconhecimento para mim mesmo, e sim uma oportunidade de representar-te bem. Em nome de Jesus, amém.

DIA 5

> *Cuidem que ninguém retribua o mal com o mal,*
> *mas procurem sempre fazer o bem uns aos outros e a todos.*
> —1 TESSALONICENSES 5:15

B**ondade é algo do coração, mas também é uma coisa da cabeça.** Todos os dias, de muitas maneiras, somos confrontados com esta escolha: agimos em interesse próprio ou no interesse dos outros? Certo dia, eu estava voltando do escritório para casa e, ao chegar ao ponto em que a rodovia se estreita de duas faixas para uma, verifiquei o espelho retrovisor. Havia um carro bastante afastado, então passei para a faixa única. De repente, aquele carro estava quase encostado na minha traseira e o motorista, buzinando e gesticulando de maneira raivosa e obscena.

Em um semáforo, ele parou ao meu lado. Eu abaixei a minha janela e ele, a dele. Eu disse: "Senhor, me desculpe. Não tenho certeza do que eu fiz, mas você pode me perdoar?". Isso tirou o ímpeto da sua raiva. Minha atitude em relação a ele foi tão inesperada que ele não soube como reagir.

Naquele dia eu tive uma escolha. Poderia ter devolvido a ele na mesma moeda. Porém acredito que, como seguidores de Cristo, não temos opção. A nossa escolha deve ser sempre a bondade.

Senhor, instila bondade em mim, tanto em meu coração quanto
em minha mente. Ajuda-me a tomar a decisão correta ao enfrentar uma
escolha entre o meu antigo eu pecaminoso e o meu novo eu piedoso.
E, quando eu falhar, ajuda-me a ser rápido em pedir perdão, tanto
àqueles a quem ofendi quanto a ti. Em nome de Jesus, amém.

STEVE WINGFIELD

DIA 6

Quem faz o bem beneficia a si mesmo;
quem pratica o mal só se prejudica.

—PROVÉRBIOS 11:17

O livro de Provérbios é repleto de conselhos práticos para a vida. Nós precisamos visitar essas páginas com frequência. A Bíblia King James 1611 traz o versículo de hoje da seguinte forma: "O homem misericordioso faz o bem para a própria alma...". Deus deseja que o Seu povo seja revestido de bondade para com os outros, mas também planejou que ser bondoso seja bom também para *nós* — mental, emocional, espiritual e até mesmo fisicamente. Nós sabemos que a amargura e a ira nos prejudicam fisicamente. Essas emoções nos mantêm em cativeiro. O homem que ficou perturbado comigo no trânsito poderia ter passado a noite furioso, com a ira o corroendo. Espero ter neutralizado isso. Porém a raiva dele não me controlou.

Na maioria das vezes, quando faço um ato de bondade, o abençoado sou eu. Sim, posso ter escolhido abençoar outra pessoa com bondade, mas também me beneficio. Provavelmente, você já experimentou a mesma situação. Faz bem à minha alma ser bondoso, e meu corpo até sofre alterações bioquímicas que simplesmente fazem com que eu me sinta bem.

Penso que isso é o Senhor cuidando de nós. À medida que o Espírito nos molda e nós praticamos a bondade, descobrimos que ela faz bem *a nós* em todos os sentidos.

Pai, eu te agradeço por quereres o melhor de ti para mim.
Cria em mim um coração que transpire bondade para as pessoas
ao meu redor, independentemente do comportamento
ou atitude delas para comigo. Lembra-me de que as pessoas
ao meu redor estão observando a minha vida e seguindo
o meu exemplo quando eu professo pertencer a Cristo.
Em nome de Jesus, amém.

DIA 7

Não retribuam mal por mal, nem insulto com insulto. Ao contrário, retribuam com uma bênção. Foi para isso que vocês foram chamados, e a bênção lhes será concedida. —1 PEDRO 3:9

Jesus foi muito explícito em Suas instruções para nós. Ele disse que, quando demonstramos amor — até mesmo por nossos inimigos — e oramos por quem nos faz mal, agimos como verdadeiros filhos do nosso Pai celestial, pois Ele envia coisas boas até mesmo para os *Seus* inimigos (Mateus 5:44-45). A Regra de Ouro *não* orienta: "Faça aos outros o que eles fazem a você". Não, nós não devemos *retribuir* o mal. Devemos ser os iniciadores da bondade. Deus o foi. Sua bondade nos alcançou antes mesmo de desejarmos um relacionamento com Ele. Isso me soa como ação. Sabe aquela pessoa em quem você tem pensado a semana toda? Que tipo de ato ou palavra você poderia oferecer a ela? Eu o desafio a pensar em algo que você possa fazer a fim de demonstrar bondade para com ela na próxima vez em que vocês se encontrarem. Nós devemos, de algum modo, abençoar ativamente as pessoas difíceis. Cristo *morreu* por pessoas que o odiaram e o rejeitaram. Podemos nós, Seus discípulos, orar e ser bondosos para com alguém que nos tratou mal? Isso é o que Ele nos chama a fazer. Seremos abençoados ao fazermos isso.

Deus, embora eu saiba que essa é uma ordenança difícil de seguir, oro para que pelo Teu Espírito eu seja capaz de abençoar os que me feriram. Ajuda-me a liberar os sentimentos de ira e amargura que tenho e substitui-los por intenções bondosas e pensamentos de oração pelo bem deles. Eu quero ser mais semelhante a Cristo, pois Ele abençoou as pessoas que o perseguiram. Amém.

NOTAS E ORAÇÕES

SIMPATIA

• SEMANA 28 •
DIA 1

Escreva sua honraria hoje, depois viva a vida em conformidade com ela. Dê risadas com frequência, divirta-se, não se leve muito a sério. —Paul Weaver

> *Quem afirma que permanece nele deve viver como ele viveu.* —1 JOÃO 2:6

Paixão é o que torna a nossa jornada agradável. Ter uma emoção convincente e um compromisso com algo é o que traz empolgação à vida. Os evangelhos não nos dizem muito sobre Jesus quando menino ou jovem. Porém, é dito que Ele crescia "no favor de Deus e das pessoas" (Lucas 2:52). Quando adulto, Ele foi um grande contador de histórias e levou uma mensagem de esperança a pessoas que haviam aguardado muito tempo pelo Messias; penso que Sua simpatia pessoal aumentou o fascínio que atraía as multidões. Como diz um antigo ditado, atraímos "mais moscas com mel do que com vinagre".

Nós estamos aqui para representar bem a Cristo. Eu quero estudar o exemplo dado por Ele e demonstrá-lo ao longo da minha vida. O escritor de Hebreus nos encoraja a correr a nossa carreira mantendo "o olhar firme em Jesus, o líder e aperfeiçoador de nossa fé" (12:2), nosso "campeão", como diz certa tradução. Por isso, esta semana, enquanto pensamos sobre nossos relacionamentos com outras pessoas e essa característica da simpatia, mantenhamos o nosso olhar em nosso Campeão, Jesus, e peçamos a Ele que nos ensine com o Seu exemplo.

Querido Senhor, eu quero ser simpático. Dá-me paixão
por conhecer-te mais. Eu quero que o modelo da minha vida seja
a vida de Cristo. Ajuda-me a viver da maneira como
Jesus viveu e a usar a minha vida para a Tua glória.
Em nome de Jesus, amém.

Orações sobre *Simpatia* —**REID SANDERS**

DIA 2

*Vocês podem mostrar às pessoas como é admirável
aquele que os chamou das trevas para sua maravilhosa luz.*

—1 PEDRO 2:9

Uma das primeiras coisas que precisamos nos perguntar é por que desejamos a característica de simpatia. Do mundo ouvimos coisas como: "Ser simpático o ajudará a avançar em sua carreira", "Vale a pena conhecer as pessoas certas" ou "Faça muito networking". O mundo rastreia "curtidas", "seguidores" e "amigos" nas redes sociais.

Se o nosso único desejo é popularidade, estamos em terreno perigoso. A aprovação mundana é inconstante e passageira. Mais sério ainda — Tiago escreveu que, se queremos ser amigos do mundo, estamos nos colocando como inimigos de Deus. Não podemos servir ao aplauso dos homens e ao Senhor Jesus Cristo, mas a simpatia em um discípulo de Cristo pode ser uma ferramenta usada por Deus.

Jesus alcançava e atraía pessoas, mas não dependia da popularidade para entregar a Sua mensagem. Ele tocou corações para que recebessem as boas-novas da graça de Deus e do reino do Céu. Ele nos tornou parceiros em Sua obra e Seu propósito. Eu quero ter certa atratividade, acessibilidade, "algo contagioso" que as pessoas percebam. Quero que elas vejam que a mensagem do evangelho de Jesus faz diferença em minha vida. Se eu for um sujeito simpático, é muito mais provável que as pessoas ouçam o que tenho a dizer quando aproveito todas as oportunidades para direcionar o olhar delas para Deus e Sua graça.

*Querido Senhor, eu quero ser Teu parceiro em Tua obra e
Teu propósito. Ajuda minha vida a ser atraente e contagiante para ti. Eu
quero que as pessoas te vejam em mim. Em nome de Jesus, amém.*

DIA 3

*Porque Deus os chamou para fazerem o bem,
mesmo que isso resulte em sofrimento, pois Cristo sofreu por vocês.
Ele é seu exemplo; sigam seus passos.* —1 PEDRO 2:21

Jesus amava as pessoas. Seu amor pelos outros resistiu ao ser acusado injustamente, espancado e pregado em uma cruz. Mesmo assim, enquanto respirava com dificuldade em meio à dor, Ele orou pelos responsáveis por aquela crueldade. O amor de Cristo colocava os outros em primeiro lugar. O amor de Cristo *sofria*.

Atualmente, a nossa cultura é de cuidar de *mim* primeiro. No entanto nós não fazemos mais parte deste mundo e, agora, o nosso exemplo é Cristo. Segui-lo significa que pensaremos nos outros primeiro. Frequentemente, isso não exigirá sofrer tanto quanto Cristo, mas exigirá desistir dos nossos próprios interesses, sair da nossa zona de conforto ou pedir a ajuda do Espírito para resolver os nossos sentimentos para que possamos ser pacientes, bondosos, não irritáveis, perdoadores e todas as outras marcas distintivas do *amor ágape*. O nosso Senhor nos mostrou como fazer isso. Seu Espírito vive em nós e é um espírito de amor. Que possamos acompanhar os Seus passos e continuar aprendendo a amar como Ele amou.

*Querido Senhor, ajuda-me a pensar nos outros antes de mim.
Ajuda-me a caminhar em sintonia contigo e ensina-me a amar
como Tu amaste. Em nome de Jesus, amém.*

DIA 4

*O Senhor não vê as coisas como o ser humano as vê.
As pessoas julgam pela aparência exterior, mas o Senhor
olha para o coração.* —1 SAMUEL 16:7

Ao longo dos anos, conheci muitas pessoas maravilhosas. Algumas delas eram muito poderosas; outras, apenas pessoas comuns, como você e eu. Aprendi que, independentemente de quem sejam, as pessoas simpáticas têm a capacidade de me fazer sentir como se eu fosse a pessoa mais importante que elas já conheceram.

Imagine que você seja Zaqueu. Um homem de baixa estatura que costuma ser empurrado pela multidão. Então, certo dia você sobe em uma árvore para ver melhor tudo que está acontecendo. Como você se sentiria quando, de repente, Jesus — com quem todos estão esperando ter alguns momentos — parasse, visse você e se convidasse para jantar em sua casa?

Ou imagine que você seja uma criança quase sempre ignorada pelos adultos, mas notada por Jesus, tomada por Seus braços fortes e colocada em Seu colo para alguns doces momentos de alegria? Você consegue colocar-se no lugar de Nicodemos? Nervoso pela possibilidade de ser pego conversando com o homem que está abalando a comunidade religiosa estabelecida, você sai na escuridão da noite e, possivelmente, o tira da cama para falar com Ele.

Jesus atraía multidões, mas tenho certeza de que, em Seus encontros face a face, Ele fazia cada pessoa sentir-se a mais importante do mundo. Ele olhava além de tudo que era exterior e via as lutas, as necessidades e os sonhos de cada coração.

*Querido Senhor, dá-me Teus olhos para ver o coração
dos outros. Na correria da vida, ajuda-me a dedicar tempo aos outros,
exatamente como Tu fizeste. Em nome de Jesus, amém.*

DIA 5

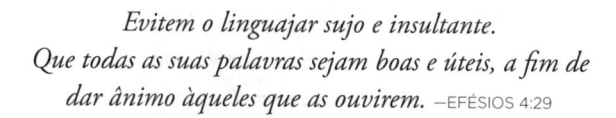

> *Evitem o linguajar sujo e insultante.*
> *Que todas as suas palavras sejam boas e úteis, a fim de*
> *dar ânimo àqueles que as ouvirem.* —EFÉSIOS 4:29

As pessoas considerarem, ou não, você simpático tem muito a ver com a maneira como elas são capazes, ou não, de interagir com você. Uma maneira muito importante de interagirmos com os outros é por meio da nossa fala. Estejamos atentos ao que está saindo da nossa boca. Uma atitude de julgamento e crítica diminui rapidamente a simpatia de uma pessoa. Pessoas positivas, otimistas, esperançosas, encorajadoras e graciosas são muito mais atraentes e acessíveis.

Jesus não era influenciado por status ou poder. Ele não demonstrava favoritismo. Em vez de julgar, Ele enxergava as pessoas como elas poderiam ser. Ao chamar os Seus primeiros discípulos e declarar que eles seriam "pescadores de gente" (Mateus 4:19), eles não tinham como imaginar o que o Senhor queria dizer com isso. Ele disse à mulher apanhada em adultério para ir embora e não pecar mais. Suas palavras não a condenaram, e sim disseram que ainda havia esperança para a vida dela. Ele convidou Mateus, um dos desprezados cobradores de impostos, a fazer parte do Seu círculo íntimo.

Jesus trazia esperança às pessoas. Ele ia a elas com empatia, compaixão e otimismo. A Sua mensagem era de boas-novas.

Nós não devemos julgar os outros. O julgamento pertence somente a Cristo, quando Ele voltar à Terra. O nosso Senhor nos deu encorajamento eterno e boa esperança. Nós devemos deixá-lo fluir para os outros através de nós enquanto ministramos perdão, compaixão e esperança à vida de outros.

Senhor Jesus, guarda a minha língua. Que o que sair da minha boca edifique os outros, não os destrua. Eu quero ministrar vida, perdão, compaixão e esperança à vida das pessoas. Em nome de Jesus, amém.

DIA 6

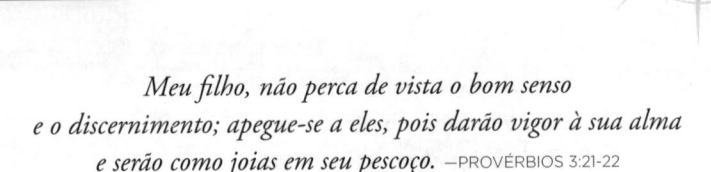

*Meu filho, não perca de vista o bom senso
e o discernimento; apegue-se a eles, pois darão vigor à sua alma
e serão como joias em seu pescoço.* —PROVÉRBIOS 3:21-22

A **bondade de Jesus** andava de mãos dadas com busca de justiça, devoção à verdade e retidão. Simpatia não é apenas demonstrar bondade para com as necessidades das outras pessoas. É também ser honesto e verdadeiro. Eu quero ser conhecido por bondade e verdade. Também quero esses ornamentos enfeitando o meu pescoço. Mesmo quando eu tiver de dizer algo difícil por ser a verdade, quero ser capaz de dizê-lo de uma maneira que toque o coração.

Paulo escreveu ao jovem pastor Timóteo: "O servo do Senhor não deve viver brigando, mas ser amável com todos, apto a ensinar e paciente. Instrua com mansidão aqueles que se opõem, na esperança de que Deus os leve ao arrependimento e, assim, conheçam a verdade" (2 Timóteo 2:24-25).

Nosso exemplo, Jesus, teve palavras duras para os fariseus. Eles simplesmente não quiseram ouvir. Porém, para quem buscava a verdade, Ele era bondoso, mesmo quando a verdade que Ele falava era dura. O Senhor foi gracioso para com Nicodemos, embora firme: "Eu lhe digo a verdade: quem não nascer de novo, não verá o reino de Deus" (João 3:3).

Peça ao Espírito para ensiná-lo a revestir-se de verdade e de amor.

Pai celestial, eu quero ser conhecido por bondade e verdade. Ajuda-me a falar a verdade em amor para Tua glória. Ensina-me a revestir-me de verdade e de amor. Eu te amo, Jesus. Em Teu nome eu oro, amém.

DIA 7

*Pois o reino de Deus não diz respeito ao que comemos
ou bebemos, mas a uma vida de justiça, paz e alegria no Espírito Santo.
Se servirem a Cristo com essa atitude, agradarão a Deus
e também receberão a aprovação das pessoas.* —ROMANOS 14:17-18

A **Bíblia tem muitas instruções para nos relacionarmos com as outras pessoas** — tanto as cristãs quanto as que não compartilham a nossa fé. O Espírito de Cristo nos ensina e nos molda diariamente enquanto nos esforçamos para seguir os exemplos que Ele nos deu. Façamos uma breve revisão.

O nosso maior chamado é direcionar o olhar das pessoas para Cristo, mas, se elas não gostarem do que virem em Seus representantes, como desejarão saber mais sobre Ele? Paulo escreveu aos filipenses que os discípulos de Cristo deveriam brilhar "como luzes resplandecentes num mundo" tenebroso e tortuoso (Filipenses 2:15).

Nós queremos ter como modelo para a nossa vida o exemplo de Jesus. Em suas interações com as pessoas, nós o vemos vivendo e morrendo pelos outros. Ele olhava mais profundamente, para além da superfície, e se conectava ao coração das pessoas. Ministrava esperança, encorajamento e graça em vez de ser crítico e julgar. Jesus ministrava verdade.

Você percebeu que as características que nos tornam simpáticos são fruto do Espírito? Se vivermos absorvendo nossa vida da videira, vivendo na Sua presença e por ela, esse fruto crescerá em nosso caráter. Então, brilharemos como luzes cintilantes em um mundo tenebroso e representaremos bem a Jesus.

*Pai de amor, ajuda-me a ser simpático para que
os outros possam ser atraídos a ti. Eu quero que a minha vida
seja um espelho que reflita Teu amor, graça, perdão
e esperança para os outros. Senhor, ajuda-me a ter como modelo
para a minha vida o exemplo de Jesus, expressando o fruto
do Espírito. Em nome de Jesus, amém.*

NOTAS E ORAÇÕES

LEALDADE

• SEMANA 29 •
DIA 1

Não podemos esperar receber lealdade de pessoas que lideramos se não somos leais a elas.
—Paul Weaver

> *Não permita que a bondade e a lealdade o abandonem; prenda-as ao redor do pescoço e escreva-as no fundo do coração. Então você conseguirá favor e boa reputação, diante de Deus e das pessoas.* —PROVÉRBIOS 3:3-4

Uma das coisas que quero em meu funeral são 12 amigos que assistirão o culto fúnebre sem olhar para o relógio, amigos que sei que me cercarão de apoio fiel enquanto eu viver, compromissados comigo, que investem em mim, me dizem a verdade e não me abandonam — mesmo quando erro. Isso é lealdade.

Eu quero pessoas leais em minha vida. Porém, para isso acontecer, tenho que depositar valores no banco da amizade. Nós mesmos temos de ser leais. Para ter um amigo, você tem de ser amigo. É uma medalha de honra. Eu sou compromissado com os meus amigos. Sou leal às pessoas ao meu redor e quero que elas saibam disso. Tento expressar essa lealdade de todas as maneiras que consigo. Não podemos apenas afirmar que somos leais: precisamos demonstrar a nossa lealdade.

Invista no banco da amizade. Expresse lealdade como estilo de vida.

Senhor, a Tua palavra diz que, para ter amigos, eu devo ser amigo (Provérbios 18:24). *Ajuda-me a apoiar aqueles que Tu colocaste em minha vida. Que eu seja abençoado com amizades vitalícias. Amém.*

Orações sobre *Lealdade* **—TIM MCAVOY**

DIA 2

> *O teu amor dura para sempre, e a tua fidelidade permanece firme como os céus.* —SALMO 89:2

Jesus disse que estaria comigo até o fim — depois, o livro de Apocalipse promete que o meu Pastor continuará a guiar-me *eternamente*. Estou vivendo com base nessa promessa de Sua constância. Todas as manhãs, levanto-me e sei que as misericórdias do Senhor começaram a fluir, antes mesmo de eu sair pela porta de casa. O Seu amor dura eternamente. Cativa o meu coração saber que Ele está do meu lado e permanecerá comigo, mesmo quando eu errar. Esse é o Deus fiel que Ele é. Ele é compromissado em revelar-nos a verdade acerca de nós mesmos e da nossa vida, em trabalhar para o nosso bem, em abençoar-nos abundantemente, compromissado com nosso crescimento e maturidade. Ele é compromissado em nos fortalecer, nos proteger contra o maligno e nos manter a salvo sob os cuidados do Pastor. Todas essas são promessas que o Senhor nos fez. Nós podemos confiar nele e em Suas promessas, pois o nosso Deus é confiável e fiel. Isso é o que nos traz esperança.

Em vários lugares do Antigo Testamento, encontramos profecias com estas palavras: "O zelo do SENHOR dos Exércitos fará que isso aconteça!" (2 Reis 19:31). O Senhor é apaixonadamente comprometido com o Seu povo. Não existe um modelo mais verdadeiro de lealdade. Como Seus filhos, que devem exibir o Seu caráter, peçamos a Ele que fortaleça a nossa própria lealdade.

Ó Deus, quando nós somos infiéis, Tu permaneces fiel (2 Timóteo 2:13). *Quando eu me sentir desanimado, ajuda-me a lembrar-me de todas as vezes em que Tu me ajudaste. Que eu jamais me esqueça das Tuas misericórdias, que se renovam todos os dias. Amém.*

DIA 3

O amigo é sempre leal, e um irmão nasce na hora da dificuldade. —PROVÉRBIOS 17:17

Um pastor, amigo meu íntimo, tomou o caminho errado. Ele perdeu suas credenciais e sua ordenação foi cancelada. Eu não poderia ignorar ou tolerar o pecado em sua vida, mas queria que ele soubesse que eu o amava e estava orando por ele e ainda o ajudaria. Quando liguei para lhe dizer isso, ele disse: "Sabe, você foi a única pessoa que telefonou".

Com muita frequência, amigos abandonam o barco quando as pessoas passam por momentos difíceis na vida. As pessoas se distanciam quando os relacionamentos ficam difíceis. Eu quero ser um amigo confiável. Eu quero ser presente. Como seguidor de Cristo, não tenho opção. Não posso abandonar alguém que está naufragando. "O amor nunca desiste, nunca perde a fé, sempre tem esperança e sempre se mantém firme" (1 Coríntios 13:7). Isso é fidelidade. Isso é lealdade.

Nossa lealdade significa que somos *compromissados*. Essa é a parte consistente da nossa definição de lealdade. Pessoas leais estão presentes nos bons e nos maus momentos. Precisamos desesperadamente desse tipo de compromisso nos tempos atuais, especialmente em um mundo no qual as pessoas estão mudando com frequência, não só de residência, mas também de emprego e círculo social. A maior mobilidade e capacidade de comunicação da nossa sociedade nos apresenta tantas opções que precisamos fazer escolhas sábias. Pode parecer mais fácil seguir em frente quando as coisas não estão indo bem, mas relacionamentos leais, quer interpessoais ou em um contexto de negócios, precisam de compromisso, uma "presença" consistente em todos os momentos.

Senhor de tudo, hoje eu me comprometo a te servir mais plenamente e assumo o compromisso de apoiar os meus amigos, mesmo quando eles falham. Que eu possa ser consistente e verdadeiro, embora não sinta vontade ou as circunstâncias não sejam favoráveis. Amém.

DIA 4

> *O conselho sincero de um amigo*
> *é agradável como perfume e incenso.*
>
> —PROVÉRBIOS 27:9

Pessoas leais não estão apenas presentes, e sim ativamente demonstrando seu apoio. Esse é o tipo de amigo que eu desejo ter; esse é o tipo de amigo que quero ser. Como líderes, a lealdade às pessoas que lideramos significa que estamos ativamente envolvidos na vida delas. A verdadeira lealdade a uma equipe ou organização não é simplesmente proclamar compromisso com o todo; é demonstrar consistentemente apoio positivo aos indivíduos que compõem essa equipe.

A Palavra de Deus nos diz repetidamente quão importante é edificarmos uns aos outros, encorajar uns aos outros, "motivar uns aos outros" (Hebreus 10:24). Nós dizemos a verdade em amor e prestamos contas uns aos outros. Isso se aplica não somente a amizades pessoais, mas também a líderes leais às suas equipes.

A lealdade investe na vida dos outros. Nosso tempo e nossa energia são necessários — e, frequentemente, nossos recursos materiais. Como líderes, nossa lealdade para com quem lideramos significa também contribuirmos com sua vida. Assim, precisamos verificar as nossas atitudes:

> Como lido com a situação quando alguém erra? Eu cumpro as minhas promessas? Minha equipe sabe que sempre os protejo? Procuro maneiras de apoiar, encorajar e fortalecer cada indivíduo? Tenho prazer em expressar apreço, respeito e gratidão à equipe, tanto como indivíduos quanto como grupo? Como amigo ou líder, estou exibindo características de meu Pai celestial?

Deus fiel e verdadeiro, que eu seja conhecido por minha lealdade.
Que todos da minha equipe saibam que contam com a minha confiança
e o meu apoio. Ajuda-me a ver cada um individualmente e encontrar
maneiras de encorajar cada um deles. Amém.

DIA 5

> *Quem busca a justiça e*
> *o amor encontra vida, justiça e honra.*
> —PROVÉRBIOS 21:21

O amor ágape, o amor mais elevado e puro que existe, se origina somente em Deus. Apenas o Espírito pode nos transformar para sermos capazes de expressar o nível mais elevado e piedoso de características como sinceridade, bondade, diligência, paciência, moderação, discernimento e lealdade (como exemplos).

Busque esse inabalável amor ágape e retidão. Busque o relacionamento com Cristo que fará com que essas características floresçam em sua vida. Provérbios diz que fazer disso o seu objetivo e único foco lhe trará vida, justiça e honra. Outro versículo (Provérbios 14:22) nos diz que quem *planeja* o que é bom encontrará amor e lealdade. Seja intencional em sua busca. Planeje o que é bom.

Um lugar em que isso nos diferenciará do restante do mundo é a perversa atmosfera política do nosso país (EUA). Como seguidores de Cristo, recebemos o mandamento de nos submetermos às autoridades "por causa do Senhor" (1 Pedro 2:13), a menos que as exigências delas sejam contrárias à consciência e ao nosso Deus. Podemos não concordar com as políticas, mas precisamos ser leais ao país. Eu sei que algumas pessoas discordarão, mas acredito que, quando nos afastamos intencionalmente do descrédito e destruição da autoridade, tão difundidos em nossos dias, estamos planejando o bem. Quando oramos por nosso governo em vez de maldizê-lo, estamos planejando o bem. Nós queremos buscar a justiça e o amor infalível. Esse é o nosso objetivo como representantes de Cristo.

Deus de toda a criação, que o amor, o amor que excede
a minha capacidade de compreensão, guarde o meu coração e guie
os meus atos. Que os atributos de sinceridade, bondade, diligência,
paciência e lealdade sejam expressos no contexto do Teu amor. Amém.

DIA 6

Se formos infiéis, ele permanecerá fiel, pois não pode negar a si mesmo. —2 TIMÓTEO 2:13

Eu fui ferido pela deslealdade. Fiquei decepcionado quando amigos "desapareceram" por conta de desentendimentos ou porque enfrentamos uma fase difícil em nossa amizade. O que devemos fazer se alguém a quem fomos leais nos trair de algum modo? O "contrato de fidelidade" é cancelado quando uma parte abandona a outra?

A antiga natureza pecaminosa quer vingança, deseja que eu corte relações com eles. Eles me abandonaram, então eu deixarei de considerá-los amigos. Não voltarei a confiar neles. Eles não precisam esperar uma segunda chance para tirar vantagem de mim. Todavia em que direção o Espírito de Cristo nos conduziria?

O Espírito não busca vingança. Ele procura nos tornar semelhantes a Cristo, e Cristo foi, para nós, o perfeito exemplo quanto a isso. Não temos melhor exemplo do que a situação da traição de Pedro ao seu querido amigo. Essa é uma das histórias mais desoladoras das Escrituras. Como Jesus reagiu? Ele abriu a porta para reconstruir o relacionamento.

O nosso Deus é Deus de segundas chances, e devemos ser representantes da Sua graça neste mundo. Você será leal, ainda que seu amigo não tenha sido? Você perdoará e ficará com ele? Você continuará a edificá-lo e apoiá-lo? Você orará?

"Lembrem-se de que o Senhor os perdoou, de modo que vocês também devem perdoar" (Colossenses 3:13). Nem sempre fui fiel, mas Ele foi! O Espírito está me transformando à Sua imagem.

Senhor Jesus, Tu demonstraste a capacidade de perdoar após teres sido traído. Concede-me a mesma capacidade de não buscar vingança, e sim de reagir com perdão e amor. Ajuda-me a restaurar relacionamentos rompidos com um espírito de humildade. Amém.

DIA 7

Cria em mim, ó Deus, um coração puro; renova dentro de mim um espírito firme. —SALMO 51:10

E se a deslealdade foi nossa? No caso de Pedro, a percepção do que ele fez ao abandonar Jesus foi devastadora. Se fomos desleais, o que podemos fazer? Se o Espírito estiver nos falando de uma situação específica, qual será o próximo passo?

A Bíblia nos diz que, na manhã em que viu Jesus na praia, Pedro pulou na água e se dirigiu à praia. Ele estava muito empolgado por ver Jesus. Mas certamente havia algumas dúvidas acusadoras na mente de Pedro. Jesus teria palavras duras para ele? Ou talvez possamos concluir, com base no entusiasmo de Pedro, que ele *conhecia* tão bem o caráter de Jesus que estava confiante no dedicado amor do Senhor por ele.

Também nós nem sempre fomos leais a Jesus. Porém podemos renovar a nossa lealdade a Deus e confiar em Seu perdão e Sua fidelidade para conosco. *Nada* pode nos separar do Seu amor.

De semelhante modo, em nossos relacionamentos terrenos, lealdade dividida resultará em instabilidade. Às vezes, o problema é que a lealdade aos outros é comprometida por nossos próprios interesses egoístas. Se fomos desleais com os outros, precisamos assumir a responsabilidade pelo que fizemos e pedir perdão, e depois fazer o que pudermos para reparar o erro. E, se pedirmos a Deus que nos dê um novo espírito de lealdade, Ele responderá a essas orações.

Jesus fiel e verdadeiro, a minha maior deslealdade tem sido para contigo. Perdoa-me pelas maneiras pelas quais eu não reconheci a minha total dependência de ti e procurei viver a vida nos meus termos. Que o dia de hoje marque uma transformação em como eu permito que Tu guies a minha vida. Amém.

NOTAS E ORAÇÕES

MOTIVAÇÃO

• SEMANA 30 •
DIA 1

A motivação sempre começa com o líder.
Não há equipes motivadas lideradas por pessoas
não motivadas. —Paul Weaver

> *Em tudo que fizerem, trabalhem de bom ânimo,*
> *como se fosse para o Senhor, e não para os homens. Lembrem-se*
> *de que o Senhor lhes dará uma herança como recompensa*
> *e de que o Senhor a quem servem é Cristo.* —COLOSSENSES 3:23-24

M**otivação é o poder interior que impulsiona à ação**, impelido por desejo, paixão e aspiração. O que motiva você? O que o estimula? Provérbios fala sobre preguiçosos cujo apetite nunca é satisfeito. O problema do preguiçoso é que "suas mãos se recusam a trabalhar" (Provérbios 21:25). Ele não tem motivação. Ele não é impulsionado à ação e não tem desejo, paixão ou aspiração. "Mas os que trabalham com dedicação prosperam" (Provérbios 13:4). A motivação nos mantém diligentes enquanto trabalhamos em direção aos nossos objetivos. Ela nos impele e nos ajuda a fazer as coisas de maneira completa. Ela gera vigor.

Motivação e diligência não são importantes somente no trabalho que realizamos, mas também na maneira como corremos a carreira da fé nesta Terra. Como filhos de Deus e cidadãos do reino do Céu, tudo que fazemos é para Deus e Sua glória. Essa é a nossa maior motivação. Nós não trabalhamos para sermos reconhecidos pelo nosso chefe, pela diretoria ou pelas pessoas a quem nos reportamos, e sim para a glória de Deus. Estamos servindo a Cristo em tudo que fazemos. Somos Seus representantes. Perceber esse fato nos impulsionará à ação e impelirá nossos desejos, paixões e aspirações. Eu quero ouvir as palavras "Muito bem".

Senhor, guia meu caminho, porque o desejo do meu coração
é ser Teu embaixador. Revela-te em mim para que eu possa continuar
a buscar-te com grande intensidade e perseverança. Amém.

Orações sobre *Motivação* —**JEFF WILHELM**

DIA 2

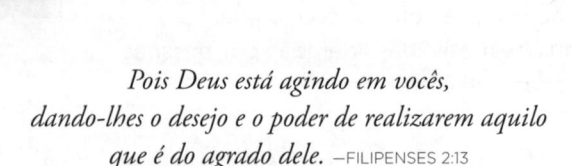

*Pois Deus está agindo em vocês,
dando-lhes o desejo e o poder de realizarem aquilo
que é do agrado dele.* —FILIPENSES 2:13

Amigo, quando seguimos o Espírito de Cristo estamos nadando rio acima contra um tráfego pesado. Você sentiu isso? Uma das grandes diferenças entre os seguidores de Cristo e o restante do mundo é que nós somos motivados de uma maneira totalmente diferente daqueles que não são guiados pelo Espírito.

Para quem nasceu de novo para uma nova vida, agora o Espírito de Deus é quem fornece a força interior e o impulso para a ação. No capítulo 36 de Ezequiel, encontramos a promessa do Senhor para Israel, que se afastara dele. Deus traria Israel de volta, para purificá-los de sua imundícia, obstinação e idolatria. Ele colocaria o Seu Espírito neles "para que [seguissem Seus] decretos e [tivessem] o cuidado de obedecer a [Seus] estatutos" (v.27). Essa não foi uma promessa isolada para uma única situação e uma única pessoa. Essa é a promessa de Deus a todos os que creem. O Espírito vem habitar em nós e nos dá a motivação e o vigor para fazermos a vontade de Deus.

Estamos vivendo em um mundo motivado pelo que é confortável, conveniente, popular, poderoso e bem-sucedido aos olhos do mundo. Essas coisas são sempre passageiras, mutáveis e insatisfatórias. Contudo temos de ser motivados pela direção do Espírito de Deus. O Senhor age em nós. Seu Espírito nos dá um novo coração que deseja a aprovação de Deus acima de tudo. Isso é o que nos move e nos revitaliza.

Deus, permite que o Teu Espírito Santo venha sobre mim. Que Tu motives o meu coração a obedecer ao que enternece o Teu coração. Amém.

DIA 3

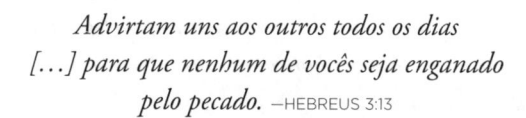

> *Advirtam uns aos outros todos os dias [...] para que nenhum de vocês seja enganado pelo pecado.* —HEBREUS 3:13

Tanto no Ensino Médio quanto na faculdade, eu jogava futebol americano e corria, e vários dos meus treinadores foram grandes motivadores. Eles extraíam de mim coisas que eu nem sabia existir em mim. Assim como os meus treinadores, nós podemos ajudar outros discípulos de Jesus a serem mais semelhantes ao que Deus os criou para ser.

O Espírito de Cristo nos aproxima e nos fornece uma coesão de propósito. Devemos apoiar, encorajar, edificar, fortalecer e ministrar uns aos outros em nossa caminhada. Todas as cartas às primeiras igrejas cristãs enfatizavam frequentemente a importância de "motivar uns aos outros" na expressão da nossa missão.

No século 18, John Wesley formou pequenos grupos dentro da igreja maior, acreditando fortemente que esses grupos menores poderiam ajudar melhor as pessoas a viverem sua fé, cotidianamente, de maneira prática. Uma das metas apresentadas por Wesley aos cristãos os exortava ao seguinte: "Faça todo o bem que você puder, com todos os recursos que você puder, por todos os meios que você puder, em todos os lugares que você puder, em todas as vezes que você puder, em todos os tempos que você puder, para todas as pessoas que você puder, sempre e quando você puder". Nós podemos ajudar uns aos outros a fazer isso quando temos interações honestas e abertas com um pequeno grupo de pessoas às quais prestamos contas.

Mantenha-se conectado às pessoas que podem ministrar à sua vida e ajudá-lo a tornar-se mais semelhante ao que Deus criou você para ser. Seja canal do encorajamento do Espírito Santo.

Pai, permite-me ser uma vela de ignição, revigorando os outros quando eles não conseguem seguir adiante. Além disso, envia à minha vida pessoas em quem eu possa me apoiar quando estiver fraco. Amém.

STEVE WINGFIELD

DIA 4

Portanto, meus amados irmãos, sejam fortes e firmes.
Trabalhem sempre para o Senhor com entusiasmo, pois vocês sabem que
nada do que fazem para o Senhor é inútil. —1 CORÍNTIOS 15:58

Talvez você esteja cansado neste momento. Desanimado. Incapaz de agarrar-se a qualquer otimismo. Sua aspiração se esvaiu, seu desejo é apenas uma brasa tépida, e sua paixão esmoreceu. Se você não está nessa situação agora, já esteve? O que nos mantém avançando em tempos difíceis ou quando enfrentamos obstáculos que parecem intransponíveis?

Às vezes, nossos esforços parecem ter sido em vão. Porém sabemos que não foram! Paulo nos assegura de que nada do que fazemos para o Senhor é inútil. Nada! Reescrevendo isso de maneira positiva, tudo que você faz para o Senhor é importante. Faz diferença. Deus usa e age em tudo que fazemos para Ele.

Essa promessa faz toda a diferença para nós. Podemos não ver resultados, podemos nunca receber feedback, mas o Senhor prometeu que *tudo* que fazemos para Ele realmente importa. E isso é o que aviva nossa motivação, nosso desejo, nossa aspiração. Pois confiamos que o nosso Deus nos diz a verdade. Confiamos no que Ele nos prometeu. Assim, podemos viver com grande esperança.

Quando precisamos de um avivamento da motivação, o melhor lugar para ir é a fonte da vida — o Deus de toda esperança, o Espírito de poder, o Jesus a quem amamos e servimos. Temos mais do que simplesmente otimismo — temos as promessas de Deus. Suas promessas avivam e sustentam nossa esperança e paixão.

Senhor, lembra-me de que TUDO que eu faço é para
a Tua glória. Nada do que envolve o Teu chamado é insignificante!
As Tuas promessas são verdadeiras e eternas. Amém.

DIA 5

Antes vocês não tinham identidade como povo, agora são povo de Deus. —1 PEDRO 2:10

A insegurança é inimiga da motivação. Pessoas inseguras são indecisas, têm medo de dar um passo à frente, de seguir em frente, de agir. Qualquer paixão ou aspiração que tenta aflorar nelas é paralisada por sua insegurança. Para evitar que a insegurança e o medo destruam a sua motivação, você precisa ter uma ideia clara (1) de quem você é, (2) do seu objetivo e (3) dos recursos disponíveis para você. Nós queremos ser firmes e ter coragem de seguir em frente com paixão e determinação.

Quem somos nós? Pedro escreveu que, antes de conhecermos a Cristo, éramos pessoas sem identidade, mas agora somos povo de Deus. Deus é Aquele que o criou e deu a você esta nova vida em Cristo. Ele é Aquele que define quem você é, e o lugar onde encontrar a maneira como Ele o define é em Sua Palavra. Nós não olhamos para descrições de cargos, autoavaliação ou avaliação pelo mundo. Nós olhamos para o nosso Criador a fim de saber quem somos.

Nós somos povo de Deus. Ele pagou um preço extremo para nos resgatar de uma vida vazia, um resgate planejado antes do início dos tempos. Ele nos tornou Seus filhos e filhas, e nos convidou a fazer parte do Seu plano para a Sua criação, parceiros de Cristo em Sua missão, protegidos e mantidos a salvo pelo nosso Grande Pastor. Não perca de vista quem você é nem vacile em sua motivação. Você é filho de Deus.

Senhor, coloca meus pés sobre uma base firme. Ajuda-me a ocupar meu lugar de direito como filho do Altíssimo. Que eu jamais me esqueça do preço que foi pago por mim, que eu pertenço a ti e que Tu tens um plano específico para a minha vida. Amém.

DIA 6

*Mas minha vida não vale coisa alguma para mim,
a menos que eu a use para completar [...] a missão que
me foi confiada pelo Senhor Jesus.* —ATOS 20:24

Algo necessário à motivação é ter uma visão clara do nosso objetivo. Não estamos apenas vagando pelos nossos dias, esperando para ir ao Céu algum dia. Nesta nova vida em Cristo, em cada dia, há um propósito.

Provavelmente, você já percebeu que o princípio que orienta a minha vida é representar bem a Cristo. Esse é o meu desejo mais profundo. E é o que todo cristão é chamado a fazer. Espero que esse seja também o desejo do seu coração. Você poderá dizer isso de maneira diferente. O Espírito Santo poderá indicar uma passagem das Escrituras e lhe dizer: "Faça disso a estrutura para a sua vida". Eis aqui várias outras maneiras pelas quais as Escrituras apresentam o nosso único objetivo na vida.

Declarar a fama do Senhor e Seus louvores (Salmo 102:21).
Mostrar aos outros a bondade de Deus (1 Pedro 2:9).
Ter uma vida cheia da riqueza da mensagem de Cristo (Colossenses 3:16).
Deixar de viver para si e viver para o Senhor (2 Coríntios 5:15).
Expressar a vida de Jesus para que ela seja vista em nós (2 Coríntios 4:10).
Fazer tudo como se fosse para o Senhor (Colossenses 3:23).

Na Palavra de Deus, você encontrará mais formas de declarar a nossa grande missão. Conforme o Espírito lhe orientar, tome um dos versículos como seu próprio princípio orientador para tudo que você disser e fizer. Faça dele o estandarte desfraldado sobre a sua vida.

*Pai, concede-me o privilégio da Tua cosmovisão, para que
eu possa focar o meu olhar na Tua visão para minha vida. Imprima
essa visão em meu coração, para que eu reflita a Tua grandeza
em tudo que eu disser e fizer. Amém.*

DIA 7

Posso todas as coisas por meio de Cristo, que me dá forças. —FILIPENSES 4:13

Deus é por nós. Ele é tanto "por" nós que veio habitar conosco, intimamente e com grande comprometimento. Ele não nos abandonará se errarmos ou se não formos muito perfeitos. Ele está aqui e Seus planos para nós são para o nosso bem e para que sejamos bem-sucedidos em viver da maneira que Ele planejou para nós. Seus recursos estão disponíveis para nós, Seu poder está agindo em nós e Ele terminará a obra que começou.

O apóstolo Paulo escreveu que a sua confiança vinha de uma grande confiança em Deus. Não eram seus próprios recursos e capacidades, e sim Deus quem o capacitava a ser um apóstolo (veja 2 Coríntios 3:4-6). É nisso que a nossa confiança também precisa residir. Podemos confiar nas promessas de que Deus suprirá tudo de que necessitarmos para viver esta vida para a qual fomos chamados. Toda a nossa esperança está nele, e Ele é capaz e anseia por nos levar até o fim. Agora, a minha vida é a vida de Jesus sendo expressa em mim, e eu a vivo confiando nele. Essa é a única maneira de vivê-la (veja Gálatas 2:20).

Certa vez, o grande evangelista Billy Sunday disse que "a única maneira de manter um recipiente quebrado cheio é deixá-lo sempre debaixo da torneira". Mantenha-se sempre sob a torneira do Espírito de Cristo e do poder que flui através de você. Ele fornecerá a você recursos além de qualquer coisa que você seja capaz de imaginar.

Senhor, derrama o Teu Espírito sobre mim hoje!
Lembra-me diariamente de que Tu me chamaste pelo nome
e andas comigo diariamente. Teus planos para mim
são muito maiores do que qualquer coisa que eu poderia sonhar
em fazer por minha própria conta. Amém.

NOTAS E ORAÇÕES

MOTIVOS

• SEMANA 31 •
DIA 1

Nós temos um motivo para quase tudo que fazemos; alguns deles são bons, outros apenas egoístas e outros podem ser totalmente maus. Faça uma lista deles porque, a longo prazo, os nossos motivos serão expostos. —Paul Weaver

> *Pois Deus está agindo em vocês, dando-lhes o desejo e o poder de realizarem aquilo que é do agrado dele.* —FILIPENSES 2:13

Vá mais fundo. Peça a Deus para mostrar-lhe a verdade acerca de você mesmo. Deus tem um propósito mais elevado para nós. Ele deseja agir por meio de nós e dos dons que nos concedeu. Como representantes de Cristo, devemos viver de maneira piedosa, dedicada a sermos usados por Ele, recusando o mal, buscando um relacionamento com o Santo Criador.

Tudo que fazemos decorre de nossos motivos, os desejos íntimos que nos movem à ação. Portanto, para vivermos de forma piedosa, os nossos motivos também precisam ser piedosos. Em Provérbios 21:2 lemos que "Ainda que as pessoas se considerem corretas, o Senhor examina o coração de cada um". Os nossos motivos são expostos diante dele — até mesmo os desejos que não queremos admitir ou que nós mesmos não reconhecemos. Por isso, desejamos examinar os nossos motivos com a orientação do Senhor e, humildemente, pedir a Ele que nos mostre onde estamos agindo por motivos não piedosos.

Se você se submeter a esse exame com humildade e sinceridade, poderá esperar que uma batalha seja travada. A nossa velha natureza sempre luta contra o que o Espírito está realizando em nosso interior. Porém o poder do nosso Senhor é maior! Peça que Sua luz, Sua purificação e Seu poder trabalhem em você.

Senhor, que eu possa examinar meu coração diariamente de modo a cumprir o Teu propósito para a minha vida. Prepara-me para a batalha enquanto eu te busco, Pai. Que os meus atos reflitam o Teu amor e Teus propósitos. Amém.

Orações sobre *Motivos* —**JASON CRABB**

DIA 2

Nosso propósito não é agradar as pessoas, mas a Deus, que examina as intenções de nosso coração. —1 TESSALONICENSES 2:4

É possível desejar viver de forma piedosa, mas pelos motivos errados. Jesus alertou sobre fazer "suas boas ações em público, para serem admirados por outros" (Mateus 6:1). Ele disse que não haverá recompensa por essas ações. Estamos tentando agradar às pessoas e ficar "bem" aos olhos delas? Nosso único objetivo deve ser agradar a Deus. E Deus não olha o exterior. Ele olha o íntimo, o que está nos motivando. Ele olha o coração.

Em 1 Coríntios 4:5, lemos que Deus trará à luz e exporá todos os motivos do nosso coração quando voltar à Terra para julgar a humanidade. "Então Deus dará a cada um a devida aprovação". O nosso maior objetivo é ouvir do nosso Senhor as palavras: "Muito bem, meu servo bom e fiel" (Mateus 25:23) — as palavras mais importantes que qualquer um de nós jamais ouvirá.

Nós corremos a nossa carreira tendo em mente o objetivo de que Jesus nos encontre na linha de chegada e nos diga: "Muito bem!". Podemos ouvir Seu louvor e encorajamento agora mesmo, a cada dia, enquanto permitimos Deus agir em nós, trazendo nossos motivos à luz e limpando os cantos escuros onde a velha natureza egoísta continua tentando esconder os seus motivos secretos. Deixe Deus fazer isso hoje, para que amanhã, depois de amanhã e todos os amanhãs de sua carreira possam ser corridos com o motivo puro de agradar a Ele.

Pai, que a minha vida seja um reflexo Teu.
Eu não quero viver a minha vida para agradar aos homens,
e sim para agradar a ti. Que minhas palavras e meus atos
sejam luz para os outros. Amém.

DIA 3

*De onde vêm as discussões e brigas
em seu meio? Acaso não procedem dos prazeres
que guerreiam dentro de vocês?* —TIAGO 4:1

Um porto é um lugar de abrigo e proteção. Abrigar algo ou alguém costuma significar dar-lhe um lar, frequentemente em segredo. Tiago usou essa palavra ao alertar para não *abrigar* "inveja amarga e ambição egoísta" (3:14).

Isso é o que move o mundo atualmente — ambição, pelo próprio bem e progresso, e inveja, querer algo que não se tem. Os resultados desses motivos são lutas, brigas, distúrbios, matanças e práticas malignas. Não precisamos ir muito longe para ver os resultados em termos modernos: lutas pelo poder, calúnia, "matança" de reputações, desrespeito pelos outros na corrida para o topo, relacionamentos rompidos, trapaça, mentira, crueldade; a lista poderia continuar ininterruptamente. Esses desejos egoístas são os motivos por trás de tudo isso. E esses motivos são do diabo.

Um coração que abriga motivos piedosos é puro, amante da paz, atencioso, submisso, repleto de misericórdia e bons frutos, imparcial e sincero. Essa sabedoria e atitude vêm do Céu. Os motivos levam a atitudes cujas consequências moldam a nossa vida. Romanos 2:6-8 nos diz que Deus "julgará cada um de acordo com seus atos. Dará vida eterna àqueles que, persistindo em fazer o bem, buscam glória, honra e imortalidade. Mas derramará ira e indignação sobre os que vivem para si mesmos, que se recusam a obedecer à verdade e preferem entregar-se a uma vida de perversidade".

*Senhor, hoje, talvez como em nenhum outro dia que vivi,
a ambição mundana, a ganância e o poder tenham se tornado uma
exposição pública do mal. Minha oração é que Tu transformes
o coração das pessoas como só Tu és capaz. Que elas vejam que em ti
a vida é melhor e há uma eternidade a ser alcançada. Amém.*

STEVE WINGFIELD

DIA 4

Mas, quando Deus, nosso Salvador, revelou sua bondade e seu amor, ele nos salvou não porque tivéssemos feito algo justo, mas por causa de sua misericórdia. Ele nos lavou para remover nossos pecados, nos fez nascer de novo e nos deu nova vida por meio do Espírito Santo. Generosamente, derramou o Espírito sobre nós por meio de Jesus Cristo, nosso Salvador. —TITO 3:4-6

Anteriormente, nós vivíamos sob o poder da nossa velha natureza, "no engano e nos tornamos escravos de muitas paixões e prazeres" (Tito 3:3). Porém Cristo destruiu tais poderes, e agora não somos mais escravos deles.

Muito antes de Cristo aparecer na Terra, Deus já estava prometendo isto: "Eu lhes darei um novo coração" (Ezequiel 36:26). Irmãos e irmãs, nós podemos reivindicar tal promessa. Quando vamos a Cristo, Ele nos dá renascimento e renovação. Ele nos dá o Espírito Santo e começa a obra de nos transformar para nos tornarmos semelhantes a Cristo. Nosso coração e os motivos que ali residem podem ser limpos e purificados. Lembre-se: Ele prometeu nos dar tudo de que necessitamos para viver de forma piedosa, e isso certamente inclui motivos corretos.

Nós podemos dizer "não" aos antigos motivos egoístas. Paulo diz que "aqueles que pertencem a Cristo Jesus crucificaram as paixões e os desejos de sua natureza humana" (Gálatas 5:24). O problema é que não podemos fazer isso por nós mesmos. Mas o poder de Jesus pode. Todos os dias podemos levar esses antigos motivos à cruz, onde o poder de Cristo triunfa. Nós andamos em sintonia com o Espírito Santo, não com a velha natureza pecaminosa. Não somos mais seus escravos; estamos vivendo pelo Espírito. E viver pelo Espírito traz vida e paz.

Senhor, eu não sou nada sem a Tua misericórdia! Quero viver todos os dias com um coração grato, não contando com a Tua misericórdia, mas apenas grato por ela. Em nome de Jesus. Amém.

DIA 5

*Nada façam por ambição egoísta ou por vaidade,
mas humildemente considerem os outros superiores a si mesmos.
Cada um cuide, não somente dos seus interesses,
mas também dos interesses dos outros.* —FILIPENSES 2:3-4 NVI

Não faça coisa alguma por ambição egoísta. Se amarmos ao nosso próximo como a nós mesmos (o segundo grande mandamento, depois de amar a Deus), nossos motivos estarão voltados ao bem também deles.

A vida de Cristo foi dedicada aos outros. Ele veio para salvar todos, até mesmo Seus inimigos. Ele não veio para promover a Sua própria carreira, e sim para fazer a vontade de Seu Pai. Nós sabemos que Ele foi tentado de todas as maneiras que nós somos. Portanto, Ele sabe o que significa ter as exigências, os desejos e as ambições do ego se imiscuindo em qualquer situação. Quaisquer sonhos e ambições egoístas que poderiam tê-lo tentado foram negados enquanto Ele seguia o plano de Seu Pai. Ele sequer possuía um lugar que pudesse chamar de "lar".

Como representantes de Cristo e parceiros em Sua missão, queremos estar alertas às pessoas ao nosso redor. Desejamos ter os olhos de Cristo, que podem ver não apenas o exterior de uma pessoa, mas também o interior — quem a pessoa realmente é. Cristo em nós também verá quem uma pessoa pode ser. Isso é realmente o que Deus nos chamou para fazer — não julgar as pessoas, e sim ver nelas algo que talvez nem sequer elas mesmas vejam. Os nossos motivos devem ser sempre considerar as pessoas e ajudá-las a serem tudo que Deus deseja que elas sejam.

*Pai, que cada dia eu me lembre do meu propósito.
Que os outros vejam a ti através de mim. Que eu seja um encorajador
e motivador em tudo que eu fizer. Amém.*

STEVE WINGFIELD

DIA 6

O alvo de minha instrução é o amor que vem de um coração puro, de uma consciência limpa e de uma fé sincera. —1 TIMÓTEO 1:5

Tudo que fazemos deve ser guiado por motivos de amor. O mandamento de Jesus foi que amemos uns aos outros como Ele nos amou. Cristo deu a Sua vida em nosso favor; nós damos a nossa vida, nossos próprios objetivos, sonhos, ambições, interesses e egos pelo bem dos outros. Não levaremos conosco para o Céu dinheiro, status, poder, honras de carreira, posses, autoridade, respeito, popularidade ou qualquer outra coisa pela qual almejemos. Também não podemos esconder esses tesouros para que eles estejam esperando por nós no Céu. Os tesouros e as honras que estão se acumulando para nós no Céu são tesouros concedidos por Deus, não pelo mundo.

Ainda maior do que o motivo da fé é o motivo do amor. Esse único motivo deve guiar tudo que fazemos. Ele virá de um coração que abriga o puro amor de Deus. Isso é o que eu quero. Nem sempre eu acerto, mas esse é o meu objetivo final. Desejo o coração de Deus vivendo em mim e por meu intermédio, e quero fazer tudo que puder para direcionar as pessoas a Ele.

A nossa fé precisa ser genuína e sincera. Nós queremos viver essa fé, crendo no que Deus diz e confiando que Ele usará a nossa vida para os Seus propósitos. Por meio da nossa fé em Deus, o coração dele guia os nossos motivos. O amor ágape genuíno não tem segundas intenções. Ele busca o que é melhor para os outros conforme o coração de Deus o orienta.

Senhor, eu quero o Teu coração vivendo em mim
e por meio de mim, para que eu possa direcionar as pessoas a ti.
Ajuda-me a ajustar os meus desejos aos tesouros no Céu,
não aos daqui. Amém.

DIA 7

Amados, não acreditem em todo espírito,
mas ponham-no à prova para ter a certeza de que o espírito vem de Deus,
pois há muitos falsos profetas no mundo. —1 JOÃO 4:1

Não devemos testar somente os espíritos ao nosso redor; devemos também testar o nosso próprio espírito de acordo com a Palavra de Deus. Esse é o padrão que queremos seguir — não a cultura moderna ou qualquer outra coisa que se apresente. Acima de tudo, devemos ser o povo santo de Deus, honrando-o e vivendo de maneira digna do nosso chamado.

"Ser justo não significa ser perfeito ou nunca cometer erros. Significa desenvolver uma conexão interior com Deus, arrependendo-nos de nossos pecados e erros e ajudando os outros gratuitamente." Não sei quem disse isso originalmente, mas penso ser uma boa palavra. Esses são os motivos que queremos abrigar em nosso coração.

Nós pedimos a ajuda do Espírito para examinar e purificar os nossos motivos. Este antigo hino de James Edwin Orr é adequado à sua oração de hoje:

Sonda-me, ó Deus, pois vês meu coração.
Prova-me, ó Pai, Te peço em oração.
De todo o mal liberta-me, Senhor,
da transgressão também que oculta for.
Todo o meu ser, que já não chamo meu,
quero gastá-lo no serviço Teu.
Minhas paixões Tu podes dominar;
ó Santo Deus, vem sempre em mim estar.
—*Sonda-me, ó Deus* (HCC 279)

Senhor, agora mais do que nunca eu oro para que
Tu me ajudes a discernir os espíritos que me cercam. Eu sei que,
se eu examinar os meus motivos, Tu ajudarás a purificá-los

NOTAS E ORAÇÕES

ORGANIZAÇÃO

• SEMANA 32 •
DIA 1

Organização é a diferença entre ser eficaz ou ineficaz com seu tempo e esforços. —Paul Weaver

Pois Deus não é Deus de desordem, mas de paz.
—1 CORÍNTIOS 14:33

A própria palavra "organização" traz uma sensação de calma e paz. Deus é Deus de ordem e paz. Nós vemos a Sua ordem nas complexidades da criação. Nenhum de nós jamais se põe a questionar se amanhã o Sol nascerá no lado oeste do céu ou se, no próximo ano, a primavera virá depois do verão. Nós podemos confiar nas tabelas de marés porque Deus ordenou os movimentos do mar e da Lua.

Quanto mais descobrimos, mais ficamos maravilhados com o que Deus criou. Você sabia que todas as coisas vivas são feitas do mesmo DNA organizado em padrões diferentes? Pense na organização exigida pelos princípios matemáticos. Esses princípios são verdadeiros em todo o Universo e não admitem concessões ou ajustes. E Deus deu nomes a todas as estrelas. Ele atenta para todas elas.

Há muito caos no mundo atual — um mundo doente, envenenado por Satanás. Os seguidores de Cristo não devem se conformar a este mundo, e sim ao reino de Cristo. Não deixe este mundo lhe dizer como viver. Viva a sua vida como um cidadão do Céu. Siga o exemplo dado a nós pelo nosso Rei. Ao pensar na característica de ordem, peça ao Espírito Santo que lhe mostre onde e como você pode obter mais ordem e paz em sua vida.

Pai, eu te agradeço pela ordem com que Tu projetaste o Universo. Revela áreas da minha vida às quais eu possa levar paz e ordem. Dá-me a sabedoria necessária para saber como efetuar uma transformação positiva. Em nome de Jesus, amém.

Orações sobre *Organização* **—SARA FERRELL**

DIA 2

Cuidem para que tudo seja feito com decência e ordem.

—1 CORÍNTIOS 14:40

As cartas de Paulo aos cristãos de Corinto incluíram muitas instruções acerca de conduzirem as reuniões deles. Por que todas essas instruções? Porque "tudo que for feito [...] deverá fortalecer a todos" (1 Coríntios 14:26). O importante da ordem em nossa vida é que ela beneficia a nós e às pessoas ao nosso redor. Ela economiza tempo e dinheiro. Promove um senso de harmonia e reduz o estresse. Aumenta a eficiência e a produtividade.

Não subestime a importância da organização. Ter as coisas em ordem é fundamental para ser um bom líder. Você quer estar preparado e não ser pego desprevenido. Provavelmente, as surpresas não acontecerão com tanta frequência se você for organizado; porém, quando acontecerem, você lidará melhor com o inesperado. Quando as coisas estão em ordem e alguém lhe pede algo, você sabe onde está. Tudo tem lugar e tudo está em seu lugar. A sua agenda também será organizada e você não perderá prazos ou reuniões. A ordem é uma proteção contra deixar passar detalhes e cometer erros em projetos.

A igreja de Corinto havia recebido as boas-novas e a liberdade do evangelho, mas, para estimular cada crente e promover a mensagem de Cristo, eles precisavam de ordem em suas reuniões. O que foi lhe dado e como você está lidando com isso? Como líder, é sua responsabilidade cuidar de tudo que lhe foi confiado. Para fazer isso corretamente e com o melhor de sua capacidade, você precisa ser organizado.

Pai, ajuda-me a desenvolver as minhas habilidades organizacionais para que eu possa ser um líder eficaz e um integrante valioso à equipe. Ensina-me a ser estruturado e eficiente para que os outros acreditem em minha confiabilidade. Em nome de Jesus, amém.

DIA 3

Desvia meus olhos de coisas inúteis
e restaura-me por meio de tua palavra.

—SALMO 119:37

Organizar o nosso espaço. Livros acerca desse assunto entraram na lista dos mais vendidos e, por um honorário, "especialistas" entrarão em nossa casa ou negócio para nos ajudar a estruturar, reduzir e organizar. Porém, muito antes de tudo isso se tornar um tema vigente, a Palavra de Deus continha sabedoria para nós a respeito das coisas inúteis em nossa vida.

"Coisas inúteis" se refere a ídolos e adverte contra a futilidade de adorar algo que não pode lhe dar vida. É tentador pular as passagens que falam da adoração a ídolos e dizer que não temos ídolos em nossa casa. Poderia haver ídolos enchendo nossas casas e escritórios? Será que coletamos tantas "coisas", tangíveis e intangíveis, e lotamos a nossa vida por que buscamos que essas coisas nos deem vida, nos façam sentir importantes, produtivos ou eficazes?

Todos nós juntamos coisas inúteis e estamos agarrados a elas. Essas coisas nos atolam, nos distraem e nos desviam. Marcos 4:19 nos transmite o alerta de Jesus acerca do joio crescendo em nossa vida, as preocupações desta vida, a sedução da riqueza e o desejo de outras coisas sufocando a obra de Deus em nós.

Colocar a nossa vida em ordem significa que precisaremos separar o que nos dá vida, o que realmente queremos fazer nesta vida e onde está o nosso objetivo e propósito final. A sábia e honesta oração de Davi precisa ser a nossa.

Pai, eu não quero permitir em minha vida coisa alguma
que possa se tornar um ídolo ou me distrair de ti.
Mostra-me qualquer coisa inútil que tenha atraído a minha
atenção e lembra-me de que realização e contentamento
só podem ser encontrados em ti. Em nome de Jesus, amém.

DIA 4

Portanto, preparem sua mente para a ação e exercitem o autocontrole. Depositem toda a sua esperança na graça que receberão quando Jesus Cristo for revelado. —1 PEDRO 1:13

Supostamente, a cada minuto, cerca de 50 pensamentos passam pela cabeça de uma pessoa comum. Nossos pensamentos podem ser tão desordenados quanto nossa escrivaninha, nosso calendário e nossas adjacências. Repito, podemos recorrer às Escrituras como um manual de treinamento sobre como ordenar os nossos pensamentos. Lembre-se, Paulo diz que devemos deixar Deus nos transformar em uma nova pessoa mudando a maneira como pensamos. Sua Palavra nos propõe isso.

"Concentrem-se em tudo que é verdadeiro, tudo que é nobre, tudo que é correto, tudo que é puro, tudo que é amável e tudo que é admirável. Pensem no que é excelente e digno de louvor" (Filipenses 4:8).

"Gravem estas minhas palavras no coração e na mente" (Deuteronômio 11:18).

"Destruímos todas as opiniões arrogantes que impedem as pessoas de conhecer a Deus" (2 Coríntios 10:5).

"O mesmo sentir de uns para com os outros, segundo Cristo Jesus" (Romanos 15:5 ARA).

"Pensem nas coisas do alto, e não nas coisas da terra" (Colossenses 3:2).

"Deixem que o Espírito renove seus pensamentos e atitudes" (Efésios 4:23).

"Tu guardarás em perfeita paz todos que em ti confiam" (Isaías 26:3).

Siga as diretrizes de ordem de Deus em seu pensamento. Ele tem a capacidade de derrotar todo caos e nos tornar pessoas novas transformando a nossa maneira de pensar.

Pai, às vezes as responsabilidades que me foram atribuídas e as expectativas colocadas sobre mim pelos outros e por mim mesmo consomem os meus pensamentos. Há momentos em que é fácil sentir-me sobrecarregado. Ajuda-me a levar meus pensamentos cativos em obediência a Cristo e a organizar a minha mente para que eu possa me concentrar em ti. Em nome de Jesus, amém.

DIA 5

*Portanto, sejam cuidadosos em seu modo de vida.
Não vivam como insensatos, mas como sábios.
Aproveitem ao máximo todas as oportunidades nestes
dias maus. Não ajam de forma impensada,
mas procurem entender a vontade do Senhor.* —EFÉSIOS 5:15-17

O**rdem em sua vida ajudará a prepará-lo** para viver com sabedoria e intencionalidade, aproveitando ao máximo todas as oportunidades de viver conforme o Senhor o orienta. Desordem na sua escrivaninha ou na sua agenda lotada e frenética o impedirá de cumprir os mandamentos desse versículo.

Esteja preparado para todas as oportunidades. Paulo também escreveu a Timóteo, um jovem pastor, e lhe disse para estar preparado para pregar a Palavra de Deus, quer o tempo fosse favorável ou não. Pedro nos diz para estarmos sempre prontos para explicar a esperança que temos. Deus abre muitas oportunidades para nós, mas frequentemente dizemos: "Simplesmente não é o momento certo". Assim, desperdiçamos um momento que Deus pretendia que aproveitássemos.

Fomos designados para uma missão; devemos continuar a obra de Cristo de guiar as pessoas de volta a Deus. Precisamos ter uma visão clara da nossa identidade como representantes de Cristo e administradores das oportunidades que Deus nos dá para levar avante a missão. A ordem é também uma questão de mordomia. Isso inclui a administração do nosso tempo e das oportunidades que Deus nos concede.

*Pai, agradeço-te pelas oportunidades que Tu me dás
de compartilhar a esperança que nós temos em Cristo.
Dá-me discernimento e organização ao planejar
a minha agenda, para que eu possa estar sempre pronto
quando essas oportunidades surgirem.
Em nome de Jesus, amém.*

DIA 6

> *Ele faz que todo o corpo se encaixe perfeitamente.*
> *E cada parte, ao cumprir sua função específica,*
> *ajuda as demais a crescer, para que todo o corpo*
> *se desenvolva e seja saudável em amor.* —EFÉSIOS 4:16

Eis aqui mais um exemplo da ordem com que o nosso Deus age: Ele deu a cada um de nós certos dons, e dentro de Sua Igreja todos nos complementamos mutuamente. Esse versículo de Efésios nos dá uma bela imagem do plano de Deus de que os Seus seguidores sejam interligados, dando e recebendo vida uns dos outros.

Agora, passemos dessa visão universal para a visão da... minha escrivaninha. Há todo tipo de pesquisas e estudos que ligam a organização da sua escrivaninha à sua atitude, eficiência e produtividade. Para ser sincero, às vezes a minha escrivaninha não me faz parecer uma pessoa ordeira. No entanto tenho ao meu redor uma equipe que me ajuda a manter a ordem em meu escritório.

Se a ordem não é seu ponto forte e você sabe disso, traga para a sua vida pessoas que o ajudem a manter a organização, controlar os prazos de maneira adequada e cuidar das suas responsabilidades. Muitos casais aprenderam que o papel de cada cônjuge nas demandas do dia a dia é mais bem definido não pelas funções tradicionais, e sim pelos dons que cada pessoa possui. Coloque esse mesmo pensamento em ação no escritório e faça o que for necessário para levar ordem à sua liderança. O sucesso da sua liderança depende disso.

Pai, prepara-me para levar ordem à minha liderança,
seja em minha casa, meu escritório ou minha igreja. Ajuda-me
a reconhecer os meus pontos fortes e fracos. Ensina-me
a usar os pontos fortes para ajudar o Corpo de Cristo a crescer,
e a receber de bom grado ajuda para superar os meus
pontos fracos. Em nome de Jesus, amém.

DIA 7

Pois, por meio dele, todas as coisas foram criadas [...].
Ele [...] mantém tudo em harmonia. —COLOSSENSES 1:16-17

Na Bíblia, temos vislumbres da organização de Deus no jardim do Éden e de Seu mandamento a Adão para trabalhar e cuidar do jardim. Vemos isso em Suas instruções precisas acerca de muitas coisas, incluindo a arca de Noé e a reunião dos animais, a construção do tabernáculo, sacrifícios e adoração. Vemos essa ordem na vida terrena de Jesus, em incidentes como quando orienta Seus discípulos enquanto se prepara para alimentar 5.000 pessoas e Suas instruções sobre onde se encontrarem com Ele após a ressurreição. Vemos isso na missão de Jesus, de trazer paz entre Deus e o homem e reparar esse relacionamento rompido. Vemos essa ordem também nos vislumbres que temos dos novos Céus e da nova Terra vindouros.

O versículo de hoje é surpreendente. Pare por um momento e tente compreender a profundidade do que a Palavra de Deus está afirmando. Em Cristo, tudo se mantém unido. Ele é a esperança para o mundo caótico e destruído. Caro amigo, se você quer que a sua vida esteja em ordem, precisa conhecer o Deus da ordem, da paz e da harmonia. Colossenses 1:10 nos diz que, quanto mais conhecermos a Deus, mais cresceremos, não apenas em ordem, mas em todos os aspectos da vida como filhos de Deus.

Segure-se firme na videira. Ande junto ao seu Mestre. Abra-se todos os dias ao poder e à orientação do Espírito Santo, que trará ordem e paz à sua jornada.

Pai, orienta os meus passos hoje e todos os dias,
e ajuda-me a conhecer-te em um nível mais íntimo.
Traze ordem, paz e harmonia ao meu mundo
por vezes caótico. Em Teu nome, amém.

NOTAS E ORAÇÕES

APROPRIAÇÃO

• SEMANA 33 •
DIA 1

A verdadeira marca de um líder é responsabilizar-se totalmente pelas consequências e os resultados. —Paul Weaver

Deus, para quem e por meio de quem todas as coisas foram criadas, escolheu levar muitos filhos à glória. E era apropriado que, por meio do sofrimento de Jesus, ele o tornasse o líder perfeito para conduzi-los à salvação. —HEBREUS 2:10

Antes de falarmos sobre a importância do apossar-se, tenhamos o quadro geral claramente em nossa mente. O fato abrangente é que Deus tomou posse de você e de mim. Nós fomos resgatados da escravidão no reino das trevas para sermos levados ao Reino da luz de Cristo. Tal resgate custou caro.

Deus nos reivindicou como Seus, nos declarou Seus filhos e herdeiros. Jesus está nos conduzindo para a glória, à glória do nosso lar definitivo e à glória que Deus planejou que esteja **em nós**. Ele é o autor e consumador da nossa fé. Tudo isso é o plano mestre de Deus e Ele não abandonará a Sua obra. Tudo está acontecendo *agora*. Ele está agindo em todos os passos que Seus filhos dão na jornada deles de volta ao lar.

E tudo isso por causa de Seu grande amor, bondade e misericórdia. Não se trata de algo que fizemos; não podemos nos orgulhar de realizar qualquer parte disso por nossa própria conta. Deus assenhorou-se de nós. Ele tomou posse de você. A vida que vivemos é obra de Suas mãos e está sendo moldada para glorificar ao Senhor e cumprir os Seus propósitos.

Senhor, ajuda-me pelo exemplo a demonstrar amor, bondade e misericórdia a minha família, meus amigos e todas as pessoas enquanto passo por esta vida. Amém.

Orações sobre *Apropriação* —**PERRY CHUPP**

DIA 2

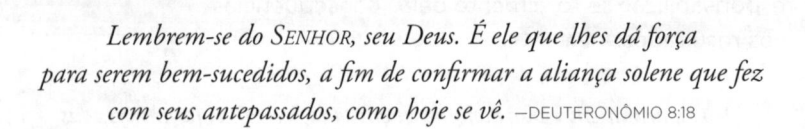

*Lembrem-se do SENHOR, seu Deus. É ele que lhes dá força
para serem bem-sucedidos, a fim de confirmar a aliança solene que fez
com seus antepassados, como hoje se vê.* —DEUTERONÔMIO 8:18

Deus tomou posse de nós. Como parte de Seu plano, Ele nos deu responsabilidades. Assim como os pais dão responsabilidades aos filhos para ajudá-los a crescer e ser parte contribuinte da família, Deus nos deu uma obra a executar, para nos dar crescimento e fazer a obra da família de Deus.

Foi-nos confiada a missão de Jesus: levar ao mundo a mensagem da graça de Deus. Nós recebemos dons que nos permitem servir aos outros de maneiras individuais e únicas. Para alguns de nós, esses dons são habilidades como falar, escrever, fazer contatos com outras pessoas, e outros talentos. Alguns receberam recursos abundantes e oportunidades incomuns para usar para o Reino. Jesus disse que "a quem muito foi dado, muito será pedido; e a quem muito foi confiado, ainda mais será exigido" (Lucas 12:48). Nós teremos de prestar contas do que fizemos com o que nos foi dado. No dia em que eu tiver de responder a Deus pelo que fiz, quero que Ele me diga: "Ei, bom trabalho!".

Nós precisamos tomar posse daquilo que Deus nos confiou. Quer sejam talentos, oportunidades ou recursos, tome posse da responsabilidade de usá-los bem para o Reino. Por haver tomado posse, você dará àquilo tudo de si, pois está trabalhando para o Senhor.

*Deus Pai, ajuda-me a usar os dons e recursos que
Tu me confiaste. Que eu possa continuar a abençoar outras pessoas
pela maneira como fui abençoado. Amém.*

DIA 3

Trabalhem com afinco a sua salvação.
—FILIPENSES 2:12

Nossos esforços não realizam nossa salvação ou nossa transformação. Deus já realizou o ato da redenção e o Espírito Santo é quem nos transforma. Porém, nós devemos assumir a responsabilidade e deixar evidente que, realmente, nos tornamos filhos e filhas do Rei, que somos cidadãos do reino de Jesus e que somos um povo com nova esperança e nova fidelidade. Quando nos recusamos a andar em consonância com o Espírito, quando duvidamos, desconfiamos e ignoramos as promessas que Deus nos deu, quando nos furtamos de nossa nova missão como representantes de Cristo, não estamos tomando posse de nossa nova vida, nova identidade, novo propósito e nova realidade.

Por isso, tome posse de sua nova vida. "Cresça" em sua salvação ou "revista-se dela", como escreveu Paulo. Assim como nos vestimos pela manhã, precisamos assumir a responsabilidade de nos vestir com a nossa nova identidade. Você pode ter uma roupa nova e elegante pendurada em seu armário, mas, se jamais a vestir, ela não lhe trará benefício algum. Nós precisamos escolher, a cada dia, viver na nova vida de nossa identidade em Cristo.

João disse que, se afirmamos conhecer a Deus, mas não vivemos segundo os Seus mandamentos, somos mentirosos. Se não vivemos em conformidade com a grande esperança que dizemos ter, estamos evitando tomar posse de tudo que a nossa salvação nos concedeu. As coisas velhas passaram. Tudo se fez novo. Tome posse da dádiva que você recebeu e esforce-se por expressá-la.

Pai, agradeço-te pela dádiva gratuita da salvação.
Por ter fé para enfrentar cada dia como um novo dia. Por saber
que Tu estás ao nosso lado. Amém.

DIA 4

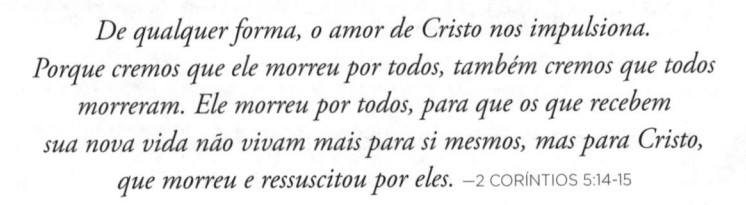

De qualquer forma, o amor de Cristo nos impulsiona.
Porque cremos que ele morreu por todos, também cremos que todos
morreram. Ele morreu por todos, para que os que recebem
sua nova vida não vivam mais para si mesmos, mas para Cristo,
que morreu e ressuscitou por eles. —2 CORÍNTIOS 5:14-15

Tomar posse significa que assumimos responsabilidade, trabalhamos com afinco e nos esforçamos para obter certos resultados. Embora as dádivas de misericórdia, perdão e vida eterna concedidas por Deus sejam exatamente isso, dádivas gratuitas, Ele também pede que invistamos nesta nova vida.

Eis aqui apenas algumas palavras de algumas das cartas do Novo Testamento aos cristãos: faça todos os esforços, trabalhe, revista-se, elimine, fuja, resista, use bem, livre-se, corra com perseverança, agarre-se, esteja em guarda, fique firme, prossiga.

Sim, Deus nos pede para nos dedicarmos à vida, à identidade e ao propósito que Ele nos concedeu. Ele nos deu muitas promessas quanto ao que fará em nossa vida. Pedro diz que fazer isso nos ajudará a escapar da corrupção deste mundo e nos tornará mais semelhantes a Cristo. Deus expôs o que Ele está fazendo. Agora, deseja que avancemos e vivamos como Seu povo redimido. Sua Palavra nos diz que é preciso esforço. Temos de nos dedicar nesta vida.

Senhor, oro para que possa continuar a demonstrar
o amor de Jesus ao ajudar os necessitados. Guia e direciona
os meus passos. Que possamos continuar a ser abençoados
com boa saúde e segurança. Amém.

DIA 5

*Louvado seja o Senhor, pois ele me mostrou
as maravilhas de seu amor; manteve-me a salvo numa
cidade cercada de inimigos.* —SALMO 31:21

Sim, há dias em que as nossas mãos estão cansadas e os nossos joelhos fracos. Nossa mente está em frangalhos e nosso coração, desanimado. Para onde vão nossos pensamentos então? O inimigo tentará tirar vantagem de todas as rachaduras nas muralhas de nossa cidade [vida]. Deus, em Seu infalível amor, em Seu plano tem provido para nós. Davi sabia disso. Ele escreveu sua gratidão em muitos dos salmos. O Salmo 31 inclui o versículo de hoje e outras linhas acerca da grande bondade que o Senhor tem por aqueles que se achegam a Ele em busca de ajuda e proteção.

Caro amigo, a Bíblia é um livro de esperança para você. Na Palavra, você conhecerá a Deus cada vez melhor. Você verá cada vez mais o plano dele para você e a grande bondade que Ele tem por você. Descobrirá que Ele fornece tudo de que precisamos em nossa caminhada por este mundo, em nossa liderança e em nossa tomada de posse do que Ele nos confiou. Jesus nos encoraja a pedir, buscar e bater. Nele nós encontramos aquilo de que precisamos. Pedro, em sua segunda carta, nos assegura que "Deus, com seu poder divino, nos concede tudo de que necessitamos…" (2 Pedro 1:3) para vivermos uma vida dedicada aos propósitos do Senhor. Ele é o Pastor que cuida de Suas ovelhas. Quando a sua cidade [vida] estiver sob ataque, o infalível amor de Deus não o abandonará. Você pode contar com isso!

*Senhor, agradeço-te por caminhares comigo
pelos vales sombrios sempre que eu pego uma curva errada.
Agradeço-te por Teu infalível amor. Amém.*

DIA 6

Quem oculta seus pecados não prospera; quem os confessa e os abandona recebe misericórdia. —PROVÉRBIOS 28:13

Tomar posse significa também que devemos prestar contas de todos os momentos em que erramos. Como diz a sabedoria de Provérbios, tentar encontrar desculpas ou culpar outras pessoas por nossos erros é seguir um caminho que não nos fará prosperar.

Sou muito grato ao meu Deus por também ter um plano para os dias em que erro. Quando cometo um erro, não tenho de viver como escravo dele. Posso pedir a Deus que me ensine com meu erro, que me dê mais sabedoria e força, e então seguir em frente. Se eu pequei, 1 João 1:9 me garante que o Senhor é fiel e justo. Posso confiar que Ele cumprirá a Sua promessa. Ele me perdoará e me limpará. Ele não apenas limpa o meu registro de manchas, mas também trabalha em mim para remover mais do meu velho eu e substituir pelo Seu próprio caráter. Como o apóstolo Paulo, podemos esquecer o que ficou para trás e prosseguir em direção ao alvo.

Por outro lado, podemos também comemorar quando acertarmos. Nós louvamos o Senhor pela Sua ajuda, pela orientação do Seu Espírito, por toda aquela bondade e benignidade que Ele derrama sobre nós. A posse final é de Deus. Ele está comprometido com o resultado final: levar-nos para casa com Ele, para compartilharmos da Sua glória.

Senhor, agradeço-te porque, nas muitas vezes em que erramos, tudo que temos a fazer é pedir e somos perdoados. Agradeço-te por Tua fidelidade, Tua promessa de que todo erro ficará para trás e poderemos seguir em frente com a ficha limpa. Amém.

DIA 7

*Não se deixem enganar: ninguém pode zombar de Deus.
A pessoa sempre colherá aquilo que semear.* —GÁLATAS 6:7

Não deixe o enganador, o inimigo de sua alma, convencê-lo de que as leis de Deus, da semeadura e da colheita, podem ser contornadas ou evitadas. Nós sempre colheremos o que plantarmos. Se semearmos desonestidade, falta de perdão, não prestação de contas, insinceridade e egoísmo, poderemos esperar plenamente que as sementes que espalhamos crescerão e se transformarão em uma colheita com a qual teremos de lidar nas pessoas que lideramos. Essas sementes se espalham e brotam rapidamente. Por outro lado, o mesmo acontece quando plantamos sementes de honestidade, perdão, prestação de contas, sinceridade e bondade (para citar alguns exemplos).

Também colheremos conforme o modo *como* semeamos. Paulo nos exorta a nos lembrarmos disto: "quem lança apenas algumas sementes obtém uma colheita pequena..." (2 Coríntios 9:6). Como líder, você não pode esperar ver uma colheita florescente de traços de caráter desejáveis surgindo entre seus colegas de trabalho se não plantar muitas sementes boas. Se você semear generosamente, será recompensado com uma colheita abundante. Essa lei também se aplica à nossa vida pessoal.

O mesmo apóstolo afirma que, se semearmos para agradar ao Espírito, para andar em sintonia com Ele, nosso resultado e perspectiva serão a vida eterna. Porém, se a nossa natureza pecaminosa é quem controla a semente que espalhamos enquanto caminhamos pela vida, o resultado e a perspectiva serão "ruína e morte" (Gálatas 6:8).

*Deus Pai, agradeço-te por nos perdoares além
do que nós merecemos. Ajuda-me a demonstrar mais amor
e bondade. Continua a caminhar comigo em semear
as boas sementes, em tudo que faço e digo, pois elas
agradam a ti. Amém.*

STEVE WINGFIELD

NOTAS E ORAÇÕES

PAIXÃO

• SEMANA 34 •
DIA 1

Viver com paixão é a melhor maneira de edificar a vida, não apenas de ganhar dinheiro para viver.
—Paul Weaver

> *Portanto, quer vocês comam, quer bebam, quer façam qualquer outra coisa, façam para a glória de Deus.* —1 CORÍNTIOS 10:31

Eu sou competitivo, e as pessoas sabem disso. Gosto de comemorar e curtir. Se você me conhece, sabe que, quando eu assumo um projeto, entrego-me a ele por completo. Frequentemente, a palavra "paixão" tem conotações sexuais, mas agora estamos focando a definição mais geral de viver a vida, perseguir um objetivo ou liderar uma organização — ao máximo. Uma vida apaixonada é aquela a que Jesus se referia em João 10:10, ao dizer que veio para nos dar vida em toda a sua plenitude, vida abundante, rica e satisfatória. Isso é viver com paixão pela vida.

Mais do que por qualquer outra área da minha vida, eu quero ser apaixonado pela minha vida por Cristo. Eu quero fazer diferença para o Seu reino. Para isso, vou ter que ofertar a Ele tudo que há em mim. Colocar tudo à disposição dele, e faço isso porque sou apaixonado por Jesus. Quero que a inscrição na minha lápide seja: "Ele morreu loucamente apaixonado por Jesus". Eu quero morrer esvaziado. E, quando o vir, quero ser capaz de dizer: "Senhor, eu dei tudo que tinha".

Jesus, desde o momento em que eu acordo até deitar a minha cabeça para descansar, capacita-me cada dia a buscar a ti obedientemente no trabalho, no lar, na igreja e em minhas interações com estranhos e inimigos. Amém.

Orações sobre *Paixão* —**BEAU HUMMEL**

DIA 2

Eu te desejo mais que a qualquer coisa na terra.
—SALMO 73:25

Caro amigo, hoje dedique um tempo para imaginar como seria a sua vida sem a orientação, a força e a presença de Deus. Nós ficamos presos na "vida" que está acontecendo e não damos valor a muitas coisas — até perdermos essas coisas. Então, descobrimos que podemos viver sem as nossas posses; sim, podemos até viver sem os nossos entes queridos, embora essa seja uma jornada muito maior e mais dolorosa. Porém, jamais conseguirei viver sem Cristo.

Esta é minha maior paixão: viver ao máximo a minha vida em Cristo. Sua presença é algo que *sempre* estará comigo e não esvanecerá, trairá, fracassará ou decepcionará. Eu estou comprometido com Ele. Quero dedicar a minha vida a representá-lo bem.

Não estou dizendo isso para me gabar, apenas quero compartilhar (como Asafe escreveu no Salmo 73:28) "como é bom estar perto de Deus!". Eu quero contar as coisas maravilhosas que Ele fez e a força que Ele provê. Espero que também você tenha descoberto que vale a pena dedicar a sua vida a Ele.

Todos nós temos outras paixões na vida — nossa família, projetos favoritos, as pessoas e organizações que lideramos. Esta semana, enquanto pensamos sobre *paixão*, estabeleça as suas prioridades. Traga clareza ao que você considera mais essencial na vida e para onde a sua paixão o está conduzindo.

Jesus, a minha agenda está muito cheia, mas não suficientemente
repleta de ti. Perdoa-me por colocar meus interesses, minhas atividades
e os outros antes de buscar a ti. Oro para que, hoje, o Teu Espírito
me encha de paixão que escolhe buscar a ti acima de tudo. E que, um dia,
a minha agenda seja prova da minha nova e apaixonada
busca por ti. Amém.

DIA 3

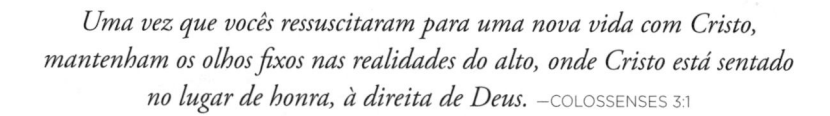

Uma vez que vocês ressuscitaram para uma nova vida com Cristo, mantenham os olhos fixos nas realidades do alto, onde Cristo está sentado no lugar de honra, à direita de Deus. —COLOSSENSES 3:1

Colossenses 3 nos dá um forte contraste entre a antiga vida e a nova, as paixões pecaminosas e as paixões piedosas, o terreno e o celestial. Não precisamos ler Colossenses 3 para saber aonde as paixões terrenas e pecaminosas levam uma pessoa. Podemos ver isso no mundo ao nosso redor: imoralidade, ganância, malícia, engano, trapaça e egoísmo. As paixões pecaminosas deste mundo levam a esse tipo de comportamento e a outros ainda piores, como o homicídio. Embora muitas pessoas nunca assassinariam outra pessoa, quantas atacaram, com intenção de matar, a reputação ou o status de outra?

Quando Cristo está em nós, quando a nossa paixão é ser o povo santo de Deus que se torna cada vez mais semelhante a Cristo, o quadro é de uma vida repleta de misericórdia, bondade, humildade, mansidão, paciência, perdão, amor e paz. Então, nosso coração centra-se em fazer e dizer *tudo* como um representante de Cristo (Colossenses 3:17).

O que produz tal paixão? O que nos transforma das garras das antigas paixões para a nova? É Cristo vindo habitar em nós; Ele é o que impulsiona a nossa paixão (Colossenses 3:11). Mais à frente, na sequência da passagem, lemos: "Que a mensagem a respeito de Cristo, em toda a sua riqueza, preencha a vida de vocês" (v.16). Caro amigo, quando isso acontece, as nossas paixões dão uma enorme guinada e seguem outro caminho, com emoção e compromisso intensos e poderosos.

Pai, agradeço-te pelo lembrete de que a presença do Teu Espírito está perto e, mais ainda, pelo fato de Ele habitar em mim. Ajuda-me a apoiar-me em ti, ouvir-te e, com paixão, buscar a Tua presença acima de todas as outras buscas em minha vida. Amém.

DIA 4

Vejam como é grande o amor do Pai por nós...
—1 JOÃO 3:1

A **nossa grande gratidão a Deus Pai** é o que acende a nossa paixão por viver como Seu povo santo. Certa profecia acerca de Cristo, Isaías 9:7, inclui a garantia de que "o zelo do SENHOR fará que isso aconteça!". Deus é apaixonadamente comprometido em redimir o Seu mundo. Ele é compromissado com tirar-nos de uma vida vazia e nos dar uma vida plena, e pagou um preço exorbitante para fazer isso (1 Pedro 1:18-19). Assim como Colossenses 3 fala de "nos revestirmos" do novo caráter que Deus deu ao Seu povo, Isaías fala de Deus se vestindo, envolvendo-se "com o manto do zelo" (Isaías 59:17).

Sua divina paixão zelosa derramou grande amor sobre nós. Ele nos amou primeiro, antes mesmo de nós o conhecermos. Ele é tão apaixonado, tão compromissado com a redenção, que se tornou o sacrifício pelo que *nós* fizemos. Ele veio viver conosco e nos dar uma nova vida. Ele nos inunda de boas e perfeitas dádivas. Ele nos tornou Seus filhos para que pudéssemos desfrutar de nossa herança e compartilhar tudo que Ele tem.

Nós fomos criados novamente para viver para Sua glória. Que o zelo do Senhor por nós desperte o nosso, e que a nossa gratidão a Ele seja demonstrada em tudo que dizemos e fazemos.

Pai, dou-te graças e oro para que eu possa começar a seguir
apaixonadamente o Teu filho e ter nele o padrão para a minha vida.
Dá-me a humildade necessária para ouvir o Teu Espírito enquanto
Ele me leva a buscar outras pessoas ao meu redor, assim como
o Teu Filho me buscou primeiro. Amém.

DIA 5

Que eles sejam encorajados e unidos por fortes laços de amor e tenham plena certeza de que entendem o segredo de Deus, que é o próprio Cristo. —COLOSSENSES 2:2

A paixão influencia. A paixão revigora. A paixão encoraja. A paixão *contagia*. Ela pode ser contraída, como um vírus. A paixão é essencial porque, sem ela, se instalam desânimo, exaustão e frustração. Não apenas na equipe ou na organização, mas também no líder. Em contraste, pessoas que trabalham com paixão lideram, ainda que não tenham o título ou a posição de *líder*. Os apaixonados motivam e revigoram.

Se você já participou de um culto de Natal onde cada um dos presentes recebem uma vela para ser acesa ao final, viu isso ilustrado de maneira resumida. Uma vela acende outra. Cada uma delas acende outra e assim por diante, até todo o recinto estar iluminado pelas chamas. A paixão pode ser algo semelhante àquelas velas.

É claro que nem todos vão "sacar" a sua paixão. Porém, em qualquer empreendimento, a paixão precisa começar em algum lugar, com alguém. Ela é motivadora e revigorante. Sem essa chama, qualquer projeto, negócio ou organização se esforçará para seguir em frente, lutando para manter a vida, frequentemente vacilando e, muito possivelmente, fracassando.

A paixão dos outros também pode reanimar e nutrir a sua. Em um nível espiritual, esse é um princípio muito importante — uma das razões pelas quais Deus nos deu essa conexão do Espírito com outras vidas em Cristo. Nós encorajamos uns aos outros.

Pai, agradeço-te pelo amável lembrete de hoje, de que, independentemente de onde eu estiver — meu papel no trabalho ou no meu lar —, estou sempre em posição de influenciar alguém. Dá-me a coragem necessária para permanecer humilde e seguir-te até os lugares em que TU queres que eu sirva como o maior influenciador para o que estás fazendo neste mundo hoje. Amém.

DIA 6

Jamais sejam preguiçosos, mas trabalhem com dedicação e sirvam ao Senhor com entusiasmo. —ROMANOS 12:11

A paixão leva ao crescimento e à excelência. Esse compromisso intenso e convincente com algo nos impulsiona a nos esforçarmos para dar tudo que temos e, em seguida, nos esforçarmos ainda mais para aumentar o que temos a oferecer. Paixão é o impulso de dar algo melhor, com toda a força de quem somos e do que temos; e o resultado natural é o crescimento pessoal.

Novamente, penso no apaixonado compromisso de Deus entregando-se por nós, dando-nos aquilo de que precisamos para viver de forma rica e satisfatória. Ele dá totalmente, abundantemente, muito além do que imaginamos.

Por nossa vez, queremos crescer em nossa caminhada com Ele e nos distinguirmos em servi-lo. Eu não quero fazer um trabalho desleixado para Aquele que deu tudo de si para que eu pudesse ter esta vida. Não quero ser preguiçoso ou seguir o Senhor com relutância ou sem entusiasmo. Eu quero dar tudo de mim. Jesus disse: "Ame o Senhor, seu Deus, de todo o seu coração, de toda a sua alma, de toda a sua mente e de todas as suas forças" (Marcos 12:30). Isso é amar com paixão, o mandamento mais importante.

Paulo sabia exatamente do que Jeremias estava falando quando declarou: "A palavra de Deus arde como fogo em meu coração, como fogo em meus ossos! Eu não consigo contê-la!" (Jeremias 20:9 parafraseado).

Deus Pai, eu estou maravilhado com a Tua perfeição.
Sou um pecador que necessita do Teu perdão e da Tua graça,
mas sei também que o Espírito Santo habita em mim.
Deus, minha paixão é que o Teu Espírito me conduza
à excelência em tudo que eu fizer enquanto o Teu plano
perfeito se desenvolve em minha vida. Amém.

DIA 7

> *O senhor disse: "Muito bem, meu servo bom e fiel".*
> —MATEUS 25:21

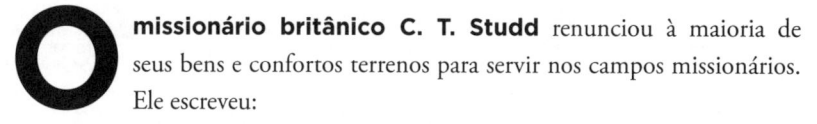

O missionário britânico C. T. Studd renunciou à maioria de seus bens e confortos terrenos para servir nos campos missionários. Ele escreveu:

"Não passemos despercebidamente por este mundo e depois escorreguemos silenciosamente para o Céu sem haver tocado alto e longamente a trombeta e ansiado pelo nosso Redentor, Jesus Cristo. Cuidemos para que o diabo faça um culto de ação de graças no inferno quando receber a notícia de nossa saída do campo de batalha."

Estamos no campo de batalha sob a bandeira de Jesus Cristo. Eu não estou trabalhando apenas para receber um salário. Tudo que faço, faço para o Senhor. Ele me deu esta nova vida. Ela pertence a Ele. Quero representá-lo bem em tudo que eu faço, onde quer que eu vá e com quem quer que eu esteja. Quero tocar a trombeta longamente e bem alto para o meu Redentor.

Esse princípio é muito útil para direcionar e alimentar a nossa paixão, lembrando-nos exatamente de como queremos viver. De minha parte, lembro-me constantemente de que quero representar bem a Cristo em tudo que digo e faço. Tenho esse objetivo sempre em mente e o busco com paixão.

Ele estabeleceu esta nova vida que estamos vivendo. Ele tem bons planos para nós e uma obra para fazermos. Sejamos fervorosos em cumprir nosso propósito e chamado.

Pai, eu anseio por mais de ti vivendo em mim e fluindo
através de mim para que, pelo autêntico amor, alegria,
paz, paciência, bondade, benignidade, fidelidade, mansidão
e autocontrole que eu demonstro às pessoas ao meu redor,
fique cada vez mais evidente que Tu és o supremo centro, líder
e paixão da minha existência, agora e para sempre. Amém.

NOTAS E ORAÇÕES

PACIÊNCIA

• SEMANA 35 •
DIA 1

Tenha paciência e desfrute a jornada, pois não há destino; o importante é a jornada. —Paul Weaver

*Quem tem entendimento controla sua raiva;
quem se ira facilmente demonstra grande insensatez.*
—PROVÉRBIOS 14:29

Vou ser honesto com você: paciência é a característica pela qual eu mais luto, mais oro e mais me empenho. Alguns anos atrás, entrei em uma igreja e a secretária me disse: "Eu o vi ontem". Perguntei a ela onde ela havia me visto e ela respondeu: "No meu espelho retrovisor". E o que ela viu disse a ela que era melhor sair do meu caminho. Sim, minha necessidade de paciência aparece com mais frequência quando estou dirigindo. Jamais xinguei outros motoristas ou fiz gestos obscenos, mas, aparentemente, o que se passa dentro de mim transparece em meu rosto.

Paciência é uma virtude, que pode ser aprendida e controlada. Depende de mim e de você escolher a paciência. Eu não quero que as circunstâncias ou as atitudes de outras pessoas ditem a minha reação a elas. Às vezes, só preciso respirar fundo, recuar, recolher meus pensamentos e praticar a paciência.

Eu gosto do termo "praticar", pois significa que você continua trabalhando naquilo até chegar aonde deseja. Espero que você escolha trabalhar por implementar a paciência. Eu escolho. Estou trabalhando nisso.

*Querido Deus, guia-me pelo caminho da paciência,
e que eu a escolha repetidamente, dia após dia. Amém.*

Orações sobre *Paciência* **—ARTHUR WINGFIELD**

DIA 2

> *Visto que Deus os escolheu para ser seu povo santo e amado, revistam-se de compaixão, bondade, humildade, mansidão e paciência.* —COLOSSENSES 3:12

Meu objetivo é representar bem a Cristo em tudo que faço. Esse desejo orienta minhas decisões, minhas palavras e meu comportamento. Cristo é o meu exemplo, e eu quero que a minha vida o reflita.

Pense em quão frequentemente Jesus teve de praticar a paciência. Multidões o seguiam por toda parte e, com frequência, permaneciam durante longas horas. Nicodemos foi vê-lo à noite. Os fariseus o incomodavam constantemente com perguntas capciosas para desacreditá-lo e lhe pôr armadilhas. Às vezes, até mesmo o Seu círculo íntimo de amigos simplesmente não "entendia". Frequentemente, o Senhor precisava dedicar mais tempo a explicar-lhes o que Ele queria dizer ou eles tinham atitudes e comportamentos muito fora de sintonia com tudo que Jesus havia ensinado. Eu tenho a sensação de que, se estivesse no lugar de Cristo, eu teria ficado irritado muitas vezes. Sua compaixão o mantinha paciente com aquelas ovelhas perdidas que Ele viera resgatar.

Você sabe que pode permitir que as pessoas o aprimorem ou pode escolher não permiti-lo. A paciência nos ajuda a nos relacionarmos com as outras pessoas de uma maneira boa e piedosa. Lemos no livro de Provérbios que "A sabedoria do homem lhe dá paciência; sua glória é ignorar as ofensas" (Provérbios 19:11 NVI).

A sabedoria produz paciência. Deixar passar uma ofensa inclui perdão. A compaixão de Jesus o mantinha paciente. Todas as características *Lodestar* estão entrelaçadas. Todas elas têm o objetivo de me tornar uma pessoa melhor; tornar você a melhor versão de você. E eu desejo as qualidades que me tornam um melhor representante do Senhor a quem pertenço, o Senhor a quem amo e sirvo.

Espírito Santo, ajuda-me a ser paciente com os outros, repleto de compaixão e resistente à frustração. Amém.

DIA 3

Portanto, permitir que a natureza humana controle a mente resulta em morte, mas permitir que o Espírito controle a mente resulta em vida e paz. —ROMANOS 8:6

Ser paciente parece ser fácil para algumas pessoas. Para outras, como eu, é uma luta diária. Duas coisas que farão uma grande diferença nesta batalha são a oração e a ajuda do Espírito Santo. Se nos comprometermos com a liderança do Espírito Santo, a paciência será o fruto que Ele trará à nossa vida. A lista de qualidades da vida guiada pelo Espírito inclui também paz e autocontrole, coisas que não encontramos onde impera a impaciência.

Gálatas 5 nos diz que a nossa natureza pecaminosa está em constante conflito com o Espírito. Ela quer nos levar para o caminho oposto daquele ao qual o Espírito deseja nos conduzir. Porém, a natureza humana pecaminosa não é mais senhora dos filhos e filhas de Deus. Nós não somos "obrigados" a obedecer àquela velha natureza. Em outras palavras, não posso mais dizer: "Eu sou assim mesmo". Jesus destruiu o poder do pecado em nossa vida ao morrer na cruz. Agora, nós escolhemos um novo guia — o Espírito de Cristo.

A batalha sempre estará presente em nossa vida, por isso é tão importante orar por auxílio e orientação do Espírito. Efésios 6 nos fala sobre a armadura que Deus nos deu para que possamos permanecer firmes nas batalhas; a citação termina com "Orem no Espírito em todas as ocasiões, com toda oração e súplica" (v.18 NVI). O Senhor responderá às nossas orações quando o nosso desejo for permanecer em sintonia com Ele. Posso garantir isso.

Salvador compassivo, permite-me abandonar as minhas desculpas e iniciar uma jornada em direção à paciência e ao amor divinos. Amém.

DIA 4

*Essas coisas foram registradas há muito tempo
para nos ensinar, e as Escrituras nos dão paciência e ânimo
para mantermos a esperança.* —ROMANOS 15:4

Quanto mais nós lemos a **Palavra de Deus**, mais entendemos Seus planos e mais alertas ficamos para ver como Ele está implementando tais planos neste momento. A Palavra de Deus me ajuda a colocar em perspectiva as coisas da minha vida. As pequenas irritações que injetaram impaciência em mim assumem proporções diferentes. Quando o Espírito começa a me revelar a visão que Deus tem das coisas, a paz substitui a impaciência.

A Palavra de Deus contém o conforto da certeza de que Ele está no controle. Ele tem um plano para toda a Sua criação. O Senhor supervisiona todas as coisas, e tudo que Ele planejou acontecerá. Ele se importa com os detalhes da minha vida, até mesmo com as coisas em que não presto muita atenção, e faz tudo para o meu bem. O Senhor é o meu Pastor e eu tenho tudo de que necessito. Ele nunca me deixará ou me abandonará. Deus deseja que eu direcione outras pessoas a Ele e lhes mostre quem Ele é e o que Ele pode realizar na vida de alguém. Ele é o Alfa e o Ômega. Ele detém o início e o fim.

Há muito mais! Ler todas essas coisas na Bíblia ajusta a minha atitude. Amplia o alcance da minha visão. Ouvir o que Deus tem a me dizer pode, de algum modo, reduzir as coisas que me impacientam. Ou, talvez, tais coisas não diminuam, e sim Deus e Seu plano glorioso se tornam cada vez maiores em minha visão.

*Pai celestial, conduz meu olhar aos lugares certos na Tua Palavra,
para que eu possa ver o que Tu me concederás por ser paciente. Amém.*

DIA 5

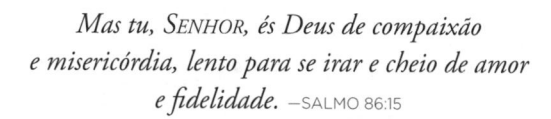

*Mas tu, Senhor, és Deus de compaixão
e misericórdia, lento para se irar e cheio de amor
e fidelidade.* —SALMO 86:15

Quão paciente Deus tem sido comigo! Paciência é um dos atributos de Deus. Quão abençoados somos por isso! Deus é amor, e 1 Coríntios 13 descreve o amor *ágape* originado de Deus. Percebe o primeiro atributo relacionado a esse amor (v.4)? Isso mesmo: paciência.

Somente devido à paciência de Deus temos Sua misericórdia e Seu perdão. Ele poderia simplesmente ter eliminado a Sua criação, que se afastou tanto do Seu plano. Todavia não o fez. Ele tinha um plano de salvação antes mesmo do início dos tempos. O Senhor ainda é paciente, oferecendo às pessoas a chance de voltar a Ele.

Deus é tão paciente e compassivo com Seus filhos! Não consigo contar as vezes que Ele teve de me colocar de volta nos trilhos, me ajudar a levantar, ou me endireitar. Ele teve de aplicar um pouco de disciplina de vez em quando — às vezes, uma disciplina mais severa —, mas sempre como um paciente e amoroso Pai. Seu plano não era apenas me salvar, e sim continuar me transformando na pessoa que Ele me criou para ser. O Senhor está fazendo isso pacientemente.

Como sou Seu filho, Deus está me ensinando a ser semelhante a Ele. Diante do grande amor e paciência do Senhor pelos perdidos, não devo também ser paciente e amoroso com eles? Como receptor de Sua enorme paciência comigo, não devo ser também paciente com meus irmãos e irmãs? E, devido ao Seu plano cobrir o início e o fim de tudo, não deveria eu ser paciente em todas as circunstâncias?

*Paciente Senhor, agradeço-te por não teres o desejo de desistir
de mim e peço Tua orientação para demonstrar aos outros
o mesmo amor paciente. Amém.*

DIA 6

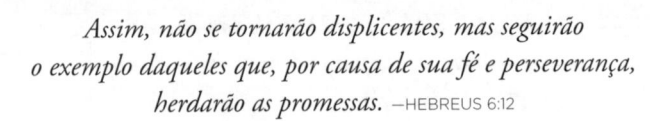

*Assim, não se tornarão displicentes, mas seguirão
o exemplo daqueles que, por causa de sua fé e perseverança,
herdarão as promessas.* —HEBREUS 6:12

Charles Stanley disse: "Nossa disposição de esperar revela o valor que damos ao objeto que estamos esperando". Não sei como você vê isso, mas esse pensamento me ajuda nos momentos em que sinto a impaciência crescer dentro de mim. *O que eu valorizo mais? Qual é o meu maior objetivo?*

Serei honesto com você: quando estou me arrastando atrás de um carro a 75 km/h em uma via cujo limite é 90, quero chegar aonde estou indo e quero chegar na hora certa. Eu valorizo isso. É importante para mim estar onde eu disse que estaria e quando disse que estaria. Estou esperando para chegar lá e dou muito valor à rapidez. Porém, isso é o que eu mais valorizo? O que eu mais desejo para a minha vida é ser um excelente representante de Cristo. Quero refleti-lo em tudo que sou, em tudo que faço e em tudo que digo. Assim, olho para o meu exemplo: Jesus. Ele experimentou todos os tipos de obstáculos, aborrecimentos e oposição direta ao Seu ministério, mas Sua missão era salvar almas e trazer à Terra o reino do Céu. Sua paciência durante Seu ministério, e até mesmo agora, surpreende-me.

Sou privilegiado por dar a minha vida para ser representante do Senhor. Por isso, continuarei a praticar a minha paciência.

*Querido Jesus, lembra-me diariamente de praticar a paciência
e de ser um fiel representante Teu aqui. Amém.*

DIA 7

*Que o Senhor conduza o coração de vocês
ao amor de Deus e à perseverança que vem de Cristo.*
—2 TESSALONICENSES 3:5

Enquanto você pratica a sua paciência, eu o encorajo a levar consigo para a batalha a espada do Espírito: a Palavra de Deus. Ela é a arma que o Espírito usa para lutar por você. Acredite em mim, ela "arde como fogo [...] é como martelo que despedaça a rocha" (Jeremias 23:29). Ela é verdadeiramente viva, eficaz e poderosa, "é mais cortante do que qualquer espada de dois gumes" (Hebreus 4:12). A espada de dois gumes era usada pelos soldados romanos em intensos combates corpo a corpo. Ela era necessária quando o inimigo estava bem próximo, em um combate de vida ou morte.

Se a impaciência é algo contra o que você luta, ore por ajuda. Depois, comece a anotar todos os versículos bíblicos que o Espírito indicar a você. Provérbios e Eclesiastes têm muitas orientações quanto a isso. As cartas do Novo Testamento enfatizam a paciência repetidamente. Escreva as passagens, marque-as, memorize-as — faça o que melhor funcionar para você. Então, nas intensas batalhas entre a impaciência humana e a paciência do Espírito, o Espírito usará essa espada para mudar o desenrolar da guerra. Com a Palavra de Deus, o Espírito pode protegê-lo e repelir o inimigo da impaciência.

Oro por você e por mim, para que sejamos fortalecidos com todo o Seu poder glorioso e tenhamos toda a paciência de que necessitamos para representá-lo bem.

*Pai gracioso, arma-me com a Tua Palavra
e enche-me de determinação para demonstrar paciência,
compaixão e perdão. Amém.*

NOTAS E ORAÇÕES

PAZ

• SEMANA 36 •
DIA 1

Liderança tem a ver 80% com você e 20% com a sua equipe. —Paul Weaver

> *Mas a sabedoria que vem do alto é, antes de tudo, pura. Também é pacífica, sempre amável e disposta a ceder a outros. É cheia de misericórdia e é o fruto de boas obras. Não mostra favoritismo e é sempre sincera.* —TIAGO 3:17

Em hebraico, a palavra *paz* se refere a um bem-estar vivo e vibrante. Nada tem a ver com a sua situação exterior. Tem tudo a ver com o seu estado *interior*. Como vimos consistentemente ao longo do estudo *Lodestar* até aqui, a nossa condição interior determina o que se expressa em palavras e atos. O nosso caráter constrói não somente a nossa reputação, e sim, mais importante, edifica também o ambiente em que vivemos, trabalhamos e nos socializamos. Como líder, você tem mais influência do que qualquer outra pessoa na cultura e no clima da sua organização.

Tiago nos diz que a sabedoria dada por Deus ama a paz. Essa sabedoria *busca* a paz, tanto paz pessoal quanto paz dentro da organização. Todos nós conhecemos o prejuízo que pode resultar de não haver paz interior e entre colegas de trabalho, ou seja: desordem, deslealdade, engano, murmuração, desconfiança e até mesmo aumento do absenteísmo.

O fundamental à sua liderança é a sua própria paz, a paz interior. Ela precisa começar aí, dentro de você. Essa paz em seu interior transbordará e afetará as pessoas lideradas por você. Se você não tiver essa paz, distúrbio e desconforto também se espalharão e afetarão a sua equipe. Se você não sente essa paz interior, peça ao Senhor para falar com você esta semana e lhe dar a Sua paz.

Deus Pai, Criador do Céu e da Terra, eu me prostro
diante de ti. Vem e concede-me a Tua paz. Eu a recebo pelo poder
de Deus e te louvo. Em nome de Jesus, amém.

Orações sobre *Paz* —**BARBARA WINGFIELD**

DIA 2

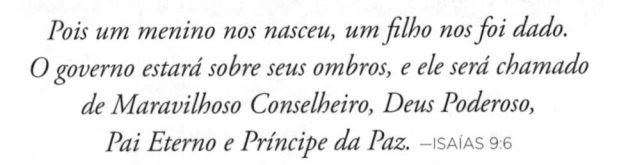

*Pois um menino nos nasceu, um filho nos foi dado.
O governo estará sobre seus ombros, e ele será chamado
de Maravilhoso Conselheiro, Deus Poderoso,
Pai Eterno e Príncipe da Paz.* —ISAÍAS 9:6

Você pode estar em meio à natureza tranquila e não estar em paz. Ou você pode estar no alvoroço de uma cidade ou no estrondo de um campo de batalha e ter paz. O que faz a diferença? Jesus! Ele é a nossa paz.

Jesus conseguiu adormecer em uma tempestade. Ele conseguiu enfrentar mais de 5.000 pessoas sem ficar ansioso. Todos os da casa de Jairo estavam lamentando, chorando e se lamuriando, e Jesus disse: "Acalmem-se. Tudo ficará bem" (Marcos 5:39 parafraseado). O homem possesso de demônios o confrontou, e Jesus ficou ali como o Príncipe da Paz (Marcos 5:2-7). No jardim do Getsêmani, Suas palavras a Pedro foram: "Guarde sua espada" (João 18:11). Na cruz, Ele orou: "Pai, perdoa-lhes" (Lucas 23:34).

Ele é o Príncipe da Paz. Sua vida demonstrou uma paz incomparável. E Ele é quem nos trará paz. O menino nasceu *a nós, por nós.* Ele detém a chave da nossa paz. Em Lucas 1:79, lemos a profecia de Zacarias sobre o bebê que nasceria "para iluminar aqueles que estão na escuridão e na sombra da morte e nos guiar ao caminho da paz". A terna misericórdia de Deus tornou isso possível. O Senhor não deseja que Seus filhos vivam em ansiedade, discórdia e desconforto; Ele quer dar-lhes paz. Jesus veio para nos mostrar o caminho.

*Senhor Deus, agradeço-te por enviares Jesus, por Sua vida,
Seu exemplo, Seu perdão, Sua luz e Sua orientação para mim hoje.
Por causa de Jesus, amém.*

DIA 3

Eu lhes falei tudo isso para que tenham paz em mim. —JOÃO 16:33

A **mesma profecia que declarou que o futuro Messias** seria o Príncipe da Paz também disse que Ele seria "Maravilhoso Conselheiro, Deus Poderoso, Pai Eterno", e que o Seu governo *e Sua paz* nunca teriam fim.

Temos um Maravilhoso Conselheiro. Quando você precisar de esperança, consolo e confiança, leia as palavras de Jesus a todos os discípulos em João 14–16, e Sua oração por nós no capítulo 17. Ele estava aconselhando e preparando Seus discípulos naquele tempo, e nos aconselha e nos prepara hoje. Por meio do Espírito Santo, Ele vive em nós para nos ensinar e guiar. Que melhor conselheiro poderíamos encontrar?

Ele é o Deus Poderoso. Nós precisamos do Deus poderoso, não é mesmo? Pois, Ele é o Deus vivo. É por isso que podemos esperar e confiar nele, o poderoso Criador que é Senhor de tudo. Ele é eterno. Não depositamos a nossa esperança em um Deus que desaparecerá, desvanecerá ou morrerá. Ele detém o início e o fim, e tudo que há entre eles. Ele é o Todo-poderoso e não há outro.

A nossa confiança é depositada nesse Deus onipotente e eterno que vive conosco pessoalmente, como Conselheiro e Guia. Esse Deus veio à Terra *a nós, por nós.* Ele veio para nos guiar ao caminho da paz. Quando você o segue nesse caminho, sua vida e sua liderança são transformadas.

Deus poderoso, eu preciso de ti. Seja vitorioso em meus pensamentos e atos, Senhor. Eu te louvo por teres vindo para que em ti eu possa ter paz. Em nome de Jesus, amém.

DIA 4

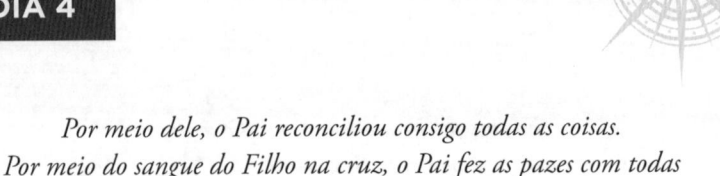

Por meio dele, o Pai reconciliou consigo todas as coisas. Por meio do sangue do Filho na cruz, o Pai fez as pazes com todas as coisas, tanto nos céus como na terra. —COLOSSENSES 1:20

A cruz é o plano de Deus para a paz. O pecado afastou a humanidade de Deus e nos tornou Seus inimigos. De alguma forma a nossa paz com Deus precisava ser estabelecida. Porém, por nós mesmos, jamais seríamos capazes de construir a paz com Deus. Logo, o Senhor fez isso. Ele firmou a paz conosco antes mesmo de a desejarmos. Ele nos amou antes de nos importarmos.

Você pode tirar férias para tentar conseguir um pouco de paz. Você pode ir à farmácia e comprar tranquilizantes para se acalmar ou conseguir dormir, mas isso não o leva a encontrar a verdadeira paz. O único lugar em que você a encontrará é no Deus de toda a paz.

Jacó lutou com Deus. Seu coração foi transformado, e ele se tornou Israel. Ele deixou de ser um enganador usurpador e passou a ser um homem por meio do qual o reino de Deus foi estabelecido. Quando você aceita a paz de Deus por meio de Jesus Cristo, o seu coração é transformado. Primeiro, a paz com Deus lhe é concedida. O pecado não é mais uma barreira entre você e o Todo-poderoso. O seu pecado foi pago. Então, você recebe todas as garantias do Senhor, Suas promessas e Sua presença que lhe fornece os Seus abundantes recursos para a sua caminhada neste mundo.

Jesus veio para lhe mostrar o caminho para a paz. Ele é o Deus de toda a paz. Não a procure em nenhum outro lugar.

Querido Deus, agradeço-te por criares um plano para me resgatar do meu pecado. Ajuda-me a conhecer e lembrar-me das Tuas promessas, empolgar-me com a presença do Teu Espírito e confiar em ti.
Em nome de Jesus, amém.

DIA 5

O coração em paz dá vida ao corpo.
—PROVÉRBIOS 14:30 NVI

Um coração em paz. Em Filipenses 4, encontramos promessas de uma paz que está além da nossa compreensão. Primeiro, Paulo nos fornece três dicas simples de coisas para fazermos em vez de nos preocuparmos.

1. Ore acerca de tudo.
2. Conte a Deus quais são as suas necessidades.
3. Agradeça a Ele por tudo que Ele fez.

A Palavra de Deus promete que o resultado disso é que experimentaremos "a paz de Deus, que excede todo entendimento" (Filipenses 4:7). Ela será uma paz que não pode ser explicada por raciocínio ou lógica humana, mas guardará o nosso coração e a nossa mente ao vivermos em Cristo Jesus.

A segunda coisa a fazer é focar os nossos pensamentos. Segundo a Palavra de Deus, se centrarmos os nossos pensamentos e nos mantivermos focados no que é verdadeiro, honrado, correto, puro, amável, admirável, excelente e digno de louvor, e continuarmos andando em sintonia com o Espírito, "então o Deus de amor e paz estará [conosco]" (2 Coríntios 13:11).

Cristo é Aquele que nos fortalece. Quando dependemos dele em vez da nossa própria força, descobrimos que podemos fazer e estar contentes em tudo (Filipenses 4:11-13). Deus "suprirá todas as [nossas] necessidades por meio das riquezas gloriosas que nos foram dadas em Cristo Jesus" (Filipenses 4:19). Essa é a mesma paz que Davi celebrou: "O Senhor é meu pastor, e nada me faltará" (Salmo 23:1).

Oro para que o Deus de toda a paz conceda a você esse *coração em paz*.

Senhor Deus, Tu és o Deus de graça e paz. Limpa meus pensamentos por meio do sangue de Jesus. O Teu Espírito está me fortalecendo. Em nome de Jesus, amém.

DIA 6

Busque justiça, fidelidade, amor e paz.
—2 TIMÓTEO 2:22

Como filhos do Deus de paz e seguidores de Jesus Cristo, nós somos chamados a viver em paz. Jesus disse que os pacificadores serão abençoados. Em quase todas as cartas do Novo Testamento, os apóstolos escreveram: "No que depender de vocês, vivam em paz com todos" (Romanos 12:18). A introdução incluía: "Que vocês tenham cada vez mais graça e paz" (2 Pedro 1:2).

Não devemos retribuir o mal com mal; em vez disso, retribuir o mal com bênçãos e bem. Em Romanos 14, Paulo exorta para não se criar divisões na igreja. Não permita que argumentos destruam o que Deus está realizando; em vez disso, trabalhe pela paz e pela edificação mútua. Mesmo no caso de um cônjuge deixar o outro, "Deus os chamou para viver em paz" (1 Coríntios 7:15).

Os discípulos ficavam, frequentemente, perturbados. Eles discutiam entre si. Queriam fazer guerra. Queriam incendiar uma aldeia. Quantas vezes a sua presença declara guerra? Recorde-se de seus dias. Você é um pacificador? Você está buscando a paz e edificando os outros em vez de guerrear contra eles?

Se você está indo guerrear contra o mundo exterior, é tempo de resolver a guerra interior. O que está se expressando no lado de fora é apenas o fruto; algo precisa ser feito quanto à raiz antes que o fruto possa ser transformado. A única coisa que transforma a raiz — o seu coração — é andar com o Senhor. Ele é o Príncipe da Paz.

Deus Pai, peço-te sinceramente que Tu me ajudes a buscar
a paz, edificar os outros e ser um encorajador. Que a paz seja o fruto
gerado. Eu te louvo e oro em nome de Jesus, amém.

DIA 7

Mas, ainda que sofram por fazer o que é certo, vocês serão abençoados. Portanto, não se preocupem e não tenham medo de ameaças. Em vez disso, consagrem a Cristo como o Senhor de sua vida. E, se alguém lhes perguntar a respeito de sua esperança, estejam sempre preparados para explicá-la. —1 PEDRO 3:14-15

Seguir os ensinamentos de Jesus e Seu exemplo de paz será, com frequência, contrário à cultura. Suas palavras vão de encontro a grande parte da "sabedoria" popular de negócios na atualidade e, muito provavelmente, seremos considerados tolos ou fracos. Deus deseja que sejamos homens e mulheres de paz. Ele quer nos dar aquela *shalom*, aquela vida vibrante e saudável, e deseja que o representemos como o Deus de paz. Nós levamos o Seu nome. Somos Seus representantes. Ele quer estar envolvido em todos os aspectos da nossa vida e caminhar conosco. Ele deseja que transmitamos a Sua mensagem de paz.

Moisés conversou com Deus. Enoque andou com Deus. Daniel teve paz na cova dos leões. Os amigos de Daniel foram lançados na fornalha ardente, mas confiaram em Deus. O rei viu estes serem amarrados e jogados no fogo. De repente, assombrado exclamou: "Vejo quatro homens desamarrados andando no meio do fogo sem se queimar! E o quarto homem se parece com um filho de deuses!" (Daniel 3:25). Paulo teve paz na prisão. Nós podemos ter paz em toda e qualquer situação se fizermos de Cristo o Senhor da nossa vida.

Senhor Deus, Tu és o Deus Altíssimo, meu Salvador e Senhor. Nos sofrimentos, Tu és capaz de me libertar, ser meu vindicador. Eu adoro a Cristo como Senhor da minha vida. Em nome de Jesus, amém.

NOTAS E ORAÇÕES

PRODUTIVIDADE

• SEMANA 37 •
DIA 1

O sucesso de toda organização está diretamente ligado à produtividade. O líder que serve à sua equipe ajudando-a a ser produtiva está, rotineiramente, nas trincheiras. —Paul Weaver

> *Esforcem-se ao máximo [...]. Acrescentem à fé a excelência moral; à excelência moral o conhecimento; ao conhecimento o domínio próprio; ao domínio próprio a perseverança; à perseverança a devoção a Deus; à devoção a Deus a fraternidade; e à fraternidade o amor. Quanto mais crescerem nessas coisas, mais produtivos e úteis serão no conhecimento completo de nosso Senhor Jesus Cristo.* —2 PEDRO 1:5-8

Algum tempo atrás, alguém me perguntou se eu era aposentado. Não sei por que pensaram que isso. Talvez a pessoa achasse que eu havia chegado à idade da aposentadoria. Eu disse: "Bem, defina *aposentado*". A definição dela foi: "Fazer o que você quiser, quando quiser". Então respondi: "Sou aposentado". Eu amo fazer o que faço. Sempre amei fazer o que faço. Sinto que o que faço é produtivo. Estou na ativa!

Se você deseja permanecer na ativa, precisa ser produtivo. Quando você é produtivo, procura o que precisa ser feito e o faz; isso é iniciativa. Você motiva os outros a trabalhar visando um bom resultado; isso é influência. Você procura maneiras de fazer as coisas melhor; isso é engenhosidade, desenvolvimento e inovação. Ousadia, apropriação, paixão, flexibilidade, determinação e muitas outras dessas características trabalham em sinergia para manter você produtivo e na ativa.

Senhor, que eu possa viver com a consciência de que tenho "apenas uma vida, que logo passará. Apenas o que foi feito para Cristo permanecerá". *Amém.*

Orações sobre *Produtividade* —**BRANDON TRAYLOR**

DIA 2

Não se tornem negligentes, mas imitem aqueles que, por meio da fé e da paciência, recebem a herança prometida. —HEBREUS 6:12 NVI

A produtividade é definida como causa eficaz de resultados de qualidade. A produtividade na indústria, no marketing ou como mecânico, o que quer que você faça, tem de ser eficiente. Ela tem de gerar resultados de qualidade. Você tem de cumprir prazos. Você não pode ficar sobrecarregado pelo trabalho. Você não pode ficar olhando o relógio o tempo todo.

Produtividade exige esforço. Dá trabalho. Você não pode ser preguiçoso. A maioria dos líderes que eu conheço não é preguiçosa; de fato, nenhum líder que eu conheço é preguiçoso. Produtividade e preguiça não andam juntas. Em Eclesiastes, lemos as seguintes palavras: "Por causa da preguiça, o telhado enverga; por causa do ócio, surgem goteiras na casa" (10:18). A sabedoria em Provérbios adverte repetidamente sobre a preguiça. Uma pessoa ociosa passará fome, e um excesso de "cruzar os braços para descansar" trará pobreza e necessidade. "O preguiçoso logo empobrece, mas os que trabalham com dedicação enriquecem" (Provérbios 10:4).

Também não podemos ser preguiçosos em nosso discipulado. Se um constante cruzar os braços para descansar nos controla, tornamo-nos seus escravos (2 Pedro 2:19; Romanos 6:16). Porém, Jesus destruiu a nossa escravidão de todas as outras coisas; agora, rendemos nossa obediência a Ele. E o Senhor nos dá muito mais na vida! Pedro escreveu que as promessas de Deus nos permitem "participar da natureza divina e escapar da corrupção do mundo causada pelos desejos humanos" (2 Pedro 1:4).

Caro amigo, essas são declarações poderosas. Não seja um escravo da preguiça. Avance em sua fé e firmeza e herde o que Ele prometeu a você.

Senhor, este mundo precisa de mais pessoas com testas suadas e corações limpos. Amém.

DIA 3

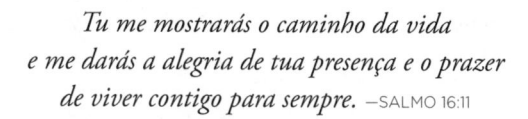

*Tu me mostrarás o caminho da vida
e me darás a alegria de tua presença e o prazer
de viver contigo para sempre.* —SALMO 16:11

A procrastinação destruirá a nossa produtividade. Quando atrasamos intencionalmente a realização de uma tarefa, com demasiada frequência ela nunca será concluída, ou será concluída com menos dos nossos melhores esforços. Ora, podemos encontrar muitos versículos nos alertando contra a procrastinação. Jesus disse que devemos estar vestidos para o serviço, sempre mantendo acesa a nossa lâmpada (Lucas 12:35). Provérbios 20:4 adverte que, se não lavrarmos a tempo, nada encontraremos na época da colheita. Em Efésios 5:15-16, Paulo escreveu que devemos andar com sabedoria, aproveitando ao máximo todas as oportunidades. A procrastinação, ao contrário disso, deixa as oportunidades escaparem.

Procrastinamos porque queremos evitar algo — por enquanto. Talvez tenhamos algum medo associado ao que temos de fazer. Talvez nos sintamos inadequados para a tarefa. Ou a vejamos como árdua e enfado. Ou pensamos que ela é demasiadamente insignificante para nos ocuparmos com ela. Como você se *sente* quanto ao que está adiando? Todos nós sabemos que os projetos com os quais estamos empolgados recebem nossa atenção e ação imediatas. Porém, as outras coisas são adiadas.

O Senhor nos colocou no caminho da vida. Se estivermos cônscios de Sua presença em todos os momentos, olharemos para todas as oportunidades de maneira diferente. Nós vemos a mão de Deus até mesmo nos pequenos detalhes do nosso dia. O Senhor nos lembra constantemente de Seu propósito e poder. Quando Ele nos chama para algo, fornece aquilo de que precisamos para realizar a tarefa. Nós vivemos com e para Ele, servindo-o com a nossa vida. Então, toda oportunidade conta. Todo momento é o caminho da vida.

Meu Senhor Jesus, enche-me com a alegria da Tua constante presença comigo neste caminho da vida. Amém.

DIA 4

Pensem nas coisas do alto, e não nas coisas da terra.
—COLOSSENSES 3:2

A produtividade requer compromisso. Se você quer ser produtivo, precisa ficar de olho na meta e atingi-la. Hoje, eu quero desafiar você a pensar nas áreas em que está se esforçando para ser produtivo. Afinal, que resultados você busca? Qual é o seu objetivo?

Nosso versículo de hoje nos orienta a focar nas realidades e valores celestiais. Todavia ainda vivemos uma vida terrena, e Deus nos pedirá contas do modo como usamos tudo que nos foi concedido aqui. Nosso compromisso é viver aqui com a perspectiva da eternidade em tudo. Agora, a nossa vida verdadeira é a vida que vivemos em Cristo, vida com dimensão eterna. Portanto, será que, quando buscamos produtividade — ainda que seja nos negócios —, o nosso objetivo final é um resultado eterno?

C. T. Studd, um missionário britânico que viveu aqui na Terra investindo em realidades celestiais, escreveu duas linhas que muitos de nós ouvimos e citamos com frequência. Essas linhas fazem parte de um poema mais longo que nos lembra de que a nossa vida, nesta Terra, precisa estar alinhada com os propósitos eternos de Deus se queremos que a nossa produtividade seja eterna. Eis aqui apenas uma estrofe:

> "Apenas uma vida, a voz mansa e delicada
> Implora suavemente pela melhor escolha
> Convidando meus objetivos egoístas a irem embora
> E à santa vontade de Deus se apegarem;
> Apenas uma vida, logo passará.
> Apenas o que foi feito para Cristo permanecerá."

Palavras poderosas essas. Em tudo que fazemos, escolhemos entre objetivos egoístas e a santa vontade de Deus. Qual é o objetivo final de sua produtividade?

Senhor, que eu possa permanecer na linha de frente do Teu serviço enquanto fôlego eu tiver. Amém.

DIA 5

> *Portanto, meus amados irmãos, sejam fortes e firmes. Trabalhem sempre para o Senhor com entusiasmo, pois vocês sabem que nada do que fazem para o Senhor é inútil.* —1 CORÍNTIOS 15:58

Cada um dos princípios *Lodestar* oferece uma oportunidade para avaliar características específicas em você. *Quão influente eu sou? Quão corajoso eu sou? Sou uma pessoa diligente? Quanta determinação eu tenho?* Apresentamos referências e opiniões para avaliar como estamos nos saindo com cada traço de caráter em nossa liderança, mas quero lembrá-lo de que o maior valor desses traços não é medido por aspectos de negócios ou sociais, e sim por suas consequências eternas. *Produtividade* é uma área em que, se não formos cuidadosos, poderemos também cair na tentação de avaliar os resultados eternos utilizando medidas terrenas.

Por exemplo, um evangelista pode avaliar a sua produtividade pelo número de pessoas que vão ao altar ou permanecem sentadas ao término de um sermão? Um escritor que nunca recebe *feedback* sobre o que escreveu para o Senhor é improdutivo? Diríamos que os missionários que morreram fincados em lanças, no Equador em 1956, foram improdutivos por não verem um convertido entre os índios Aucas? Você se sente improdutivo no Reino por não ter números e algo mensurável associado ao seu nome? Você está se encolhendo por não haver "resultados de qualidade" aparentes como fruto de sua fé?

Paulo diz que tudo que fazemos para o Senhor tem resultados eternos. Nada do que você faz para o Senhor é em vão. Ainda que você não veja resultados mensuráveis hoje, a sua *produtividade* é medida no Céu.

Senhor, eu sei que a única coisa que posso levar para o Céu é outra pessoa. Ajuda-me a resgatar mais uma. Amém.

DIA 6

Vocês receberão poder quando o Espírito Santo descer sobre vocês. —ATOS 1:8

O nosso Líder está sempre nas trincheiras conosco. Ele vive conosco na forma do Espírito Santo. O poder do Espírito Santo é o que nos concede qualquer dom de liderança que tenhamos e nos capacita até o nível mais elevado. Como Jesus disse, sem Ele nada podemos fazer de valor eterno. Somente o Espírito pode fazer a sua produtividade gerar resultados que permanecem à eternidade.

O nosso Líder, que está nas trincheiras conosco, nos concedeu a Sua visão. Ele motiva, recompensa, é nosso modelo. Ele lida com os obstáculos ao Seu povo, fornece constante afirmação, poda e lança fora os ramos secos, comemora conosco e fornece grande compensação.

Ele é Aquele que alimenta a nossa produtividade eterna. A asserção *Lodestar* elenca três coisas necessárias à produtividade: compromisso com a excelência, planejamento inteligente e esforço focado. O Espírito que veio habitar em nós é "o Espírito de sabedoria e discernimento, o Espírito de conselho e poder, o Espírito de conhecimento e temor do Senhor" (Isaías 11:2). Por meio desse Espírito, Deus "é capaz de realizar infinitamente mais do que poderíamos pedir ou imaginar" (Efésios 3:20).

Em Atos 3, lemos a história de Pedro e João curando um homem que nunca havia andado, pois era aleijado de nascença. A cura ocorreu por fé no poder de Deus. O homem foi capaz de fazer algo que nunca fizera antes. Caro amigo, você também pode ao viver pelo poder do Espírito Santo.

Senhor, enche-me com o Teu Espírito Santo. Amém.

DIA 7

De um encarregado espera-se que seja fiel.
—1 CORÍNTIOS 4:2

Em nosso versículo de hoje, Paulo está falando de si mesmo como um servo de Cristo a quem foi confiada a mensagem do evangelho. A missão de Jesus foi confiada também a nós. Ele nos escolheu, não só para nos salvar, mas também para nos capacitar a sermos produtivos. Também nós somos comissionados e encarregados para levar a mensagem de Deus ao mundo.

Jesus nos diz que Ele capacita os Seus discípulos para que eles possam realizar coisas. "Para irem e produzirem frutos duradouros..." (João 15:16). Quando nos tornamos Seus discípulos, recebemos um novo propósito e uma nova missão na vida. Devemos dar frutos que tenham resultados eternos. Mas não pense que isso significa que você tem de ser um missionário ou um pregador, pelo menos na definição comum desses chamados. Na realidade de Deus, o ato mais simples feito com bondade, benignidade e motivos corretos torna você um missionário levando a mensagem de Deus ou um pregador entregando um sermão.

Por isso, peça a Jesus para aumentar o seu desejo de produzir muitos frutos duradouros. Ao fazê-lo, lembre-se de que Ele diz aos Seus discípulos para pedirem qualquer coisa em Seu nome — para os propósitos dele e em Seu Espírito — e Ele o fará para glorificar ao Pai. O Seu Espírito nos capacita e traz produtividade em valor celestial, "pois Deus está agindo em vocês, dando-lhes o desejo e o poder de realizarem aquilo que é do agrado dele" (Filipenses 2:13). E, quando é de Deus, nada pode parar ou impedir.

Senhor, ajuda-me a "Resgatar com amor os que perecem, para da morte e pecado os livrar...". *Amém.*

NOTAS E ORAÇÕES

PONTUALIDADE

· SEMANA 38 ·
DIA 1

Pontualidade é vital: ela é um sinal que denota o caráter de uma pessoa. —Paul Weaver

Pois o reino de Deus não diz respeito ao que comemos ou bebemos, mas a uma vida de justiça, paz e alegria no Espírito Santo. Se servirem a Cristo com essa atitude, agradarão a Deus e também receberão a aprovação das pessoas. —ROMANOS 14:17-18

A **pontualidade é algo cultural**. Já estive em culturas nas quais horários e agendas não têm a importância que têm na América do Norte. Nos EUA, porém, a atitude em relação à pontualidade é a expressada pela citação de Paul Weaver: um sinal revelador do caráter.

Independentemente da cultura em que vivemos, somos chamados a viver de forma piedosa, representando Cristo em nosso mundo diariamente e vivendo sob a orientação do Espírito Santo. Essa era a preocupação primordial de Paulo: "Pois não vivemos nem morremos para nós mesmos. Se vivemos, é para honrar o Senhor. E, se morremos, é para honrar o Senhor..." (Romanos 14:7-8).

As Escrituras têm muito a dizer acerca de como honramos ou desonramos ao Senhor pela maneira como nos relacionamos com as outras pessoas. As culturas podem variar em algumas coisas, mas a Bíblia contém princípios que nos ensinam como viver de forma digna do nosso chamado, uma vida que honra ao Senhor e representa bem a Cristo. Esse é o primeiro ponto a ser verificado quanto à pontualidade. Nossa atitude e ações quanto ao tempo, prontidão e confiabilidade nos caracterizam como povo do reino de Deus vivendo em nossa cultura atual?

Senhor, vive por meu intermédio. Permite-me ser uma demonstração de quem Tu és, servindo e respeitando as pessoas ao meu redor. Amém.

Orações sobre *Pontualidade* —**BILL MULLET**

DIA 2

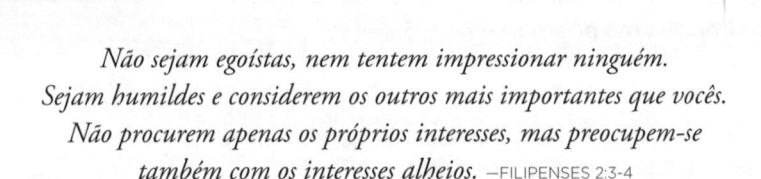

Não sejam egoístas, nem tentem impressionar ninguém. Sejam humildes e considerem os outros mais importantes que vocês. Não procurem apenas os próprios interesses, mas preocupem-se também com os interesses alheios. —FILIPENSES 2:3-4

Paulo orienta: **Sejam afáveis, ajam com amor, trabalhem juntos**. Não sejam egoístas, nem tentem impressionar os outros. Estejam atentos aos interesses deles. Em seguida, destaca o exemplo supremo, Cristo Jesus, que era Deus e, ainda assim, veio à Terra para servir. Versículos seguintes (12-16) ampliam o entendimento da nossa responsabilidade. Precisamos obedecer a Deus e viver como pessoas nas quais Ele está realizando uma obra — e isso inclui a maneira como trabalhamos com outras pessoas. Nos versículos 16-18, Paulo escreveu acerca de entregar a sua vida pelos outros — ao fazermos isso, estamos ofertando a Deus. Ele termina o capítulo 2 referindo-se a Timóteo como alguém que se preocupa sinceramente com o bem-estar dos filipenses, ao contrário de outros que "se preocupam apenas consigo mesmos" (vv.20-21); e a Epafrodito, como irmão e companheiro dedicado aos outros a ponto de arriscar sua vida pela obra de Cristo (vv.25-28).

Tudo isso contrasta com fazer as coisas por ambição egoísta e presunção. Se você costuma se atrasar para reuniões ou faltar a elas, ou se está sempre atrasado, é devido à sua escravidão aos seus próprios interesses? Isso é ambição egoísta. Ou é "presunção" o que causa a falta de consideração, visto que você e todos os assuntos a que precisa dar atenção são mais importantes do que qualquer outra reunião à qual tenha de comparecer? Quando a pontualidade é um problema habitual, é tempo de pedir ao Espírito que examine o nosso coração em busca de egoísmo e presunção.

Senhor, dá-me forças para ser menos egoísta e capacita-me a doar do meu tempo, para não roubar o dos outros. Amém.

DIA 3

> *O amor [...] não é orgulhoso, nem grosseiro.*
> —1 CORÍNTIOS 13:4-5

Se você ainda não percebeu, o atraso é uma das minhas principais razões de queixa. Serei sincero com você — simplesmente penso que chegar na hora certa é a coisa responsável a ser feita. Uma pessoa que constantemente se atrasa ou não consegue cumprir compromissos está dizendo: "O meu tempo é mais importante do que o seu".

A falta de pontualidade é grosseria. Ela demonstra desconsideração pelos outros e faz pouco da consequência do atraso ou do efeito que o não comparecimento tem sobre o dia das demais pessoas.

Essas são muitas palavras negativas, e você seria até capaz de detectar as minhas emoções negativas por trás delas. Digamos isso de maneira positiva. Pontualidade demonstra respeito pelos outros. Ainda que você seja a pessoa mais escrupulosamente pontual, como quem está sempre dez minutos adiantado, há momentos em que algo acontece e você não consegue evitar atrasar-se ou perder um prazo. Então, a coisa respeitosa a fazer é — se possível — comunicar à outra parte o que está acontecendo. Se você estiver atrasado para um compromisso, telefone e avise qual é a sua previsão de chegada. Se não conseguir ir a uma reunião, avise com a maior antecedência possível e, se necessário, reagende. A Regra de Ouro de Jesus se aplica aqui: trate os outros da maneira como gostaria de ser tratado se a situação fosse inversa (Mateus 7:12).

Pontualidade é uma expressão de respeito pela outra pessoa e pelo tempo dela. O interessante é que, se você tratar os outros com respeito, o respeito lhe será retribuído.

Que o Teu Espírito me lembre de ser pontual
e tratar os outros como eu quero ser tratado. E ajuda-me a ter
consideração pelo tempo que Tu lhes deste. Amém.

DIA 4

> *Sejam cuidadosos em seu modo de vida. Não vivam como insensatos, mas como sábios. Aproveitem ao máximo todas as oportunidades nestes dias maus.* —EFÉSIOS 5:15-16

Pontualidade é uma questão de mordomia — sermos bons administradores do nosso tempo. Muitas pessoas não são pontuais porque administram mal o seu tempo. O gerenciamento do tempo é um grande negócio hoje em dia, mas se resume ao seguinte: Deus deu a você este dia para usar para os propósitos e honra a Ele. Você está sendo um mordomo fiel desse tempo?

Algumas pessoas se excedem constantemente ao programar suas atividades, tentando fazer coisas demais. Algumas das nossas decisões mais importantes quanto à agenda têm de ser decisões de dizer NÃO. Devemos viver com sabedoria, o que inclui saber quanto podemos fazer e como manter a vida equilibrada. Como em muitas outras áreas, quantidade não significa qualidade. Com frequência, sacrificamos fazer coisas bem-feitas para fazer muitas coisas. Às vezes, até mesmo um projeto da mais alta prioridade sofre alterações porque agendamos demais para aquele dia. Seja sábio quanto à sua programação. Certifique-se de que o orgulho não o empurrará à sobrecarga.

Outros que estão constantemente atrasados ou não são confiáveis não têm, em sua vida, estrutura suficiente para mantê-los dentro do cronograma. Atualmente, temos todos os tipos de ajuda digital para manter o controle de onde devemos estar. Isso pode ser útil, mas também pode ser opressivo e confundir. Seja qual for o sistema que você use para programar a sua agenda, certifique-se de entendê-lo — em seguida, preste atenção a ele.

Senhor, concede-me sabedoria do alto, para que
eu possa servir a ti com o tempo que Tu me concedeste aqui na Terra.
Que isso glorifique o Teu santo nome! Amém.

DIA 5

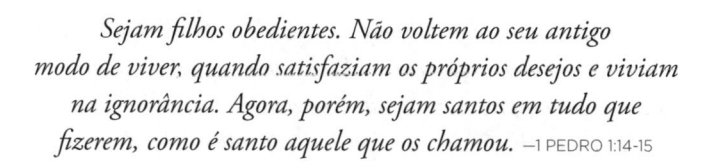

Sejam filhos obedientes. Não voltem ao seu antigo modo de viver, quando satisfaziam os próprios desejos e viviam na ignorância. Agora, porém, sejam santos em tudo que fizerem, como é santo aquele que os chamou. —1 PEDRO 1:14-15

A pontualidade vive lado a lado com a confiabilidade. Pessoas confiáveis se esforçam para ser pontuais, pois sabem que outras pessoas estão contando com elas. Quando passarmos a prestar contas a outros, seremos pontuais. Nossa atitude nos manterá dentro do cronograma. A pontualidade mantém a produtividade em andamento; a diligência planeja sabiamente para que a pontualidade seja possível; e a autoconsciência estabelece cronogramas realistas que podem ser cumpridos. A empatia entende o efeito que o atraso terá sobre outros. A motivação gera o desejo de ser pontual. A appropriação e a capacidade de ser ensinado surgem quando uma pessoa sabe que tem lhe faltado pontualidade e está determinada a melhorar.

Essas características são como o corpo — embora cada uma delas tenha finalidades individuais e uma aparência diferente, todas estão relacionadas. Fraqueza em uma afetará todo o corpo do seu caráter. Disciplina em uma afeta a força de todas. Por isso, nos esforçamos ao máximo para construir essas características. Esse é o propósito do nosso programa *Lodestar*. Queremos ser "mais produtivos e úteis" ao representar o nosso Senhor Jesus Cristo (2 Pedro 1:8). Representá-lo com o máximo de nossa capacidade e com o poder que age em nós é o nosso propósito mais elevado ao caminharmos por esta vida. Por isso, nos esforçamos para usar todas essas características ao máximo, para os propósitos do Senhor e para Sua glória.

Senhor, Tu nos uniste na Tua Igreja e em nossos locais de trabalho. Fortalece-me para ser um elo forte na cadeia que traz sucesso aos outros e glória a ti! Amém.

DIA 6

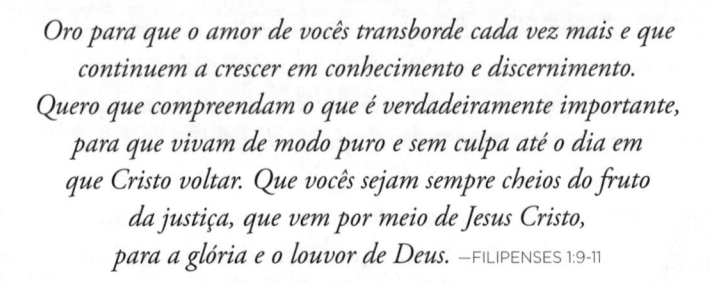

Oro para que o amor de vocês transborde cada vez mais e que continuem a crescer em conhecimento e discernimento. Quero que compreendam o que é verdadeiramente importante, para que vivam de modo puro e sem culpa até o dia em que Cristo voltar. Que vocês sejam sempre cheios do fruto da justiça, que vem por meio de Jesus Cristo, para a glória e o louvor de Deus. —FILIPENSES 1:9-11

Minha oração por você é que você cresça em Cristo e no seu discernimento de "o que é melhor". Isso se aplica a todas as áreas da nossa vida. Se o Espírito já está lhe mostrando que é hora de se dedicar a ser mais pontual, eis aqui algumas passagens (parafraseadas) para encorajá-lo:

Peça sabedoria para saber o que precisa ser mudado na sua vida para que você seja mais pontual (Tiago 1:5).

Com humildade, peça ajuda, tanto de Deus quanto de alguém (ou de um grupo) a quem você prestará contas (Provérbios 11:2; 15:31-32).

Dependa do poder divino de Deus para ajudá-lo a mudar (2 Pedro 1:3).

Planeje e siga o plano diligentemente (Provérbios 21:5).

Ore por discernimento e cuide das coisas importantes (Filipenses 1:9-11).

Vale a pena reler a seguinte citação da declaração *Lodestar*:

"Quando o amanhã chegar, este dia terá acabado para sempre, deixando em seu lugar algo que troquei por ele. Eu quero que seja ganho, não perda; bem, não mal; sucesso, não fracasso — para não me arrepender do preço que paguei por ele."

Senhor, purifica o meu coração para que o fruto da justiça cresça em mim abundantemente a fim de beneficiar os outros. E dá-me a graça de humilhar meu coração para que Cristo possa ser visto nos planos que eu sigo. Amém.

DIA 7

Que a mensagem a respeito de Cristo, em toda a sua riqueza, preencha a vida de vocês. —COLOSSENSES 3:16

Já que estamos pensando sobre as horas e minutos de nossos dias, eu gostaria de encorajá-lo a tornar as duas passagens a seguir parte de sua vida. As duas têm a ver com chegar na hora certa.

Em seu coração, reverencie a Cristo como Senhor.

Se alguém lhes perguntar a respeito de sua esperança, estejam sempre preparados para explicá-la. Façam-no, porém, de modo amável e respeitoso (1 Pedro 3:15-16).

Portanto, vigiem, pois não sabem em que ocasião o seu Senhor virá (Mateus 24:42).

Nós estamos aguardando, prontos, o cumprimento de toda a nossa esperança; enquanto esperamos, compartilharemos a mensagem de esperança do evangelho sempre que tivermos oportunidade. Deus abençoe você por levantar-se como Seu representante neste mundo.

Senhor, enche-me com Tua presença e Teu poder
para compartilhar o Teu nome, o único nome
pelo qual recebemos a salvação para a nossa alma!
Eu te agradeço por nos amares e nos ofereceres
salvação e redenção pela morte e ressurreição
de Jesus Cristo! Amém.

NOTAS E ORAÇÕES

DESENVOLTURA

• SEMANA 39 •
DIA 1

A verdade é que, habitualmente, as oportunidades são encontradas em situações inesperadas e, às vezes, estas não são agradáveis. —Paul Weaver

Deus, com seu poder divino, nos concede tudo de que necessitamos para uma vida de devoção, pelo conhecimento completo daquele que nos chamou para si por meio de sua glória e excelência. —2 PEDRO 1:3

A **desenvoltura que temos** e as habilidades e a criatividade com as quais somos abençoados são dádivas do nosso Senhor, concedidas para as usarmos e, à medida que as usamos e caminhamos em sintonia com o Espírito, Ele as aprimora e as faz crescer.

Graça surpreendente! O poder divino de Deus nos concede tudo de que precisamos para viver de forma piedosa. Ora, *piedosa* não significa *perfeita*. Nem sempre fazemos as coisas direito. Contudo significa uma vida devotada a seguir a Deus com afinco. Essa é a vida que queremos expressar como líderes e como homens e mulheres cristãos em todas as situações cotidianas.

Quero incentivar a todos a buscar conhecer a Deus cada vez mais, pois quanto mais nos aproximamos dele e quanto mais o conhecemos, mais fortalecidos somos em nossa caminhada com o Senhor. Ele deseja que nos posicionemos firmemente por Ele e nos concedeu os recursos para fazê-lo. Por isso, continue a aprofundar o seu relacionamento com Ele. Isso é a coisa mais importante que você pode fazer nesta vida.

Deus, com seu poder divino, nos concede tudo de que necessitamos para uma vida de devoção, pelo conhecimento completo daquele que nos chamou para si por meio de sua glória e excelência (2 Pedro 1:3).

Orações sobre *Desenvoltura* —**KEITH COOK**

DIA 2

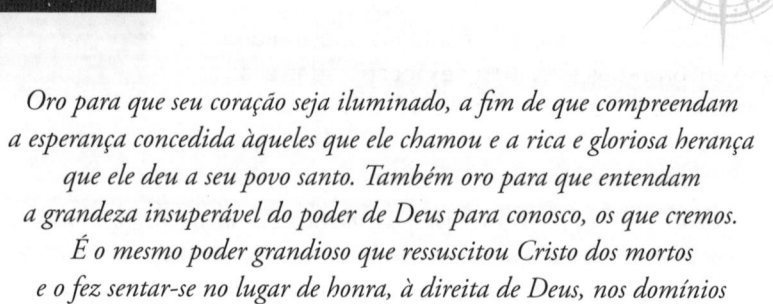

Oro para que seu coração seja iluminado, a fim de que compreendam a esperança concedida àqueles que ele chamou e a rica e gloriosa herança que ele deu a seu povo santo. Também oro para que entendam a grandeza insuperável do poder de Deus para conosco, os que cremos. É o mesmo poder grandioso que ressuscitou Cristo dos mortos e o fez sentar-se no lugar de honra, à direita de Deus, nos domínios celestiais. —EFÉSIOS 1:18-20

D**eus nos deu o Seu Espírito para equipar** e fortalecer o nosso ser interior. Ele deseja que cresçamos e amadureçamos. O Senhor nos deu o poder do Seu Espírito para que possamos ter acesso a todos os recursos que Ele deu aos Seus filhos. Todos os demônios do inferno não são capazes de nos derrotar quando contamos com o recurso do poder de Deus.

Na Bíblia temos muitos exemplos dessa força interior concedida pelo Senhor. Davi, levantando-se contra Golias; Gideão, liderando um punhado de homens contra milhares; Abraão, deslocando-se fielmente após o chamado de Deus; Pedro e Paulo e os demais apóstolos, sendo testemunhas de Cristo até os confins da Terra. Todos eles andaram em obediência, contando com o recurso do poder e da força provenientes de Deus

Jesus nos encoraja a bater, buscar e pedir. A porta nos será aberta, encontraremos aquilo de que precisamos e o que pedimos nos será fornecido. Ao pensarmos em habilidades e criatividade necessárias, e em enfrentar circunstâncias inesperadas, podemos estar certos de que, quando contamos com o Espírito, Ele nos supre do que precisamos. Não nos cansemos de bater, buscar e pedir.

Deus, Tu me esclareceste por meio da Tua Palavra e me deste Teus recursos e Teu poder. Neste momento, preenche-me, informa-me, capacita-me e leva-me além! Amém.

DIA 3

E esse mesmo Deus que cuida de mim lhes suprirá todas as necessidades por meio das riquezas gloriosas que nos foram dadas em Cristo Jesus. —FILIPENSES 4:19

Como Paulo, nada podemos fazer por conta própria. Mas Jesus tem todos os recursos dos quais necessitamos para sermos bem-sucedidos como Seus representantes neste mundo. Isso não significa que podemos apenas nos recostar e esperar que Ele os derrame em nós. Ele deseja que "nos esforcemos" quanto a esse objetivo e corramos em direção a ele com todas as nossas forças. Ao servirmos o Senhor, Ele não pede que nos esforcemos e trabalhemos por conta própria — Ele fornece os recursos de que precisamos.

Há um "recurso" que eu quero encorajar você a usar: obediência gerada pela fé e confiança.

Por meio da obediência nós somos fortalecidos; aprendemos que Deus cumpre as Suas promessas, que Ele supre as nossas necessidades. A nossa obediência abre a porta para que o Senhor aja, ainda que não sejamos capazes de enxergar o objetivo ou até mesmo a razão do que Ele nos pede para fazer.

Charles Spurgeon disse: "Um homem corre um grande risco quando segue seus próprios rumos. Com ou sem rochas, o perigo está no timoneiro. O cristão não é mais o timoneiro de seu próprio barco; ele leva um piloto a bordo. Crer em Deus e cumprir as suas ordens é uma grande forma de escapar dos perigos da fraqueza pessoal e da tolice".

Viver em obediência não cancela a nossa responsabilidade pessoal de usar as habilidades e a criatividade desenvolvidas em nós pelo Espírito. Em vez disso, devemos usar a nossa desenvoltura ao máximo ao expressar nossa fé e obediência.

Senhor, eu sei que Tu queres suprir todas as minhas necessidades. Eu realizarei qualquer tarefa, grande ou pequena, que Tu queiras que eu cumpra como Teu servo! Amém.

DIA 4

> *Mas ele me disse: "Minha graça é suficiente para você, pois o meu poder se aperfeiçoa na fraqueza". Portanto, eu me gloriarei ainda mais alegremente em minhas fraquezas, para que o poder de Cristo repouse em mim.* —2 CORÍNTIOS 12:9 NVI

A força de Deus se aperfeiçoa na nossa fraqueza. Contudo, de algum modo, pensamos que temos de escorar as nossas fraquezas e fortalecer a nós mesmos. A cultura ocidental quer que acreditemos que a sentença "Deus ajuda quem se ajuda" é bíblica. Mas não é. Jesus veio à Terra para ajudar os incapazes de ajudar a si mesmos. Nós necessitamos dos recursos de Deus; tudo que temos a fazer é pedir e, com ousadia, apresentar-se diante do trono do Senhor; então, encontraremos a ajuda da qual necessitamos.

Deus deseja que cresçamos — porém, em Sua força, sabedoria e poder, não em nossos próprios recursos. Se a desenvoltura exige pensar fora da caixa, confiar em Deus é o nosso melhor investimento. Os recursos de Deus estão fora de todas as caixas. Não limite o seu pensamento ao que é "humanamente" possível, prático ou lógico. Jesus disse que nada é impossível para Deus.

Paulo afirma que "somos como vasos frágeis de barro que contêm esse grande tesouro. Assim, fica evidente que esse grande poder vem de Deus, e não de nós" (2 Coríntios 4:7). Minha oração é que a minha e a sua vida exibam o poder que vai muito além de qualquer coisa que possamos acumular por conta própria. Que o poder de Deus, Seus recursos, Sua sabedoria, Sua força, tudo resplandeça em nossa vida. Busquemos o impossível, esperando grandes coisas daquele cujos caminhos não cabem em caixa alguma.

*Deus Todo-poderoso, não me deixes limitar
o que Tu queres fazer em minha vida para Tua glória.
Desperta-me para que eu possa cumprir uma tarefa
impossível que Tu escolheste exatamente para mim! Amém.*

DIA 5

Que o Deus da paz [...] os capacite em tudo que precisam para fazer a vontade dele. Que ele produza em vocês, mediante o poder de Jesus Cristo, tudo que é agradável a ele, a quem seja a glória para todo o sempre! Amém. —HEBREUS 13:20-21

Diferentemente dos discípulos de Jesus, cuja experiência de mundo era bastante limitada, nós temos acesso a ferramentas e recursos que as gerações anteriores nunca sequer imaginaram. Você pode usar no pulso um relógio que o conecta a eventos que estão acontecendo no mundo todo. Temos ferramentas para pesquisar as Escrituras em nossos computadores; em poucos minutos podemos encontrar versículos sobre qualquer assunto. No momento em que este livro foi escrito, toda a Bíblia e partes dela já tinham sido traduzidas para aproximadamente 3.400 idiomas.

Você pode voar para países que os discípulos sequer sabiam existir. Nós temos ferramentas incrivelmente poderosas para aprender cada vez mais sobre o que Deus deseja para nossa vida e, então, transmitir e implementar a Sua vontade. Nos EUA, recebemos recursos incríveis para cumprir a Sua missão. A Bíblia diz que daquele a quem muito é dado, muito é exigido; nós devemos usar tudo que nos foi concedido para honra e glória do Senhor e para o avanço do Seu reino.

Sou um canal através do qual a "múltipla e variada" graça de Deus flui para o mundo. Ele nos equipou para a missão. Deus usa a Sua Palavra "para preparar e capacitar seu povo para toda boa obra" (2 Timóteo 3:17). Seja desenvolto.

Pai, que eu seja um bom mordomo dos recursos, dos talentos e do chamado que Tu me deste. Que eu possa, todos os dias e de todas as maneiras, buscar novas maneiras de honrar-te e servir-te, e de canalizar Tuas bênçãos e Tua graça ao mundo que é Teu. Amém.

STEVE WINGFIELD

DIA 6

Não deixem que seu coração fique aflito. Creiam em Deus; creiam também em mim. —JOÃO 14:1

Nenhum de nós sabe o que encontrará nas próximas horas de hoje, amanhã ou nos próximos meses. A dádiva de Deus para nós quanto à desenvoltura — habilidades e criatividade — equipa-nos para cumprir a tarefa, mesmo quando enfrentamos circunstâncias que não esperávamos ou imaginávamos. O dicionário Merriam-Webster da língua inglesa define *desenvolto* como "capaz de enfrentar situações".

Jesus disse aos Seus discípulos que eles enfrentariam situações que não estavam esperando: seriam levados à presença de governantes e oficiais religiosos e teriam de responder por sua fé. Mas o Senhor também os animou: "...não se preocupem [...] com o que dirão [...], pois o Espírito Santo, naquele momento, lhes dará as palavras certas" (Lucas 12:11-12). Certamente, as palavras de Jesus devem ter despertado alguma ansiedade aos discípulos, mas que tamanha promessa eles receberam!

Nós temos promessas igualmente reconfortantes, que nos deixam confiantes de que seremos "capazes de enfrentar situações". Devido a essas promessas, podemos prosseguir com coragem e confiança. Independentemente do que encontremos, a nossa fé confia nessas palavras e podemos viver da mesma forma.

Em todas as situações, Deus está agindo para o nosso bem (Romanos 8:28).
Ele está sempre conosco e nunca nos deixará (Mateus 28:20).
Sua presença sempre nos ajuda (Isaías 41:10)
Mesmo nas tribulações, temos oportunidades de nos alegrar (Tiago 1:2).

Peça o que você precisar e receberá (João 16:24)!

Deus, agradeço-te por saberes o que virá me confrontar e me confundir.
A minha confiança está em ti; em que Tu estás agindo para
o meu bem, estás comigo e não me deixarás sozinho em tarefa alguma.
Em Cristo, eu posso realizar tudo que Tu tens para eu fazer. Amém.

DIA 7

Mas o Senhor permaneceu ao meu lado e me deu forças.
—2 TIMÓTEO 4:17

Billy Graham disse: "A vontade de Deus não nos levará aonde a graça de Deus não pode nos sustentar". A graça de Deus é o que nos equipa para enfrentar o que quer que esteja por vir em nossa jornada. Como líderes, nós fomos dotados de características que nos permitem representar bem o Senhor em nosso chamado. Nosso programa *Lodestar* foi projetado com o objetivo de ajudar você a usar ao máximo essas dádivas.

Além de nos equipar, Deus nos deu a Sua Palavra para nossa orientação, crescimento e encorajamento: "Essas coisas foram registradas há muito tempo para nos ensinar, e as Escrituras nos dão paciência e ânimo para mantermos a esperança" (Romanos 15:4). Esteja na Palavra. Valorize-a. Guarde-a em seu coração.

Que prazer é ser de Cristo
N'Ele crer e confiar
Aceitar os Seus ensinos
Sua paz e amor gozar!
—*Que prazer é ser de Cristo* (HA 271),
Louisa M. R. Stead e William J. Kirkpatrick

Ele nos assegurou de Sua constante presença e ajuda. Nós podemos seguir com coragem e desenvoltura pelo caminho em que Ele está nos guiando. Ele estará ao nosso lado em todas as situações que enfrentarmos. Permita a Ele ensinar-lhe a pensar fora da caixa e alcançar o impossível com Deus.

Minha oração por todos nós é por graça para confiarmos mais nele.

Querido Jesus, é tão encorajador saber que Tu estás comigo.
Tu me trouxeste tão longe, e eu quero ir até o fim
contigo. Tu és a minha força. O desejo de meu coração é ser
o líder servo que Tu me chamaste para ser. Amém.

NOTAS E ORAÇÕES

RESPEITO

• SEMANA 40 •
DIA 1

Sem respeito, os relacionamentos não têm muita chance. —Paul Weaver

> *Façam aos outros o que vocês desejam*
> *que eles lhes façam.* —LUCAS 6:31

As Escrituras contêm muitas instruções acerca de como devemos tratar as pessoas. Na época em que Jesus estava ensinando, as pessoas a quem Ele se dirigia viviam sob muitas regras estabelecidas por leis religiosas. Porém todas aquelas regras e todas as passagens que tratam de como interagir com os outros são resumidas por Jesus em um único princípio: trate os outros da maneira como você deseja ser tratado.

Essa ordenança de Jesus significa também que devemos tratar *todos* dessa maneira. Em Lucas 6:31, essa regra está embutida no ensino de Jesus acerca de amar os inimigos e fazer o bem a quem odeia você. Ao lidar com uma pessoa que milita em oposição a você, trate-a como você gostaria de ser tratado. Faça o mesmo com pessoas totalmente desagradáveis, com os concorrentes, com pessoas que mentiram e enganaram você ou até mesmo sabotaram a sua reputação.

Agora, entramos na parte realmente difícil da Regra de Ouro — Jesus diz: "Façam isso em tudo"!

Espírito Santo, alerta-me hoje quando minha atitude,
minhas palavras ou meus atos não derem aos outros o respeito
que eu gostaria para mim mesmo. Amém.

Orações sobre *Respeito* **—GEORGE MOXLEY**

DIA 2

Portanto, como filhos amados de Deus, imitem-no em tudo que fizerem. —EFÉSIOS 5:1

"**Demonstre respeito até mesmo pelas pessoas que não merecem**; não como um reflexo do caráter *delas*, e sim como um reflexo do *seu*". Deparei-me com essa citação, mas não sei sobre a origem dela. Entretanto, é bíblica. Na mesma passagem de Lucas que nos fornece a Regra de Ouro, Jesus diz que ser bom para com os nossos inimigos é uma característica dos filhos e filhas de Deus. O Senhor é assim — bom e misericordioso até mesmo para com os ingratos e perversos.

No entanto não é assim que o mundo costuma proceder ou como a nossa velha natureza deseja agir! Como Tiago escreveu, quando ambição egoísta ou inveja governa nossas atitudes e ações, o resultado é "confusão e males de todo tipo" (3:16).

Se pudermos demonstrar respeito piedoso por todos, em todas as situações, isso acontecerá somente como fruto do Espírito em nosso novo caráter transformado. Romanos 12:2 nos diz para não nos conformarmos com a maneira de agir e falar do mundo, e sim sermos transformados segundo a maneira como Deus deseja que ajamos e falemos. Efésios coloca isso da seguinte maneira: "a serem renovados no modo de pensar" (4:23 NVI). Paulo diz ainda que a graça de Deus nos instrui a "abandonar o estilo de vida ímpio e os prazeres pecaminosos" e a viver e pensar como Seus filhos (Tito 2:11-12).

Somente o caráter liderado pelo Espírito é capaz de tratar os outros com estima e bondade, mesmo quando eles não merecem. É assim que o nosso Pai celestial age — por graça.

Querido Senhor, Tu trouxeste _____
à minha mente. Mostra-me como tratá-lo(a) com mais respeito,
pois quero que o Teu caráter cresça em mim. Amém.

DIA 3

*Mas Deus é tão rico em misericórdia
e nos amou tanto...* —EFÉSIOS 2:4

O **caráter do nosso Pai crescendo em nós se tornará cada vez mais semelhante ao dele.** Isso significa que olharemos para as pessoas e situações que encontrarmos hoje através dos olhos e pela perspectiva do Senhor. Estaremos nos importando com as coisas e pessoas com quem Ele se importa.

Aos olhos de Deus, todas as pessoas que você encontrar hoje são tão especiais e amadas quanto você. Não importa se elas são irrepreensíveis ou a pessoa mais desagradável que você já conheceu — Deus quer que todos "sejam salvos e conheçam a verdade" (1 Timóteo 2:4). Não importa se, na empresa, elas ocupam a posição mais elevada ou a mais inferior. O amor de Deus por elas é tão grande que Ele derramou o Seu próprio sangue por elas. Ele pagou aquele preço extremo para levá-las de volta a Ele.

Pelas palavras de Jesus referentes a pardais, lírios e cabelos em nossa cabeça, sabemos que Deus se importa com cada detalhe de Sua criação. Ele se importa com todas as pessoas. Nem uma só alma está fora do alcance de Sua graça. Podemos pensar que alguma pessoa não conquistou o nosso respeito ou não o merece, mas não é assim que Deus a vê. Ela foi criada à Sua imagem. Ela é muito amada, quer já esteja segura em Seu aprisco ou ainda seja uma ovelha perdida no deserto.

Sendo assim, quem somos nós para tratar qualquer um desses amados de Deus com desrespeito? Em vez disso, devemos vê-los como o Senhor os vê, almas valorizadas e importantes por quem Cristo sofreu e morreu.

*Senhor Jesus, dá-me os Teus olhos para ver todas as pessoas
que eu encontrar hoje como Tu as vês e amas. Amém.*

DIA 4

Em tudo seja você mesmo um exemplo para eles,
fazendo boas obras. Em seu ensino, mostre integridade e seriedade;
use linguagem sadia, contra a qual nada se possa dizer,
para que aqueles que se lhe opõem fiquem envergonhados por não
terem nada de mal para dizer a nosso respeito. —TITO 2:7-8 NVI

Nós devemos ser exemplo de boas obras, integridade, dignidade, autocontrole e linguagem sã acima de qualquer reprovação. Deus nos diz para andar com honra e respeitar as pessoas. Os líderes dão o tom, vão à frente e nutrem a cultura de uma organização ou equipe. Nós somos modelo para o comportamento e as atitudes que desejamos de nosso pessoal. Que esses padrões que estabelecemos sejam padrões piedosos. Por carregarmos o nome de Cristo, nosso exemplo e ensinamentos o apresentam ao mundo. Nós somos Seus representantes.

Há um contraste importante na interação de respeito entre as pessoas. Por um lado, como líderes, queremos ser respeitados e sabemos que devemos conquistar isso por meio da nossa liderança. É assim que funciona. Não conquistamos respeito simplesmente por nosso título, posição ou mesmo autoridade. As pessoas nos respeitarem ou não depende de nosso caráter e liderança.

Ao mesmo tempo, como cristãos, *nós* devemos demonstrar respeito a todos, quer o tenham conquistado ou não, quer o mereçam ou não. Nós demonstramos respeito a todos, pois é Deus quem o ordena e porque a maneira como nos comportamos diz ao mundo quem é o nosso Rei. O nosso Rei não opera como o resto do mundo. O Senhor age por meio de amor e graça. Amor e graça *imerecidos*. Temos recebido amor e graça e, como Seus representantes, queremos que esse amor e graça divinos fluam para o mundo por meio de nós.

Senhor, acima de tudo, eu quero representá-lo bem
em tudo que faço e digo. Amém.

DIA 5

E tudo que fizerem ou disserem, façam em nome do Senhor Jesus, dando graças a Deus, o Pai, por meio dele. — COLOSSENSES 3.17

Esse versículo vem após vários parágrafos que falam de relacionamentos entre o povo de Deus, membros do Corpo de Cristo. Isso é uma bela imagem de pessoas trabalhando juntas com compaixão, bondade, humildade, mansidão, paciência e perdão. Quem usa essas "vestimentas" tratará naturalmente os outros com respeito. Tudo isso é unificado pelo amor recíproco e pela paz de Cristo reinando nos corações.

Essa é uma maravilhosa visão do povo de Deus se apoiando e edificando-se mutuamente em relacionamentos amáveis. Como Paul Weaver escreveu: "Sem respeito, os relacionamentos não têm muita chance". O respeito é essencial nessa imagem de uma igreja saudável. Se falta respeito, provavelmente faltam também compaixão, bondade, mansidão e todas as demais características provenientes do Espírito.

Após transmitir essa imagem de como o povo de Deus deve conviver, Paulo nos lembra de que tudo que fazemos ou dizemos deve ser em nome do Senhor Jesus. Em outras palavras, mesmo dentro da igreja, em nossos pequenos grupos de prestação de contas ou outros grupos de cristãos, somos representantes de Cristo. Nós falamos em Seu nome. Nós o representamos não somente ao mundo, mas mutuamente — a quem se senta ao nosso lado nos bancos e compartilha o vínculo do Espírito em qualquer ambiente.

Senhor, eu sei que as palavras são importantes e desejo que as minhas palavras sempre sejam faladas com amor e bondade. Que esta língua que Tu me deste sempre expresse palavras de bênção. Amém.

STEVE WINGFIELD

DIA 6

Pois vim para salvar o mundo, e não para julgá-lo.
—JOÃO 12:47

A atitude de julgamento é inimiga do respeito piedoso pelos outros. Semelhantemente à natureza pecaminosa, que está sempre lutando contra o que o Espírito trabalha em nós, a atitude de julgamento sempre lutará com a atitude de respeito que o Espírito deseja manifestar em nossa vida. Ao interagirmos com o mundo que não crê, devemos ser respeitosos, mansos e seguir a Regra de Ouro manifesta por Jesus. Lembre-se de que você já esteve no mesmo lugar em que eles estão; a graça de Deus o levou a Ele, e a graça do Senhor se estende a todos. A tentação de julgar é ainda mais forte dentro do Corpo de Cristo, quando analisamos uma congregação e nos pegamos julgando a caminhada de fé de uma pessoa. Se você perceber que os seus pensamentos estão se enveredando por esse caminho, lembre-se de que o mesmo Espírito que age em você está sempre trabalhando na outra pessoa.

Nós recebemos ordens diretas de não julgar. Podemos ser "inspetores de frutos", mas jamais juízes. Somos parceiros de Cristo em Sua missão evangélica, e essa missão é salvar as pessoas, não julgá-las. O julgamento virá, porém mais tarde e pelo Senhor.

A Bíblia nos adverte contra pensar "demais" de nós mesmos e ser presunçosos. A atitude de julgamento surge e se coloca acima dos outros. Porém todos nós pecamos; todos nós ficamos aquém dos padrões de justiça de Deus. O Senhor perdoou grandemente cada um de nós. Nós devemos perdoar os outros da mesma maneira e permitir que a Sua graça flua através de nós para todos. *Todas as pessoas*. Ele não desistiu de ninguém. Nós também não podemos fazê-lo.

Senhor, ajuda-me a ver o mundo e todos
os indivíduos como Tu vês. Eu quero estar em uma missão
de resgate para alcançar os perdidos. Amém.

DIA 7

*Tratem todos com respeito e amem seus irmãos em Cristo.
Temam a Deus e respeitem o rei.* —1 PEDRO 2:17

Pedro se dirige aos escravos e lhes diz para obedecerem a seus senhores "com respeito" — e não apenas aos senhores bondosos e bons, mas também aos rudes e irracionais. Paulo ensina o mesmo. "Os escravos devem ter todo o respeito por seus senhores, para não envergonharem o nome de Deus e seus ensinamentos" (1 Timóteo 6:1).

Pedro não estava sendo conivente com a escravidão. Ele estava dizendo que, independentemente da situação em que você estiver, "trate todos com respeito". Nós nos deparamos com muitas situações desagradáveis com pessoas desagradáveis. Contudo precisamos demonstrar o respeito adequado e nos conduzir com dignidade e autocontrole. Por quê? Porque reverenciamos o nosso Pai Celestial e não queremos que Seu nome seja caluniado, e, visto que temos para o mundo a mensagem acerca do amor e da graça de Deus, não queremos degradá-la com nossas palavras ou práticas.

Em nosso clima politicamente explosivo e nas guerras culturais de hoje, cada um de nós precisa analisar honestamente como tem falado, agido e postado nos debates atuais. Jesus não nos deu "se" como opções. Ele disse: "Faça isso. Aja dessa maneira. Tenha essa atitude em *tudo*".

O fato é que as nossas diretrizes acerca de como tratamos as pessoas não dependem do caráter ou atitude da outra pessoa em relação a nós, mas exclusivamente da nossa obediência às leis do reino de Jesus.

*Senhor, Tu és o meu Rei, e eu te honro. Tu me instruíste também
a honrar as autoridades. Ajuda-me sempre a orar pelas pessoas investidas
de autoridade. Mesmo quando eu discordar das decisões delas,
lembra-me de orar por elas. Amém.*

NOTAS E ORAÇÕES

DESCANSO

• SEMANA 41 •
DIA 1

Não há futuro para líderes que se esgotam. Nós pagamos um alto preço, profissional e pessoal, por ter uma agenda totalmente cheia, todos os dias da semana. —Paul Weaver

> *Vamos sozinhos até um lugar tranquilo para descansar um pouco.* —MARCOS 6:31

Neste mundo caótico em que vivemos, precisamos da disciplina do descanso. É impossível trabalhar 24 horas por dia, sete dias por semana, em alta velocidade e escapar do desastre. Contudo, há pessoas que se mantêm ocupadas e não se dão descanso.

O descanso é uma parte importante da vida. Jesus indicou a importância do descanso em Marcos 6:31. Ele e Seus discípulos estiveram ocupados com tantas pessoas que foram até eles que nem mesmo tiveram tempo de fazer suas refeições sem interrupções. Então, partiram de barco com a intenção de ter um "tempo de folga". Todos nós precisamos de momentos de descanso, cura e restauração.

Nossa necessidade de descanso é uma realidade da vida tanto quanto nossa necessidade de alimento e água. Assim como nutrição inadequada ou água contaminada nos afetará adversamente, a falta de descanso também o fará. O mesmo se aplica a nossa saúde e bem-estar espirituais. A nossa alma precisa de descanso e revigoramento. Essas duas coisas não podem ser separadas. O descanso físico afeta a nossa saúde espiritual, e o descanso da alma afeta a nossa saúde física.

Quer você esteja em uma posição de liderança, seja uma mãe ocupada, uma pessoa com dois empregos, um estudante trabalhando arduamente para manter-se, independentemente de quem você seja ou do que faz, você precisa de períodos de descanso em sua vida — descanso para seu corpo e sua alma.

Deus Pai, ajuda-me a confiar em ti o suficiente
para descansar em ti. Amém.

Orações sobre *Descanso* **—DAVID WINGFIELD**

DIA 2

Aquietem-se e saibam que eu sou Deus!
—SALMO 46:10

Susanna Wesley era a mãe de John e Charles Wesley. Ela teve 19 filhos, dos quais nove morreram ainda bebês; ainda assim, todos os dias, encontrava tempo para conversar com cada um dos seus 10 filhos e tempo para conversar com Deus. Ela se sentava na cadeira de balanço e puxava o avental sobre a cabeça; esse era o sinal para sua família de que ela estava orando e não deveria ser interrompida.

Às vezes, parece que temos pouco mais do que um frágil pedaço de tecido para se interpor entre nós e o ruído e a atividade de nossos dias agitados. Porém temos de nos desconectar, aquietar-nos e ficar a sós com Deus. O Senhor deseja ser o *seu Deus*; para conhecê-lo e ouvir a Sua voz, você tem de parar e dedicar tempo a ficar com Ele.

Essa é uma disciplina que todos nós devemos praticar. A nossa comunhão com o nosso Deus é a nossa conexão com a vida. Precisamos permanecer atrelados à Videira; é dela que fluem saúde, força, graça, paz, todo o fruto do Espírito e muito mais. O versículo 2 do Salmo 23 é uma metáfora sobre o descanso e a revitalização que o nosso Grande Pastor oferece: "Ele me faz repousar em verdes pastos e me leva para junto de riachos tranquilos".

É importante planejar um tempo para se ausentar por um dia ou uma semana a fim de "aquietar-se", mas é absolutamente essencial pôr o dito avental sobre a cabeça todos os dias e encontrar-se com o seu Deus.

Meu coração está quieto. Minha alma está quieta.
Eu espero por ti e ouço a ti. Amém.

DIA 3

*O Senhor, seu Deus, lhes concede um lugar de descanso
e lhes dá esta terra.* —JOSUÉ 1:13

O **descanso é uma dádiva e um privilégio da sua salvação.** Quando Deus tirou os filhos de Israel da escravidão no Egito, prometeu-lhes que a Sua presença estaria com eles e lhes daria descanso (Êxodo 33:14). Quando eles estavam às margens do Jordão e se preparavam para entrar na Terra Prometida, Josué disse ao povo: "O Senhor está dando a vocês essa terra como um lugar de descanso".

Deus nos prometeu descanso, um lugar de Sua bênção e provisão. "Venham a mim [...] e eu lhes darei descanso" (Mateus 11:28). Sabemos que Deus nos prometeu um descanso final, perfeito, mas Ele nos oferece descanso também agora, pois já estamos vivendo no Seu reino.

O pecado destrói. O pecado esgota e priva. Jesus reabastece. Ele restaura e edifica. Ele concede vida. O Senhor deseja que descansemos nele e na salvação que Ele oferece — o lugar provido por Deus onde podemos viver na presença do Senhor e sob os Seus cuidados.

A sua salvação em Cristo trouxe o Espírito para habitar em seu interior, a fim de ajudá-lo de todas as maneiras. Contudo você pode apagar o fogo do Espírito. Deus não o força a você. Tal salvação também colocou à sua disposição um descanso profundo que só Deus pode lhe dar. Você pode também escolher ignorar isso e continuar vivendo cativo a tudo que o impulsiona em seu dia. Mas não faça isso! Aproveite o descanso que Deus oferece. Ele é vivificante.

*Agradeço-te pelas boas dádivas que Tu me deste. Ajuda-me
a descansar no Teu amor generoso. Amém.*

DIA 4

*Aquele que habita no abrigo do Altíssimo encontrará descanso
à sombra do Todo-poderoso.* —SALMO 91:1

Ao lermos as Escrituras, logo vemos que, para Deus, conceder descanso ao Seu povo é tão importante quanto dar paz, força, compaixão e misericórdia. Um dos primeiros convites que ouvimos Jesus emitir é "Venham a mim [...] e eu lhes darei descanso" (Mateus 11:28).

Ele concede descanso ao corpo e à alma. O sono é uma dádiva preciosa. Eu me agarrei à promessa de Salmo 4:8 durante os tempos perigosos na Romênia. Eu estava naquele país durante a Revolução. Foi caótico! Pessoas estavam sendo mortas, ouvíamos tiros à nossa volta, e houve momentos em que me perguntei se algum dia veria novamente minha esposa e meus filhos. Porém, em meio àquilo, confiei na promessa de que Deus me "guardaria em segurança" e consegui dormir à noite, mesmo com o som de tiros lá fora do hotel. Deus colocou paz em meu coração e me deu descanso, mesmo em meio à tempestade.

Quando habitamos no abrigo do Altíssimo, quando vivemos constantemente em Sua presença, encontramos paz e descanso que excedem a lógica ou o entendimento. Temos promessas maravilhosas em Cristo.

O que tem mantido você acordado à noite? O Senhor lhe dará a Sua garantia se você falar com Ele a esse respeito e abrir os seus ouvidos para ouvi-lo. Deus se importa com tudo que está acontecendo em sua vida. Ele é o Grande Pastor, atento a todas as suas necessidades e a tudo que afeta você.

*Deus, sê o meu abrigo. Sê o meu refúgio. Eu anseio descansar
no silêncio das Tuas amáveis asas. Amém.*

DIA 5

Então Jesus disse: O sábado foi feito por causa do homem, e não o homem por causa do sábado. —MARCOS 2:27

O descanso é uma parte importantíssima da nossa caminhada com o Senhor. Ele é extremamente necessário ao nosso corpo e à nossa mente. Para ser tudo que Deus deseja que você seja, você precisa encontrar descanso.

Deus nos deu o exemplo. Ele criou o mundo em seis dias e descansou no sétimo. Então, deu a lei por intermédio de Moisés e incluiu regras estritas acerca do sábado. Uma pessoa não deveria sequer carregar lenha para dentro de casa para o fogo no sábado. Até mesmo o solo deveria ter um tempo de descanso.

O princípio do descanso continua a ser tão importante, não porque Deus queira estabelecer leis, mas porque o descanso é muito essencial ao nosso bem-estar. Os pais não permitem que os filhos comam dez biscoitos de uma vez. Deus não quer que corramos com tanta rapidez e intensidade sem fazer uma pausa para descansar. Isso é para o nosso próprio bem. Nosso corpo precisa se recuperar, nossa mente precisa ser limpa e revigorada, nossa alma precisa se reconectar a Deus e aos outros.

O princípio de guardar um sábado semanal como dia de descanso tem sido ignorado ou modificado por muitas pessoas. Contudo temos muitas advertências na Bíblia acerca da observância do sábado — repito, para o nosso próprio bem-estar. Jesus disse que o sábado foi criado *para nós*. Vale a pena dar uma olhada honesta em nossos conceitos acerca do sábado bíblico e pedir a Deus que nos mostre como podemos praticar o princípio do descanso em nossa vida.

Deus, resplandece Tua luz reveladora em minha alma.
O que estou tentando fazer por minha própria conta?
Mostra-me como descansar no Teu Espírito. Amém.

DIA 6

Portanto, irmãos, suplico-lhes que entreguem seu corpo a Deus, por causa de tudo que ele fez por vocês. Que seja um sacrifício vivo e santo, do tipo que Deus considera agradável. —ROMANOS 12:1

Em Romanos 12:1, Paulo nos faz uma súplica. Ele é enfático quanto à importância do que fazemos com o nosso corpo. Em outros lugares da Bíblia, lemos que o nosso corpo se tornou o templo do Espírito de Deus. Ele habita em nós! Isso deve nos levar a dar uma pausa e perguntar: "Qual é a condição do sacrifício que estou oferecendo ao Senhor? Em que estado estou mantendo o templo do Senhor?". O versículo 2 diz que devemos também permitir que Deus transforme a nossa mente. A nossa mente precisa de revigoramento. Ela precisa ser limpa de muitas coisas. Precisamos de momentos de descanso para permitir que o Espírito faça uma boa limpeza em Seu templo.

Nas Escrituras há muitas exortações que simplesmente não conseguimos cumprir se não nos dermos também descanso. Permaneça forte, mantenha-se alerta, corra a carreira com diligência. Até mesmo o mandamento de ser bondoso se torna mais difícil quando você não descansa. Uma pessoa que precisa desesperadamente de descanso cai mais facilmente em egoísmo, apatia, raiva e falta de fé — para citar apenas algumas das armadilhas. Cada um de nós pode olhar para o seu próprio caráter e saber quais qualidades vacilam quando não descansamos adequadamente. Devemos apresentar a Deus o nosso corpo e a nossa mente. Eles pertencem ao Senhor. Damos ao nosso corpo e à nossa mente o melhor cuidado possível?

Deus, eu te dou os meus melhores esforços, as minhas lutas terrenas, os meus 110%. Permite-me encontrar o meu descanso em ti. Amém.

DIA 7

Não procurem apenas os próprios interesses, mas preocupem-se também com os interesses alheios. —FILIPENSES 2:4

Vimos Filipenses 2:4 várias vezes ao longo deste ano. Essa passagem se aplica a muitas situações. Agora, uma palavra especificamente para quem atua como líder. Fique de olho na necessidade de descanso da sua equipe. Quer você seja o CEO de uma empresa multimilionária, o líder de uma equipe de louvor de três pessoas, ou chefe de família neste mundo, esteja ciente da necessidade de descanso das pessoas.

A nossa cultura ocidental especialmente empurra e impulsiona. Nem todas as culturas têm essa característica, mas nós vivemos em uma sociedade na qual realizações, atingimento de metas e paixão pelo sucesso podem consumir vidas rapidamente — tanto de líderes quanto de liderados. Se Deus colocou você em uma posição de liderança, deu-lhe também responsabilidade por seus liderados. O bem-estar deles demanda mais do que salários razoáveis, e você deve prestar contas a Deus por mais do que salários razoáveis.

Procure maneiras de promover descanso em sua organização. Pode ser algo tão simples quanto uma cama de solteiro em um lugar reservado para alguém descansar durante os intervalos. Ou talvez possa ser tão complexo quanto reestruturar certas posições sobrecarregadas com excesso de trabalho em horas razoáveis. Eu incentivei você o tempo todo a criar uma cultura que reflita valores divinos e edifique caráter divino. O descanso é importante para todos — descanso do corpo, da mente e da alma. Estabeleça uma cultura que reconheça a importância do descanso e conceda oportunidade para descanso.

Não considere somente a sua própria necessidade de descanso, mas também a das pessoas que Deus colocou em suas mãos.

Pai, mostra-me como eu posso ajudar os outros a encontrar descanso em ti, assim como Tu me ajudaste a encontrar descanso em ti. Amém.

NOTAS E ORAÇÕES

AUTODISCIPLINA

• SEMANA 42 •
DIA 1

Ter autodisciplina é não só importante ao lidar com a nossa equipe, mas também benéfico à nossa própria saúde e bem-estar, como também a viver uma vida sem remorsos. —Paul Weaver

> *Como a cidade com seus muros derrubados, assim é quem não sabe dominar-se.* —PROVÉRBIOS 25:28 NVI

Autodisciplina é a qualidade de autodomínio, gerenciar adequadamente suas emoções e seu comportamento. Ausência de autodisciplina pode arruinar relacionamentos, reputações, projetos e a produtividade — e, especialmente, nosso testemunho do nosso Senhor Jesus. Provérbios diz que uma pessoa que "não sabe dominar-se" é como uma cidade cujos muros estão derrubados. Isso foi escrito na época em que as cidades eram muradas para impedir a entrada de inimigos. Sem esses muros, as pessoas estavam expostas a ataques e derrota. O muro era uma proteção. Quando os muros da sua cidade não são fortes, outras pessoas ou circunstâncias ao seu redor lhe afetam, e o que você guarda dentro de você transborda em raiva e frustração. Você fala e age sem restrição.

Espero que você deseje ser uma pessoa com muros de autodisciplina fortes, que controla o que diz e faz. Se optar por isso, eu lhe garanto que o beneficiado será você. Você rechaçará o ataque e vencerá.

Pedro permitiu que seus muros fossem rompidos ao negar sua amizade com Jesus. Ele deixou o medo controlar sua fala e seu comportamento. Muito mais tarde, Pedro escreveu uma advertência a todos nós: esteja alerta e atento, porque o seu inimigo, o diabo, está à espreita para devorá-lo (1 Pedro 5:8 parafraseado).

Mantenha fortes os muros da sua cidade. Esteja alerta e atento contra os ataques. Seja uma pessoa que tem autodisciplina.

Senhor, peço-te que Tu mantenhas uma guarda armada ao redor de meu coração, minha mente e minha boca. Amém.

Orações sobre *Autodisciplina* **—JESSICA CRAWFORD**

DIA 2

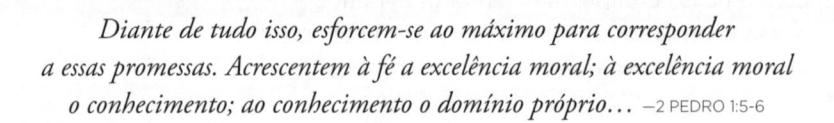

Diante de tudo isso, esforcem-se ao máximo para corresponder a essas promessas. Acrescentem à fé a excelência moral; à excelência moral o conhecimento; ao conhecimento o domínio próprio... —2 PEDRO 1:5-6

Pedro escreveu suas cartas a todos os que seguem a Cristo. Inclusive nós. No versículo acima, ele nos encoraja: "esforcem-se ao máximo". Trabalhe nessas qualidades. Na lista de qualidades a serem buscadas, encontramos o "domínio próprio", que é autodisciplina. Esse versículo começa com "Diante de tudo isso". Então, voltamos aos versículos anteriores e vemos a promessa de que Deus providenciou aquilo de que precisamos para viver de forma piedosa e "participar da natureza divina e escapar da corrupção do mundo causada pelos desejos humanos" (v.4). Essa é uma promessa e tanto. A autodisciplina é uma das qualidades que devemos desenvolver para viver de forma piedosa.

A autodisciplina nos impedirá de proferir palavras das quais nos arrependeremos. Todos nós já aprendemos, às vezes dolorosamente, que não podemos fazer as palavras voltar à nossa boca depois que as proferimos. Precisamos controlar a maneira como as nossas emoções afetam o nosso comportamento. Precisamos estar no controle da fala e das atitudes. Não podemos perder o controle ou reagir irracionalmente a qualquer coisa que desencadeie nossas emoções, seja disparando palavras ofensivas ou usando o cartão de crédito para uma compra por impulso. Se aprendermos e praticarmos o domínio próprio, as pessoas saberão que podem confiar em nós. Em vez de uma pessoa imprevisível e descontrolada, seremos vistos como alguém confiável, estável e sensato, que pensa nas coisas antes de agir e falar.

Autodisciplina não é somente para líderes e empresários, e sim para todos os discípulos de Cristo.

O desejo do meu coração é viver sob o Teu controle, Senhor. Amém.

DIA 3

Deus, com seu poder divino, nos concede tudo de que necessitamos para uma vida de devoção, pelo conhecimento completo daquele que nos chamou para si por meio de sua glória e excelência. —2 PEDRO 1:3

É interessante Pedro ter incluído o domínio próprio em sua lista de qualidades que devemos nos esforçar ao máximo para desenvolver. Como sabemos, Pedro era uma pessoa impulsiva, frequentemente deixando escapar coisas sem exercer autodisciplina. O que o transformou? O Espírito Santo habitando nele.

Na carta escrita por Tiago, o problema da nossa fala continua surgindo. Ele escreveu que quem afirma ser cristão, "mas não controla a língua, engana a si mesmo" (Tiago 1:26). E ainda: "É verdade que todos nós cometemos muitos erros. Se pudéssemos controlar a língua, seríamos perfeitos" (3:2). Eu não sou perfeito. Todos nós sabemos que não temos condição de ser perfeitos, a menos que tenhamos o Espírito Santo habitando em nós. Ele é perfeito! Então, nós temos *em nosso interior* o que é necessário.

Para mim, qualquer esperança de aprender a exercer a autodisciplina depende unicamente de ser cheio do Espírito de Deus. Autocontrole e autodisciplina são efeitos do Espírito Santo em nossa vida. Creio que a orientação e o poder do Espírito fornecem a única maneira de aprendermos como administrar sabiamente nossas emoções, nosso comportamento e nossas palavras.

Paulo diz em 2 Timóteo 1:7 que Deus nos deu um Espírito "que nós dá poder, amor e autocontrole". Esse é o poder que transformou radicalmente Pedro. Se você é um seguidor de Cristo, tem o mesmo poder vivendo em você.

Senhor, eu quero viver em constante consciência de que Tu habitas em mim. Amém.

DIA 4

*Pois a graça de Deus foi revelada e a todos traz salvação.
Somos instruídos a abandonar o estilo de vida ímpio
e os prazeres pecaminosos. Neste mundo perverso, devemos
viver com sabedoria, justiça e devoção.* —TITO 2:11-12

Q**uem de nós nunca proferiu palavras** que gostaria de poder recolher? Todos nós já tivemos momentos de estar dolorosamente cientes da verdade de muitos provérbios que nos alertam para conter a nossa língua.

"Quem fala demais acaba pecando; quem é prudente fica de boca fechada" (Provérbios 10:19).

"O perverso é apanhado na armadilha das próprias palavras, mas o justo escapa dessa aflição" (Provérbios 12:13).

"Quem controla a língua terá vida longa; quem fala demais acaba se arruinando" (Provérbios 13:3).

"Cuide da língua e fique de boca fechada, e você não se meterá em apuros" (Provérbios 21:23).

Deus tem bons planos para nós. Ele deseja que cresçamos à semelhança de Cristo, que tenhamos vida em abundância e desfrutemos a vida que Ele morreu para nos trazer. Essa é a graça do Senhor em ação — para nos dar vida nova e plena, embora nada tenhamos feito para merecê-la. E, em Sua graça, Ele nos disponibiliza o poder de dizer "não" à impiedade e de dizer "sim" ao fruto do Espírito Santo, que inclui a autodisciplina. Caro amigo, fuja sabiamente da ruína e da calamidade. Diga "sim" ao Espírito de Deus e aprenda com Ele a autodisciplina.

*Que as palavras da minha boca e a meditação
do meu coração sejam agradáveis a ti, S**enhor**, minha rocha
e meu redentor!* (Salmo 19:14).

DIA 5

*Sejam fortalecidos com o poder glorioso de Deus,
a fim de que tenham toda a perseverança e paciência
de que necessitam.* —COLOSSENSES 1:11

A declaração do programa *Lodestar* acerca de Autodisciplina apresenta três exigências: pausar, avaliar e visualizar. A primeira coisa que precisamos fazer é pausar. Raramente temos tempo para nos preparar para as coisas que atacam os muros da nossa cidade. Ao longo do dia, somos bombardeados com todos os tipos de situações, falas e atitudes de outras pessoas. Porém, se você tiver autodisciplina, se estiver vivendo pelo Espírito que o capacita a autodominar-se, não reagirá imediatamente segundo qualquer emoção que tenha sido inflamada.

Pause e ore. Ore para que o Espírito Santo lhe conceda autodomínio. Peça ao Espírito sabedoria e orientação ao reagir. Reconheça sua fraqueza. Talvez você até queira dar nome à emoção com a qual está lutando: "Senhor, minha vontade é revidar, mas sei que não é isso que Tu queres para mim. Ajuda-me!" ou "Senhor Jesus, neste momento o meu orgulho está se levantando e me incitando a seguir o meu próprio caminho, mas eu sei que não é o melhor plano". Sim, peça ajuda!

Em sua pausa, lembre-se também da Palavra de Deus, das advertências do Senhor quanto à falta de autodisciplina, das Suas promessas de quanto a lhe ajudar e Seus planos para você. A Palavra de Deus nos é dada como uma dádiva. O Salmo 91 nos diz que as promessas do Senhor são armadura e proteção. O Espírito Santo usará a Palavra de Deus para nos resgatar de momentos em que precisaremos lutar contra os desejos pecaminosos dentro de nós e, assim, evitar o desastre ao exercer a autodisciplina.

*Sou muito grato, pois "o Espírito que está em [mim] é maior
que o espírito que está no mundo"* (1 João 4:4).

DIA 6

A língua tem poder para trazer morte ou vida; quem gosta de falar arcará com as consequências. —PROVÉRBIOS 18:21

Há momentos em que é muito melhor conter a língua do que falar. Às vezes, é melhor não agir do que entrar em ação imediatamente. Quer estejamos em posições de liderança ou não, nossos atos e palavras têm um efeito cascata. O que fazemos e dizemos nunca fica restrito a um momento isolado no tempo. Nossos atos têm consequências.

A segunda coisa que a autodisciplina precisa fazer é avaliar. O que resultará de meus atos e palavras? Quem será afetado? Como *eu* serei afetado se deixar as minhas emoções dominarem? Até que ponto irão as repercussões das minhas ações? Elas trarão glória ao meu Senhor e Rei? Difundirá a Sua luz? Escrevendo acerca do poder da língua, Tiago nos disse para considerar como a destruição por conta de um grande incêndio na floresta ao ser deflagrada por uma única faísca. Que fogueira poderá se acender rapidamente, neste momento, se eu disser o que estou pensando ou se agir por impulso? Nós dependemos do Espírito Santo para ter sabedoria. Peça a Ele que lhe dê o discernimento e a visão necessários para saber como suas ações afetarão outras pessoas.

Acima de tudo, considere quais devem ser suas atitudes e palavras como representante de Cristo. C. S. Lewis escreveu: "Não brilhe para que os outros possam ver você. Brilhe para que, através de você, outros possam ver a Ele". O nosso propósito neste mundo é permitir que a luz que recebemos brilhe tão intensamente que os outros vejam a Cristo por nosso intermédio.

Senhor, eu quero que a minha luz brilhe fortemente para ti. Ajuda-me a dizer e a fazer a coisa certa na hora certa. Amém.

DIA 7

*Uma palavra final: Sejam fortes no Senhor
e em seu grande poder.* —EFÉSIOS 6:10

A terceira coisa que a autodisciplina precisa fazer é visualizar. Nós usamos várias metáforas esta semana. Use-as para visualizar o que a sua autodisciplina, ou a falta dela, significará. Imagine uma cidade com muros derrubados, aberta a ataques e derrota. Depois, imagine uma cidade com muros fortes, altos e inexpugnáveis. Visualize uma pequena faísca saltando rapidamente e se tornando um incêndio florestal estrondoso. Visualize-se dizendo "não!" ao orgulho, à mágoa, à inveja e a todas as outras emoções que o estimulam a entrar em ação imediatamente com palavras e atitudes precipitadas. Quando você disser "sim!" ao Espírito Santo, visualize Seu poder agindo em você, o poder dele fluindo através de você para permanecer firme. Imagine a graça e o poder de Deus rompendo o barro do seu ser para que o brilho da luz do Senhor invada o mundo em que você vive o seu dia a dia.

Acima de tudo, visualize o seu Senhor e Rei. Ele foi falsamente preso e acusado, espancado e condenado à morte, "mas não disse uma só palavra" (Isaías 53:7). Ele foi obediente ao plano de Deus até o derradeiro fim. Ele permaneceu em missão. Jesus Cristo correu essa carreira, deixando a si mesmo como exemplo. Visualize como Jesus lidaria com a situação que, agora, está ameaçando os muros da sua cidade.

E então, caro amigo, visualize-se completando a sua carreira e conquistando o prêmio. O prêmio é muito mais do que qualquer satisfação fugaz que as suas emoções possam exigir neste momento. Seja forte no Senhor e no Seu grande poder! Você *pode* ser uma pessoa com forte e sábia autodisciplina — por meio de Cristo, que lhe dará a Sua força.

*Senhor Jesus, fica ao meu lado e dá-me a força
da Tua autodisciplina. Amém.*

NOTAS E ORAÇÕES

AUTOCONSCIÊNCIA

• SEMANA 43 •
DIA 1

Se você quiser saber o que o está impedindo de ser um grande líder, pergunte-se: "Eu consigo lidar com a verdade?". —Paul Weaver

> *Quando vier o Espírito da verdade, ele os conduzirá a toda a verdade.* —JOÃO 16:13

Você tem de conhecer a si mesmo para ser um bom líder. Esse princípio é inevitável. Para se conhecer, você tem de ser honesto sobre seus pontos fortes e fracos. Às vezes, isso pode ser ameaçador. A autoconsciência requer humildade e coragem. A humildade pedirá *feedback* e estará disposta a aceitá-lo; a humildade demonstra disposição para admitir que estamos errados, fracos ou irritantes em alguma área, pois a humildade deseja transformação e crescimento. É preciso coragem para nos abrirmos a ser transparentes (outra característica *Lodestar*). Porém, com a autoconsciência, virão também outras características, como compaixão, empatia e capacidade para ser ensinável. A autoconsciência é absolutamente necessária para viver com integridade.

Nós temos um guia neste caminho para a autoconsciência. O Espírito Santo vive em nós para nos guiar à verdade a respeito de muitas coisas, incluindo a verdade acerca de nós mesmos. Ele nos dará também a humildade e a coragem necessárias para buscarmos a autoconsciência. Esta semana, peça a Ele para conduzi-lo ainda mais no caminho do autoconhecimento.

Pai celestial, Tu conheces os meus pontos fortes e os meus pontos fracos. Senhor, eu peço que, pelo poder do Espírito Santo, Tu me dês a força necessária para olhar para mim mesmo com precisão e lidar com as minhas fraquezas. Ajuda-me a ter a coragem necessária para abrir o meu coração e os meus olhos para lidar com essas fraquezas e buscar a Tua orientação e sabedoria para ser mais semelhante a Cristo em meus pensamentos, ações, comportamentos, escolhas e motivos. Amém.

Orações sobre *Autoconsciência* **—MIKE LITTLE**

DIA 2

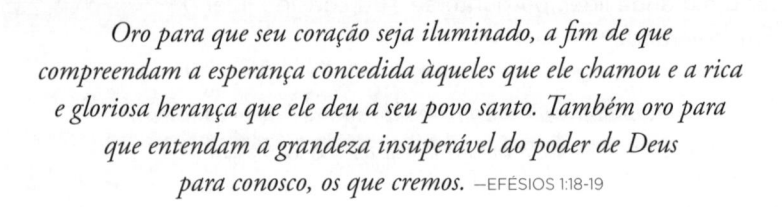

> *Oro para que seu coração seja iluminado, a fim de que compreendam a esperança concedida àqueles que ele chamou e a rica e gloriosa herança que ele deu a seu povo santo. Também oro para que entendam a grandeza insuperável do poder de Deus para conosco, os que cremos.* —EFÉSIOS 1:18-19

Conhecer as riquezas da nossa salvação, tudo que nos foi dado por causa de Cristo, é muito importante para sabermos exatamente quem somos agora. Com Cristo, as coisas velhas se foram, tudo se fez novo. Agora, queremos caminhar em nossa nova identidade, em nossa nova vida, em nosso novo propósito.

Enquanto trabalhamos a autoconsciência, precisamos também trabalhar o viver com a consciência do que Deus diz ser verdade a respeito de nós. Isso é absolutamente essencial. O mundo tentará nos dizer uma coisa, contudo Deus é quem tem a verdade para nós. Nossa autoconsciência como filhos de Deus significa que andamos no conhecimento de que somos amados com amor eterno, de que Ele nos deu uma nova vida e está nos transformando para sermos semelhantes a Cristo. Sabemos que a misericórdia e o perdão de Deus são constantes, e que temos recursos ilimitados em Sua força, Seu poder e Sua orientação. Os nossos pontos fortes são dádivas dele, e as nossas fraquezas são áreas onde o Seu poder agirá.

Ajuda-me, Senhor, a encontrar a minha identidade em ti.
Ajuda-me a ver os meus pontos fortes e os meus pontos fracos e a ter
o desejo e a disciplina necessários para andar mais junto a ti.
Peço-te perdão por estar mais envolvido comigo mesmo do que contigo
e com os Teus filhos. Senhor, eu te agradeço por me amares
e me concederes graça. Agradeço-te por seres tão generoso com
a Tua sabedoria. Eu sei que Tu fornecerás o que for
necessário se eu for obediente. Amém.

DIA 3

Guia-me pela tua verdade e ensina-me, pois és o Deus que me salva;
em ti ponho minha esperança todo o dia. —SALMO 25:5

A maioria de nós se olha no espelho algumas vezes ao dia. Nós vemos o que Deus está vendo? No fim do dia, devo prestar contas por minhas palavras e atitudes — primeiramente a Deus, depois a quem me lidera e a mim mesmo. Se eu não tiver uma compreensão precisa dos meus sentimentos e motivos, viverei em confusão, vergonha e falta de autocontrole. Porém, olhando no espelho e pedindo a Deus que me ajude a me conhecer melhor, eu me humilharei diante do Senhor e permitirei que Ele aja em mim e por meu intermédio.

Tenho certeza de que tudo que há de bom em mim não vem de mim mesmo, e sim do Senhor. Toda a minha esperança está verdadeiramente nele. Por isso, peço a Ele que me oriente e me ensine, para que eu me compreenda e me conheça a fim de caminhar mais fielmente nos Seus caminhos.

Senhor, tantas vezes eu deixo de honrar e amar a ti e aos outros.
Muitas vezes, meus comportamentos e motivos são óbvios para mim,
mas a raiz da causa deles é confusa. Senhor, Tu me projetaste
e sabes quando falho e o que é necessário para que eu tenha paz interior
e direção. Ajuda-me a ver-me como Tu me vês, dá-me a força
necessária para olhar no espelho e ver as minhas deficiências, e o poder
e a força necessários para buscar em ti, Senhor, correção e direção
para a minha vida. Tu és a fonte do meu poder e da minha força.
Minha única esperança está em ti. Eu te agradeço. Amém.

STEVE WINGFIELD

DIA 4

Em vez disso, falaremos a verdade em amor,
tornando-nos, em todos os aspectos, cada vez mais parecidos
com Cristo, que é a cabeça. —EFÉSIOS 4:15

Na **busca por autoconsciência**, procuramos a outros membros do Corpo de Cristo para nos ajudarem a crescer. Frequentemente temos pontos cegos, especialmente quando observamos o nosso próprio caráter. Paulo, em Efésios, nos orienta a nos revestirmos da nova vida e que devemos falar a verdade uns aos outros, pois somos todos membros de um só corpo, que será saudável e crescerá se houver honestidade, amor e ajuda mútua.

Líderes sábios procuram irmãos e irmãs no Corpo de Cristo em busca de ajuda para conhecerem melhor a si mesmos. Primeiro, precisamos ter a coragem e a sinceridade necessárias para sermos transparentes, precisamos ser suficientemente honestos e intrépidos para olhar para o nosso interior. Depois, precisamos ter a sabedoria para aceitar a verdade e a diligência necessária para aperfeiçoar o que precisamos melhorar. Capacidade de ser ensinável, humilde, determinado, centrado — todas essas características adentram a nossa crescente autoconsciência. E todas elas dependem da nossa disposição de fazer parte de um corpo vivo, o Corpo de Cristo.

Pai, eu quero te agradecer pelas muitas pessoas que Tu trouxeste
à minha vida, que me trouxeram entendimento, encorajamento e apoio.
Peço que Tu providencies pessoas que me ajudem a compreender
melhor a mim mesmo e a estar preparado para servir a ti e aos outros.
Preciso ter a coragem necessária para me olhar no espelho e
me confessar a ti e pedir o Teu perdão quando eu souber que falhei.
Senhor, peço que Tu me reveles quando eu não estiver alinhado
com a direção que Tu desejas para a minha vida. Abre os
meus olhos e o meu coração para a transformação. Somente Tu,
Senhor, podes revelar a verdade. Amém.

DIA 5

Não imitem o comportamento e os costumes deste mundo, mas deixem que Deus os transforme por meio de uma mudança em seu modo de pensar, a fim de que experimentem a boa, agradável e perfeita vontade de Deus para vocês. —ROMANOS 12:2

A autoconsciência de ser um seguidor de Cristo — uma compreensão *precisa* de quem você é — depende de romper com a maneira de pensar do mundo. Como em todas as outras áreas da nossa mente, Satanás tenta agir por meio das mensagens da nossa cultura para distorcer e corromper a nossa percepção de nós mesmos. A maneira de pensar do mundo traz atitude defensiva, desvios ao nosso ego e se apega a pensamentos negativos. Porém os padrões mundanos não devem mais faz parte da nossa compreensão de nós mesmos. Isso porque a nossa autoconsciência é mais límpida quando damos ouvido ao que Deus pensa de nós.

Em sua busca por autoconsciência, se você detectar padrões mundanos surgindo, oponha-se a eles com declarações da Palavra de Deus. Permita ao Espírito de Deus lembrar e mostrar a você ainda mais de tudo o que Deus lhe concedeu gratuitamente. Deixe o Senhor usar a espada do Espírito para demolir as antigas formas de pensar e abrir caminho para a renovação da sua mente e a transformação da sua vida.

*Deus Pai, a Tua Palavra nos diz para não amarmos
o mundo ou as coisas no mundo. Quando olho através das lentes
dessa verdade, vejo que falho demasiadas vezes. Uma parte
excessiva da minha vida tem girado em torno de poder, posição
e coisas. Senhor, perdoa-me por ser egocêntrico. Servir ao
mundo não produzirá qualquer benefício duradouro. Senhor,
ajuda-me a amar-te de todo meu coração, minha alma
e minha mente e a amar ao meu próximo como a mim mesmo.
Senhor, eu te agradeço pela Tua Palavra. Agradeço-te pelo
Teu Espírito que me incentiva a buscar a Tua sabedoria. Amém.*

STEVE WINGFIELD

DIA 6

Não imitem o comportamento e os costumes deste mundo, mas deixem que Deus os transforme por meio de uma mudança em seu modo de pensar, a fim de que experimentem a boa, agradável e perfeita vontade de Deus para vocês. —ROMANOS 12:2

O nosso versículo de hoje é o mesmo de ontem. Antes que a renovação possa vir, precisamos ser capazes de ver o nosso caráter claramente. Precisamos também ver nitidamente quem e o que Deus diz que nós somos. Então, renovar a nossa mente significa alinhar o nosso pensamento com o pensamento de Deus. Nós absorvemos o que Deus diz acerca desta nova vida que Ele nos concedeu, e nos esforçamos para dar corpo a ela em nossa vida diária. Alinhar os nossos pensamentos com os de Deus tem um poder transformador.

Essa renovação nos capacitará a andar mais fielmente, com a força e o poder do Senhor, e em conformidade com os Seus recursos. Veremos a vontade de Deus com mais clareza. Compreenderemos melhor o *Seu* caráter. O plano do Senhor para a nossa vida se tornará mais distinto. Nossa vida será cada vez mais conformada com a vontade e o plano de Deus.

A renovação é obra do Espírito Santo. Ele está nos renovando dia a dia, através de todos os detalhes da nossa vida. Ele rompe o controle exercido pelo mundo sobre os nossos sentimentos e pensamentos. Ele nos mostra o nosso caráter e indica o caminho que Deus deseja que sigamos.

Senhor, eu peço confiança para confiar em ti em tudo e nunca confiar em mim mesmo. Ajuda-me a ver quando eu falho contigo. Transforma-me! Quero ser consciente das minhas deficiências e sei que somente Tu me conheces completamente e és o único que pode proporcionar a transformação da qual necessito. Imploro a Tua vontade e não a minha. Amém.

DIA 7

Vejam como é grande o amor do Pai por nós, pois ele nos chama de filhos, o que de fato somos! —1 JOÃO 3:1

Em resumo, quem e o que Deus diz que nós somos é a verdade. O Espírito de Deus vive em nós para nos revelar tudo o que o Senhor nos concedeu. Se você está tendo problema para ver isso claramente, por que não orar primeiramente pela iluminação dos olhos do seu coração (Efésios 1:18) e, então, começar a escrever todas as passagens que transmitem coisas que Deus diz acerca de você? Não indicaremos referências aqui, pois lhe será de ajuda procurá-las e escrevê-las você mesmo. Mas, para ajudá-lo a começar, eis aqui algumas declarações do que Deus diz que somos:

Pecadores, que merecem condenação, mas recebem uma ficha limpa
Perdoados
Seus filhos e Seus herdeiros
As ovelhas de Seu pasto
Seus embaixadores, cidadãos do Seu reino, Seu povo santo
Recebedores de tudo que nos é necessário para vivermos uma vida piedosa
Fortalecidos em nosso ser interior pelo Seu poder
Amados com amor eterno

Após começar a pesquisar e coletar essas declarações de Deus a *seu* respeito, você as encontrará em todas as partes das Escrituras. O Espírito guiará você, mostrando-lhe tudo que Deus lhe concedeu. Quem quer que você fosse e o que quer que fosse o antigo, já se foi. Tudo se fez novo. Ande em autoconsciência de quem você é: filho de Deus.

Deus Pai, eu sou muito grato por fazer parte da Tua família. Tu me abençoaste de muitas maneiras e eu sou grato por isso. Hoje eu me comprometo a usar tudo que Tu me deste para promover o Teu reino. Quero viver o restante da minha vida para os Teus planos e o Teu propósito. Amém.

NOTAS E ORAÇÕES

AUTOCONTROLE

• SEMANA 44 •
DIA 1

O autocontrole — reações moderadas e a escolha de palavras e ações adequadas à ocasião — é uma das marcas de um grande líder. —Paul Weaver

Deixem que Deus os transforme por meio de uma mudança em seu modo de pensar. —ROMANOS 12:2

Autocontrole é manter algo sob controle. É uma disciplina. Pense na disciplina pela qual um atleta passa. Um nadador, por exemplo, treina seu corpo para que possa responder ao nível máximo em competições de natação. Os pais disciplinam os filhos para moldar seu caráter e comportamento. Deus disciplina Seus filhos para produzir "uma colheita de vida justa e de paz para os que assim são corrigidos" (Hebreus 12:11).

Autocontrole é disciplinar todos os nossos aspectos que ainda são tentados pela velha natureza: nossos pensamentos, nossas palavras, nossas atitudes e nossas ações. É uma disciplina para dar-lhes nova forma ou, como disse um escritor anônimo: "Autocontrole é transformar desejos de agradar a si mesmo em desejos de agradar a Deus".

O apóstolo Paulo escreveu longamente sobre suas próprias lutas para fazer o que ele sabia ser correto, e Gálatas 5 nos diz que essa guerra continuará até o plano de salvação de Deus estar totalmente concluído. A natureza pecaminosa e a nossa nova natureza estão constantemente lutando entre si. Todos nós estamos muitíssimos familiarizados com as batalhas. Porém, isso não é motivo para desânimo. Encontramos muito encorajamento e esperança na Palavra de Deus. Ele prometeu capacitar você, pelo Seu Espírito, a viver em vitória.

Deus Pai, a minha maior batalha é superar as mentalidades negativas que aprendi, mas neste dia eu quero reagir como TU reagirias. Portanto, dá-me autocontrole do Espírito Santo quando eu for tentado a responder alguém sem pensar! Amém.

Orações sobre *Autocontrole* —**JONAS BORNTRAGER**

DIA 2

Pois a graça de Deus foi revelada e a todos traz salvação. Somos instruídos a abandonar o estilo de vida ímpio e os prazeres pecaminosos. Neste mundo perverso, devemos viver com sabedoria, justiça e devoção, enquanto aguardamos esperançosamente o dia em que será revelada a glória de nosso grande Deus e Salvador, Jesus Cristo. —TITO 2:11-13

Nosso versículo de hoje, do livro de Tito, nos dá uma imagem clara do autocontrole, disciplinando-nos para transformar os nossos desejos de agradar a nós mesmos em desejos de agradar a Deus. Ou, como diz o versículo, dizer não à antiga maneira de pensar, sentir e agir, e dizer sim a Deus. Esta é a salvação que Deus oferece: libertação da escravidão.

Mesmo que queiramos negar (e o pensamento moderno tenta ignorar essa verdade), somos escravos de tudo que nos controla. Porém, Romanos 6 nos diz que temos escolha quanto a isso; podemos nos oferecer como "instrumento do mal para servir ao pecado" ou, como pessoas que "estavam mortas e agora têm nova vida" (v.13), podemos oferecer a Deus todas as partes de nós como instrumentos de justiça. Amém!

O primeiro passo é nos oferecermos ao Senhor, submetendo-nos ao Seu controle. Minha oração é que, ao longo de nossos estudos *Lodestar*, estejamos levando a Deus tudo de nós e dizendo: "Senhor, toma todas essas características que Tu me deste e as potencializa e usa-as para os Teus propósitos".

Sim, eu posso escolher dizer NÃO às reações ímpias e doentias e SIM ao caminho de Deus. Capacita-me a fazer uma pausa e pensar antes de falar de maneira negativa. Quero que a minha vida reflita o caráter, a honestidade e a graça de Jesus Cristo. Amém.

DIA 3

Pois Deus não nos deu um Espírito que produz temor e covardia, mas sim que nos dá poder, amor e autocontrole. —2 TIMÓTEO 1:7

Na realidade, o autocontrole encontrado em quem segue a Cristo não é controle do "eu". O disciplinar nossos pensamentos, palavras, atitudes e ações para transformá-los vai muito além do que podemos fazer pelo nosso "eu".

Quando pedimos a Cristo para entrar em nosso coração, Ele entra! O Senhor habita conosco pelo Seu Espírito Santo. Alguém me perguntou o que significa ser "cheio" do Espírito Santo. Significa que ficamos sob o Seu controle. À medida que crescemos em nossa caminhada com o Senhor, caminhamos cada vez mais em sintonia com o Espírito Santo tendo os nossos pensamentos, palavras, atitudes e ações guiados, moldados e transformados por Ele.

A presença do Espírito Santo em nós é uma dádiva da graça de Deus; quando aceitamos essa dádiva e permitimos que Ele aja em nós, Ele traz sabedoria, discernimento, autocontrole, amor e muito mais — tudo em quantidade extremamente abundante, mais do que poderíamos pedir ou imaginar.

A disciplina de autocontrole do Espírito pode ser apreciada. Às vezes, ela pode ser dolorosa e uma batalha difícil — nós temos de cooperar com o Espírito Santo conforme Ele ensina e capacita —, mas somos abençoados pelo Espírito. Ele é manso e paciente ao nos ensinar a melhor maneira de viver, e Sua disciplina produz aquela "colheita de vida justa e de paz" prometida em Hebreus 12:11.

É difícil negar as minhas reações egoístas em situações tensas e ameaçadoras, Senhor. Não é automático, não é natural. Porém é o novo eu que quero desenvolver para viver a vida correta e autocontrolada. Ajuda-me hoje, Pai, a reagir no amor e poder de Cristo e com a Tua mente sã e serena. Amém.

STEVE WINGFIELD

DIA 4

Mas o Espírito produz este fruto: amor, alegria, paz, paciência, amabilidade, bondade, fidelidade, mansidão e domínio próprio. Não há lei contra essas coisas! —GÁLATAS 5:22-23

Gálatas 5:24 diz que quem está em Cristo crucificou a velha natureza, e o versículo 25 fala de andar em sintonia com o Espírito. Nós não somos magicamente dotados de autocontrole. Lemos em muitos outros versículos que precisamos nos empenhar por isso, disciplinando nossos pensamentos e ações. No entanto a força e o poder para levar a cabo essa longa e árdua batalha é o poder do Espírito — o mesmo poder que ressuscitou Jesus dos mortos e, algum dia, nos ressuscitará.

Há um grande poder agindo por nós. Ele é mais forte do que qualquer outra força que venha contra nós, seja exterior ou interior. Não precisamos mais ser escravos da nossa velha natureza pecaminosa ou do que o mundo chamaria de "natureza humana". Certamente, você já ouviu a desculpa: "Ó, é compreensível; vingar-se faz parte da natureza humana". A pessoa em quem o Espírito habita tem acesso a um poder maior do que essa velha natureza pecaminosa.

Por isso, permaneça forte na batalha. O poder do Espírito Santo está agindo em seu ser enquanto você continua disciplinando seus pensamentos, palavras, atitudes e ações.

Deus Pai, a Tua grande Pessoa está trabalhando em meu interior.
Que esta seja a minha oração de hoje:
"Senhor, Tua mansidão" *(quando tentado à impaciência).*
"Senhor, Tua paz" *(quando tentado à inquietude).*
"Senhor, Tua fidelidade" *(quando tentado*
a afastar-me das necessidades dos outros).
"Senhor, Tua bondade" *(quando tentado a ser precipitado e indelicado).*
"Senhor, Teu autocontrole" *(quando tentado a falar*
impensadamente a primeira coisa que me vier à mente).

DIA 5

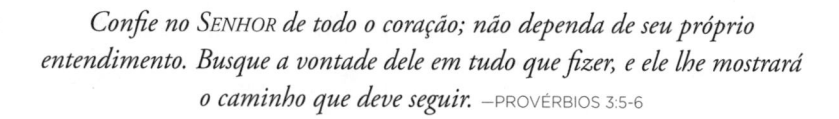

Confie no Senhor de todo o coração; não dependa de seu próprio entendimento. Busque a vontade dele em tudo que fizer, e ele lhe mostrará o caminho que deve seguir. —PROVÉRBIOS 3:5-6

Você é filho de Deus. Ele vive em você e deseja ajudá-lo a viver no controle de sua vida. O autocontrole orientado pelo Espírito capacita você a permanecer firme em toda e qualquer situação. As circunstâncias não o controlarão; Deus em seu interior o controlará. Ele prometeu nunca nos abandonar. Podemos confiar no Senhor ao aprendermos cada vez mais o significado de estar sob o Seu controle e, assim, exercer autocontrole.

Confiar no Espírito produz calma em nossa vida. Acredito que Deus quer que vivamos dessa maneira, até chegarmos ao ponto em que o nosso humor não se altere com todo vento que soprar ao nosso redor. Pois estamos certos da Sua presença, do Seu poder e da Sua provisão para nós.

Uma emoção que afeta muitas pessoas é o medo. Ao longo de toda a Bíblia, ouvimos Deus ou Seus mensageiros dizer: "Não tema". Deuteronômio 20 contém uma promessa preciosa: "Ao saírem hoje para lutar contra seus inimigos, sejam corajosos. Não tenham medo, nem se apavorem, nem tremam diante deles, pois o Senhor, seu Deus, vai com vocês. Ele lutará contra seus inimigos em seu favor e lhes dará vitória" (vv.3-4). Essa é uma promessa também para hoje.

Ó, eu te agradeço por ires à minha frente e ao meu redor
o dia todo hoje, meu Deus. Eu não viverei com medo, e sim consciente
da Tua presença comigo e confiante na Tua obra em meu interior.
Eu sou Teu filho e, neste dia, dependo não de meu próprio entendimento,
mas sim de ti e da Tua Palavra viva em mim. Amém.

STEVE WINGFIELD

DIA 6

Usem a salvação como capacete e empunhem a espada do Espírito, que é a palavra de Deus. —EFÉSIOS 6:17

Quando **Paulo escreveu sobre a armadura que Deus nos fornece** para as batalhas que enfrentamos, a Palavra de Deus foi comparada a uma espada, a espada do Espírito. O Espírito toma a Palavra de Deus e a usa para lutar por nós contra as mentiras sussurradas pelo diabo, os desejos da nossa velha natureza, as mensagens do mundo que nos bombardeiam. O salmista escreveu que havia escondido a Palavra de Deus em seu coração como proteção contra o pecado.

Você deseja saber o que Deus pensa? Vá à Sua Palavra. Quer conhecer o Seu plano ou até mesmo quem Ele é? Aprofunde-se em Sua Palavra. Está buscando o plano dele para a sua vida? As respostas estão na Palavra de Deus. Na Palavra há conforto, encorajamento e alegria. E o Espírito Santo usará a Bíblia para ajudá-lo a disciplinar suas ações, pensamentos, palavras e atitudes. Deus inspirou essa dádiva para nós. Abra-a, use-a e deleite-se nela.

Ó Deus, eu me deleito na Tua Palavra. Se não fosse por ela, eu teria morrido em minhas aflições. Jamais me esquecerei de tuas ordens, pois é por meio delas que me dás vida (Salmo 119:93). *Hoje, eu empunho a espada do Teu Espírito que Tu me deste. Ajuda-me a lembrar-me das Tuas palavras, escondidas em meu coração, quando surgir uma necessidade. Repito essa Palavra inspirada, para rebater todas as mentiras que Satanás lançar contra mim. A Tua palavra é mais afiada do que qualquer espada de dois gumes! Amém.*

DIA 7

Pois a graça de Deus foi revelada e a todos traz salvação. Somos instruídos a abandonar o estilo de vida ímpio e os prazeres pecaminosos. Neste mundo perverso, devemos viver com sabedoria, justiça e devoção, enquanto aguardamos esperançosamente o dia em que será revelada a glória de nosso grande Deus e Salvador, Jesus Cristo. —TITO 2:11-13

A **disciplina do autocontrole é um processo que dura a vida toda**. Talvez seja por isso que tantas cartas do Novo Testamento a enfatizam. O primeiro capítulo de 2 Pedro inclui grandes passos para o autocontrole. Deus nos forneceu tudo de que precisamos para a vida e a piedade. Se vivemos por Suas promessas, podemos "participar da natureza divina e escapar da corrupção do mundo causada pelos desejos humanos. Diante de tudo isso, esforcem-se ao máximo para..." (2 Pedro 1:4-5). Na sequência, o apóstolo elenca os atributos que precisamos nos esforçar para desenvolver, sendo um deles o autocontrole. Deus deseja que acrescentemos essas características à nossa vida; todas elas foram colocadas à nossa disposição; nós apenas temos de usufruir delas. Em outras passagens de suas cartas, Pedro nos exorta a estarmos alertas e sermos vigilantes, em guarda contra o inimigo, que está sempre à espreita. Para isso, precisamos ter a mente disciplinada.

É nessa progressão de crescimento que devemos trabalhar, para podermos viver com autocontrole, retidão e piedade enquanto esperamos Jesus Cristo retornar à Terra.

Ó, grande e tremendo Deus Pai, eu te agradeço por fazeres de mim Teu projeto pessoal — por me conformares à imagem do Teu Filho, por desenvolveres autocontrole para eu permanecer calmo sob os Teus cuidados, por me ajudares. Usa a Tua Palavra para disciplinar meus pensamentos, ações, palavras e atitudes. Amém.

NOTAS E ORAÇÕES

SENSIBILIDADE

• SEMANA 45 •
DIA 1

O segredo é dedicar tempo a conectar-se. Os relacionamentos nos levam ao êxito ou ao fracasso. Bons relacionamentos resultam em crescimento de pessoas e empresas. Maus relacionamentos causam problemas e consequências que nos atolam hoje e assombram amanhã. —Paul Weaver

Por fim, tenham todos o mesmo modo de pensar. Sejam cheios de compaixão uns pelos outros. Amem uns aos outros como irmãos. Mostrem misericórdia e humildade. —1 PEDRO 3:8

A sensibilidade consiste em manter abertos os olhos, os ouvidos e o coração. Se você é sensível às pessoas com quem interage, segue o conselho das Escrituras de manter a mente alerta, prestando atenção ao que vê e ouve. Então, seu coração responde ao que você viu e ouviu. Às vezes, a ação é adequada e necessária; em outros momentos, o que você vir, ouvir e sentir agirá *em* você, contribuindo com sua flexibilidade, paciência, generosidade, autoconsciência e muitas outras características desejáveis de um líder piedoso.

A sensibilidade — olhos e coração abertos — é, de fato, um componente essencial de quase todos os nossos traços de caráter *Lodestar*. Sem sensibilidade, não seremos compassivos. A sabedoria depende de informações obtidas pela sensibilidade. O discernimento requer sensibilidade. Sinceridade sem sensibilidade se torna cruelmente egoísta. Sem compaixão e coração terno, todas as características *Lodestar* se tornam, na melhor das hipóteses, robóticas. Quase todas as qualidades que desejamos, buscamos e esperamos usar na liderança piedosa dependem, de algum modo, de nossa sensibilidade. As necessidades dos outros precisam tocar o nosso coração.

A maior parte dos ensinamentos de Jesus e as cartas dos apóstolos são centrados em nosso relacionamento com outras pessoas. Nós servimos, não governamos. Edificamos e compartilhamos o fardo dos outros, não julgamos e condenamos. Peça a ajuda do Espírito Santo para ser sensível a todas as pessoas que Deus colocar em seu caminho hoje.

Senhor, eu te agradeço por Teu sincero amor que continua a me constranger. Amém.

Orações sobre *Sensibilidade* **—DAVID WINGFIELD**

DIA 2

Portanto, como prisioneiro no Senhor, suplico-lhes que vivam de modo digno do chamado que receberam. —EFÉSIOS 4:1

Comecemos a discorrer sobre sensibilidade focando na única coisa a qual precisamos absolutamente ser sempre sensíveis — o chamado de Deus para nós. Essa será a base sobre a qual construiremos a nossa vida. Quer esse chamado seja para uma vocação vitalícia ou para agir em uma situação específica como Ele desejar que ajamos, nossos ouvidos precisam estar sempre abertos para ouvir e nosso coração precisa estar disposto a responder.

Qual é o chamado de Deus em sua vida? Como sabemos qual ele é? A Bíblia sempre falará a nós. Às vezes, as palavras são claras: "Você foi chamado para…". O Espírito também falará, ensinando e orientando os filhos de Deus. E, frequentemente, Deus usa outros corações compromissados com Ele para nos ajudar ao longo do caminho. Precisamos manter nossos ouvidos abertos para ouvir o que Ele está pedindo de nós. Se estivermos realmente buscando, encontraremos.

Então, precisamos responder. O livro de Hebreus afirma: "se ouvirem sua voz, não endureçam o coração" (3:8,15). Deus apresenta o Seu chamado, mas nos dá a opção de aceitarmos o Seu convite para fazer parte de Sua obra aqui na Terra ou de endurecermos nosso coração e dizer "não" ao que Ele nos pede.

Ele deu a Sua vida por mim. Ele pagou um preço extremo para me dar o presente da vida. Agora, a minha vida é dele, e eu quero ser sensível a tudo que Ele me chamar a fazer.

Testa-me, Senhor. Examina os meus motivos e dá-me a coragem e o poder necessários para ser transformado onde me faltar sensibilidade. Amém.

DIA 3

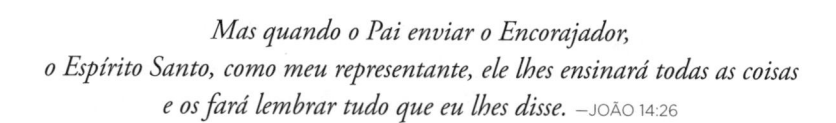

Mas quando o Pai enviar o Encorajador, o Espírito Santo, como meu representante, ele lhes ensinará todas as coisas e os fará lembrar tudo que eu lhes disse. —JOÃO 14:26

Jesus disse que o Espírito nos ensinará "todas as coisas"; todos nós podemos nos beneficiar da orientação do Espírito para sermos mais sensíveis aos outros, especialmente por sabermos quão importante isso é em nossos relacionamentos.

O nosso relacionamento com Cristo é fundamental. Quanto mais nos aproximamos dele, mais podemos depender do Seu Espírito desenvolvendo sensibilidade em nós. Ele trará entendimento e discernimento. A citação de Paul Weaver desta semana contém verdade acerca das nossas interações com os outros e do nosso relacionamento com Deus: precisamos dedicar tempo a nos conectar. Relacionamentos fortes promoverão o nosso crescimento, ou a falta deles será a nossa ruína. O único vínculo que é a base da nossa interação com os outros é o nosso relacionamento com Deus.

Andar em sintonia com Jesus em nossa jornada é andar em sintonia com o Seu Espírito nos ensinando e nos orientando. Os discípulos aprendiam com Jesus todos os dias, ao verem Seu mestre interagir com as multidões e as pessoas que se aproximavam dele. Nós também aprenderemos ao andar com o Senhor. Se estivermos buscando seriamente aprender, Ele nos mostrará como decifrar as pessoas, entender o que elas precisam e nos dispormos a oferecer ajuda a fim de atender tais necessidades. Dedique tempo para se relacionar com o Senhor, e Ele lhe ensinará como interagir com os outros.

Examina-me, ó Deus, e conhece meu coração [...].
Mostra-me se há em mim algo que te ofende e conduze-me
pelo caminho eterno (Salmo 139:23-24). *Amém.*

DIA 4

Se alguém tem recursos suficientes para viver bem e vê um irmão em necessidade, mas não mostra compaixão, como pode estar nele o amor de Deus? —1 JOÃO 3:17

Como seguidores e representantes de Cristo neste mundo, somos chamados a ter um coração terno e compassivo. Somos chamados a olhar além das máscaras que as pessoas usam e a enxergar as lutas na vida delas. O versículo de hoje, 1 João 3:17, fala de necessidades materiais. Mas toda pessoa tem necessidades mais profundas do que de bens materiais, ainda mais profundas do que a necessidade de alimentos e roupas. Jesus pede aos Seus discípulos que vejam todas as necessidades de seus irmãos e irmãs — as materiais, as emocionais, as espirituais. Então, não devemos fechar nosso coração a tais necessidades, e sim amar como Jesus amou.

Jesus renunciou à Sua vida porque amou. Ele renunciou, literalmente, a um lar e à Sua reputação. Ele renunciou o conforto. Ele rejeitou qualquer tentação de construir uma carreira para Seu próprio benefício. Ele sacrificou a aprovação da estrutura religiosa, em torno da qual toda a vida judaica estava centrada. Seus dias foram dedicados a servir ao propósito de Seu pai. Jesus ofertou toda a Sua vida porque amou muito. Quanto de nossa vida estamos dispostos a renunciar para sermos representantes de Jesus hoje em nosso mundo? Renunciaremos aos nossos sonhos? Metas? Interesses? Conforto? Tempo? Imagem?

Algumas das últimas palavras de Jesus nesta Terra ecoam em alto e bom som ainda hoje: "Amem-se uns aos outros como eu os amei" (João 15:12 NVI).

Deus Pai, eu quero ser livre; ajuda-me a permanecer perto de ti e a fazer o que é certo, para que os outros te vejam em mim. Amém.

DIA 5

O Espírito do Senhor está sobre mim, pois ele me ungiu para trazer as boas-novas aos pobres. Ele me enviou para anunciar que os cativos serão soltos, os cegos verão, os oprimidos serão libertos, e que é chegado o tempo do favor do Senhor. —LUCAS 4:18-19

Jesus leu a passagem de Isaías como um anúncio de Sua missão. O mesmo Espírito que o ungiu atua também em você e o capacita a cumprir a missão de Jesus no mundo. Sensibilidade às necessidades ao nosso redor — estar ciente e atender aos abatidos, os feridos, os cativos e sobrecarregados — é um dom que Deus deseja que usemos para alcançar vidas que precisam dele.

Como parceiros da missão de Cristo, nós precisamos ser sensíveis ao que Deus está nos dizendo. Eu sei que, quando ouço e obedeço à voz do Senhor, sou muito melhor. O dom de ser capaz de ministrar à vida de alguém é uma verdadeira dádiva; devemos honrar esse privilégio de alcançar vidas em nome de Cristo.

A sensibilidade de Jesus às necessidades ao Seu redor foi evidenciada de muitas maneiras — Seu choro pelos que o rejeitaram, Sua compaixão, que o manteve ministrando às multidões quando precisava de comida e descanso, e Seu terno cuidado com o rebanho que Deus lhe conferiu. Muitas de Suas palavras nos capítulos 14, 15 e 16 de João, compartilhadas com Seus discípulos na noite em que foi traído, revelam-nos Seu coração terno por Seus discípulos de todas as épocas. Bem como, no capítulo 17, a Sua fervorosa oração por nós.

Oro para que o Senhor nos mantenha sensíveis a todas as necessidades ao nosso redor.

Senhor, eu quero ter o Teu amor sobre a pele. Amém.

DIA 6

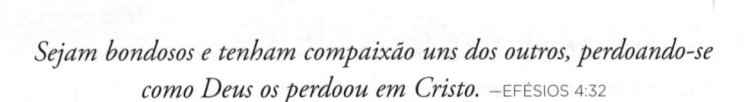

Sejam bondosos e tenham compaixão uns dos outros, perdoando-se como Deus os perdoou em Cristo. —EFÉSIOS 4:32

Seja sensível. **Abra seus olhos e seu coração** para o que o Espírito está fazendo nos outros. É uma estratégia maligna tornar-nos rápidos em julgar e condenar a fé ou a caminhada cristã de alguém. Nós vemos o cisco em seu olho, enquanto nos esquecemos do enorme tronco no nosso. Atitudes críticas e preconceituosas causam discórdia e rompem os laços que o Espírito usaria para nos fortalecer e proteger mutuamente. Se o inimigo puder usar os poucos pensamentos de crítica aos irmãos e irmãs do Corpo de Cristo, ele o fará. Ele usará tais pensamentos (e palavras proferidas) para causar o máximo de danos que conseguir.

Em vez de julgar os outros, procure a obra do Espírito na vida deles. O mesmo Espírito que está ensinando e moldando você com tanta paciência está agindo também neles. As crianças aprendem e amadurecem de maneiras diversificadas em diferentes velocidades de crescimento (tanto mental quanto fisicamente), e o mesmo ocorre com os filhos de Deus. Estamos crescendo até a semelhança de Cristo em ritmos diferentes e de maneiras diversificadas, mas todos os filhos de Deus estão nas mãos do Espírito Santo. Abra os seus olhos para isso e mantenha o seu coração terno para com os outros. Sejam bondosos uns com os outros; sejam pacientes e perdoem uns aos outros. A obra está em andamento! O Senhor está empenhado em levar à glória muitos filhos e filhas, e o fará.

Senhor, ajuda-me a guardar a porta dos meus olhos
e a porta dos meus ouvidos contra a sujeira deste mundo.
Que eu possa ser cheio do Teu Espírito. Amém.

DIA 7

Tenho certeza de que aquele que começou a boa obra em vocês irá completá-la até o dia em que Cristo Jesus voltar. —FILIPENSES 1:6

Ao longo desta semana, você pode ter percebido a sua falta de sensibilidade em uma ou outra área. O Espírito pode estar falando com você, levando-o a um entendimento maior. Isso é realmente o que estamos dizendo quando nos centramos na sensibilidade. Queremos estar cada vez mais abertos ao Espírito de Cristo em nós, que nos ensinará todas as coisas. Eu realmente penso que o que o Espírito faz em nós é abrir os nossos olhos e ouvidos e sensibilizar o nosso coração.

Você foi conquistado por Cristo para conquistar a perfeição, como disse Paulo (Filipenses 3:12). O Espírito de Deus não abandonará você; Ele o ensinará e orientará — até mesmo nessa área difícil de ser mais sensível! Esteja aberto a Ele. Seja sensível e paciente com a obra que Ele está realizando, também, na vida de outras pessoas.

Somos representantes de Cristo. A vida e a missão de Jesus prosseguem no mundo por meio de nós. Quero completar bem a minha parte da missão. Esse é o grande desejo do meu coração. Todas as características de liderança *Lodestar* que analisamos até aqui são ferramentas que Cristo pode usar para Sua glória. O Senhor não lhe deu o dom de liderança para sua própria glória. Usar as suas habilidades com esse propósito será vazio e insatisfatório e não terá valor eterno. Deixe Cristo imbuir Seu poder por meio dessas características, para Sua missão e para render glória e honra a Ele. Essa será a vida mais gratificante e empolgante que você poderá ter, além de qualquer coisa que possa imaginar.

Senhor, eu quero fazer a Tua vontade; fala comigo. Amém.

NOTAS E ORAÇÕES

SINCERIDADE

• SEMANA 46 •
DIA 1

Se a sua retórica e os seus motivos não estiverem alinhados, os motivos sempre aflorarão, mais cedo ou mais tarde. Quando isso acontecer, a confiança da nossa equipe se dissolverá, e o medo e a dúvida entrarão em nossa cultura.
—Paul Weaver

Falamos como mensageiros aprovados por Deus, aos quais foram confiadas as boas-novas. Nosso propósito não é agradar as pessoas, mas a Deus, que examina as intenções de nosso coração. —1 TESSALONICENSES 2:4

Eu espero e oro que a minha vida demonstre sinceridade. O desejo do meu coração é ser uma pessoa sincera. Compartilharei como esse desejo molda a minha vida. Eu amo as pessoas. Quero expressar o meu sistema de crença e permitir que as pessoas saibam que aquilo é o que eu sou. Sinceridade é interagir com as pessoas de maneira genuína e verdadeira, considerando suas necessidades — até mesmo acima das minhas.

Desejo que a minha palavra seja a minha carta de fiança. A sinceridade faz parte do que torna você e eu dignos de crédito. Ela é o que torna o cristianismo digno de crédito, especialmente nesta cultura. O cristianismo é muito mal compreendido hoje por muitas pessoas. Se não demonstramos e expressamos verdade e sinceridade, não estamos retratando o evangelho. Quero representar bem a Cristo em tudo que digo e faço. Quero demonstrar o meu relacionamento com Ele genuinamente, como um estilo de vida. A verdade é de vital importância.

Precisamos ser sinceros. O evangelho de Cristo nos foi confiado. Como Seus embaixadores, hipocrisia, falsidade e engano simplesmente não podem fazer parte de nossa vida. Quero ser e viver digno da confiança que Ele depositou em mim.

Ó Jesus, ajuda-me a ser verdadeiro. Que minhas palavras e meu atos demonstrem que eu vivo o que digo. Amém.

Orações sobre *Sinceridade* —**FRANK SHELTON**

DIA 2

> *Põe-me à prova, SENHOR, e examina-me; investiga meu coração e minha mente.* —SALMO 26:2

Sabe, há alguém que me conhece melhor do que eu mesmo. O Senhor conhece você melhor do que você mesmo. É por isso que nós O buscamos para obter verdade e sabedoria — especialmente a verdade acerca de nós mesmos. Pois, como estou certo de que você sabe, às vezes, somos cegos em relação às próprias falhas. O salmista pergunta: "Quem é capaz de distinguir os próprios erros? Absolve-me das faltas que me são ocultas" (Salmo 19:12).

Esta semana, faremos perguntas difíceis a nós mesmos:

Estou tentando dar ou receber em meus relacionamentos? Quais motivos impulsionam o meu relacionamento com essa pessoa? Eu manipulo ou até mesmo minto para fazer as coisas acontecerem do meu jeito? Estou fingindo? Meus desejos e necessidades estão sempre em primeiro lugar em minha mente ou coloco o desejo e as necessidades dos outros por primeiro? Quão sincero eu sou realmente?

Para começar, façamos desses dois versículos de Salmos a nossa oração, pedindo ao Espírito Santo para testar o nosso coração e examinar a nossa sinceridade. Ele sabe onde nós podemos estar vivendo com algum fingimento, hipocrisia ou motivos ocultos. Então, sejamos corajosos e obedientes, peçamos a Ele para nos mostrar onde precisamos mudar e nos conceder o poder para fazê-lo.

Seja corajoso e peça a ajuda do Espírito Santo esta semana. Então virá a purificação.

Senhor, quero ser totalmente sincero. Que as pessoas vejam Jesus em mim, mas eu oro para também transmitir o Teu amor aos outros por meio do que digo. Amém.

DIA 3

Filhinhos, não amemos de palavra nem de boca, mas em ação e em verdade. —1 JOÃO 3:18 NVI

Atos falam mais alto do que palavras. Se as suas palavras não são apoiadas por ações, não significam muito. Jonathan Edwards escreveu: "Não é contando às pessoas acerca de nós mesmos que demonstramos o nosso cristianismo. Palavras são baratas. É pela cara e abnegada prática cristã que demonstramos a realidade da nossa fé".

Falar é fácil. É *fácil* dizer algo. De fato, é muito mais difícil praticar e *fazer*. Eu quero que a minha palavra seja a minha carta de fiança. Quando digo que vou fazer algo ou estar em algum lugar, quero realizar isso. Às vezes, acontecem imprevistos que interferem nos planos, mas sempre tento informar às pessoas a razão pela qual não posso comparecer.

Ninguém acreditará nas palavras de um homem que diz "detesto mentiras", mas é conhecido por distorcer a verdade em seu próprio benefício. Elas estarão também imaginando a que Cristo ele serve, caso professe ser cristão. A mulher que diz: "Eu me importo", mas nunca desiste de seus próprios compromissos para ajudar algum necessitado também está apenas amando "de palavra e de boca", como disse João. A verdade é que ela não se importa o suficiente para agir em conformidade com o que diz.

Cada um de nós precisa perguntar ao Senhor se estivemos jogando conversa fora que não passa de fingimento e manipulação.

Senhor, dá-me um ouvido sensível à Tua voz e um coração sensível às necessidades dos outros. Amém.

DIA 4

> *Uma vez que vocês foram purificados de seus pecados quando obedeceram à verdade, tenham como alvo agora o amor fraternal sem fingimento. Amem uns aos outros sinceramente, de todo o coração.* —1 PEDRO 1:22

Esse versículo tem duas partes. Veremos a primeira parte hoje e a segunda amanhã. Há também dois usos para a palavra *amor* nesse versículo. Na língua portuguesa, usamos a palavra *amor* para muitas coisas diferentes. Eu amo a minha esposa. Amo caçar. Amo feijão, pão de milho e verduras de folhas enrugadas em um dia frio de inverno. Porém, o original grego usa palavras diferentes para *amor*, dependendo do tipo de relacionamento.

O primeiro uso nesse versículo ("amor fraternal sem fingimento") é a palavra grega *philia*, o vínculo entre amigos. Pedro escreveu que o purificar-se obedecendo à verdade leva à *philia* sincera.

Obedecer à verdade. Caro amigo, isso é necessário se queremos sinceridade em nossos relacionamentos. Jesus disse que a verdade nos liberta e, em nossos relacionamentos, o compromisso com a verdade nos purifica e nos livra de segundas intenções, comparações e competição egoísta que levam à inveja, à manipulação de outras pessoas e à hipocrisia. A verdade nos guia enquanto nos esforçamos por alinhar as coisas corretamente. A verdade nos protege contra desejos pecaminosos interiores enquanto examinamos nossos motivos, palavras e ações. A verdade traz sinceridade aos nossos relacionamentos — e nos mantém agindo em philia sincera.

Compromisso com a verdade. Compromisso com Aquele que é a Verdade. Isso é o que nos dá a liberdade para sermos sinceros — fazer corajosamente o que é certo e expressar genuinamente os nossos sentimentos e pensamentos.

Senhor, Tu não prometeste suprir todas as minhas necessidades? Então, eu quero um coração sensível e mãos abertas para ajudar a atender às necessidades dos outros. Amém.

DIA 5

Uma vez que vocês foram purificados de seus pecados quando obedeceram à verdade, tenham como alvo agora o amor fraternal sem fingimento. Amem uns aos outros sinceramente, de todo o coração. —1 PEDRO 1:22

O amor ágape é o perfeito amor, que supera todos os outros amores. Jesus usou essa palavra ao ordenar que Seus seguidores devem amar os outros da maneira como Ele nos ama. O amor *ágape* é a marca de Seus discípulos. Para os cidadãos do reino de Cristo, o amor *ágape* pegará todos os traços do caráter e os elevará a traços celestiais imbuídos do Espírito de Cristo.

Em Colossenses, Paulo orienta o povo de Deus a revestirem-se "de compaixão, bondade, humildade, mansidão e paciência". A serem compreensivos e perdoadores, e "Acima de tudo, [revestirem-se] do amor que une todos nós em perfeita harmonia" (3:12-14). Esse é, novamente, amor *ágape*. Quando agimos nesse tipo de amor, todas essas características trabalham conjuntamente, apoiando e aprimorando umas as outras. Então, tudo que você faz com sinceridade, bondade, empatia e coragem assume dimensões celestiais. Sua produtividade, iniciativa, diligência e paciência (e todas as outras características) atuam em níveis espirituais, não apenas em níveis terrenos.

O amor de Cristo em nós traz sinceridade pura e genuína aos nossos relacionamentos. Desejo ser uma pessoa cheia do amor de Cristo.

Senhor, eu irei aonde Tu quiseres ir; quero fazer o que Tu quiseres que eu faça. Ajuda-me a confiar em ti e a obedecer aos Teus planos e ao Teu propósito para a minha vida. Amém.

DIA 6

Amem as pessoas sem fingimento.
Odeiem tudo que é mau. Apeguem-se firmemente
ao que é bom. —ROMANOS 12:9

Eu não gosto do mal em lugar algum — no lar, na igreja, no local de trabalho, na rua, no trânsito. Em lugar nenhum. Quero odiar o que é mau e me apegar ao que é bom. Provérbios 6:17-19 trata de sete coisas que o Senhor odeia: "olhos arrogantes, língua mentirosa, mãos que matam o inocente, coração que trama a maldade, pés que se apressam em fazer o mal, testemunha falsa que diz mentiras, e aquele que semeia desentendimento entre irmãos". Todas essas coisas são enganosas, perturbadoras e más. Em vários versículos, após instruir-nos sobre a prática do amor *ágape* para com os outros, Pedro elenca coisas das quais precisamos nos livrar: "toda maldade, todo engano, toda hipocrisia, toda inveja e todo tipo de difamação" (1 Pedro 2:1). Essas listas nos mostram nossos destinos quando não somos sinceros em nossos relacionamentos. Acabamos praticando tudo que é mau e ignorando o que é bom. Não seja atraído a esses lugares por motivos pecaminosos que espreitam em seu coração. Peça ao Espírito para purificá-lo com a verdade de Cristo.

Fique longe do mal que o rodeia. Apegue-se ao que é bom e represente isso para as pessoas com quem você falar, com quem se relacionar e com quem trabalhar. Seja sincero, concentre-se no que é bom e busque isso.

A sinceridade evita drama e conflito — e o mal. A sinceridade busca o bem. O objetivo é permitir que Deus ame as pessoas por seu intermédio. Um coração puro e uma boa consciência, juntamente com fé no poder do Espírito Santo que habita em você, o ajudarão a relacionar-se e amar com sinceridade.

Senhor, quero ver as pessoas não apenas
por quem elas são; ajuda-me a olhar além disso e enxergar
quem elas podem ser em Cristo. Amém.

DIA 7

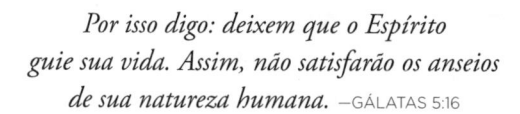

*Por isso digo: deixem que o Espírito
guie sua vida. Assim, não satisfarão os anseios
de sua natureza humana.* —GÁLATAS 5:16

O que o Espírito tem dito a você esta semana? Se a sua oração foi para que Ele o teste e o conduza a mais sinceridade, então ouça quando Ele falar e siga-o. Não desanime se tiver percebido que existem áreas nas quais você foi hipócrita, enganador e fingido, ou se o Espírito Santo lhe mostrou que seus motivos são impuros. Gálatas 5 nos diz que a pecaminosa natureza humana sempre estará em guerra com o que o Espírito deseja fazer em nossa vida. Contudo, o Espírito Santo foi concedido a quem pertence a Cristo para os ensinar, orientar e transformar. O Espírito do Senhor está constantemente nos transformando à Sua imagem. O Espírito Santo é a primeira parte do destino glorioso que Deus nos prometeu.

O que quer que o Espírito esteja dizendo a você esta semana, siga a direção dele. Ele o guiará à verdade. O Seu poder o capacitará a obedecer à verdade, a odiar o mal e apegar-se ao que é bom. Viver pelo Espírito permite que o Seu poder traga o fruto dele à nossa vida —fruto este que jamais seremos capazes de produzir por nossa própria força e vontade. O poder do Espírito permitirá a você amar sinceramente e ser um representante confiável de Cristo e do Seu evangelho nesta Terra.

*Senhor, ao terminar esta semana, peço-te que Tu
me ajudes a representar-te bem. Quando eu não acertar,
que eu prontamente peça o Teu perdão para que
os outros te vejam em mim. Amém.*

NOTAS E ORAÇÕES

MORDOMIA

• SEMANA 47 •
DIA 1

Em última análise, recebemos os nossos recursos do nosso Criador, incluindo não apenas dinheiro, mas também os dons. Mordomia é investir nos outros e doar generosamente, em vez de pensar somente em nós mesmos. —Paul Weaver

*Deus concedeu um dom a cada um,
e vocês devem usá-lo para servir uns aos outros,
fazendo bom uso da múltipla e variada
graça divina.* —1 PEDRO 4:10

Você é um mordomo. Deus lhe confiou certas coisas. Ele concedeu a você recursos e dons para usar. Você é administrador desses recursos. Quer você goste ou não, isso é quem você é, quem Deus deseja que você seja.

Deus nos deu capacidades, talentos e intelecto para ministrarmos aos outros. Ele colocou alguns de nós em posições de influência e liderança. Ele nos concedeu bens materiais, confiou-nos esta bela Terra. Bem, o Senhor nos deu toda a vida, do nascer ao pôr do sol, concedendo-nos tempo a cada dia que vivemos. Ele colocou em nossas mãos o evangelho de Jesus Cristo, inundando-nos com misericórdia, bondade e perdão. Estamos apenas recebendo isso ou estamos franqueando aos outros a grandeza da graça de Deus? O Senhor nos concedeu acesso aos Seus recursos de força, poder e sabedoria. De que maneira estamos usando tudo isso?

O que foi que Deus colocou nas suas mãos para ser usado para o Seu reino? Ele deu a você *todas as coisas boas* que você tem. Caro amigo, considere como você pode administrar bem tudo isso.

*Pai Celestial, quero ser um bom mordomo do que Tu me confiaste.
Nesta semana, dá-me oportunidades de usar minhas habilidades,
meus talentos e meu intelecto para o Teu reino. Dá-me a coragem necessária
para doar generosamente do que Tu me deste. Em nome de Jesus, amém.*

DIA 2

A terra e tudo que nela há são do Senhor; o mundo e todos os seus habitantes lhe pertencem. —SALMO 24:1

O que quer que tenha sido colocado em nossas mãos não é nosso — pertence ao Senhor e nos foi emprestado para usarmos segundo os planos dele. Precisamos viver com essa consciência. Nada é nosso. O que temos pertence ao Senhor e nos é dado para administrarmos sabiamente como Seus supervisores e Seus mordomos, pois tudo é para os propósitos de Deus.

Certo dia, quando eu estava no hotel fazenda *Lodestar*, um homem aproximou-se e me perguntou se eu era o proprietário. Respondi: "Não! Esta propriedade pertence ao Senhor. Sou apenas um mordomo do que Ele colocou em minhas mãos". Eu realmente creio que é assim que o Senhor deseja que vivamos.

Se nos agarrarmos com muita força aos bens que temos, reivindicando nossa propriedade, logo descobriremos que eles nos possuem. Porém, quando vivemos com o conhecimento de que tudo pertence a Deus, incluindo nossa própria vida, não seremos propriedade de qualquer quantidade de prosperidade material.

Muito tempo atrás, ensinaram-me que, se os seus dedos não agarrarem as coisas, o Senhor permitirá que muitas coisas passem por suas mãos. Se Ele sabe que você é um bom mordomo do que Ele lhe confia, colocará ainda mais em suas mãos. Eu o desafio a usar o que quer que Deus lhe tenha concedido. Ele o empresta a você com o propósito de servir e glorificar a Ele.

Pai, eu quero ser mais generoso e aberto
com tudo que tenho. Eu te entrego minha vida,
meus recursos e meus relacionamentos,
e te agradeço por confiares tudo isso a mim.
Em nome de Jesus eu oro, amém.

DIA 3

> *Pastoreiem o rebanho de Deus que está aos seus cuidados. Olhem por ele, não por obrigação, mas de livre vontade, como Deus quer.* —1 PEDRO 5:2 NVI

Acredito que, quando entramos na área de responsabilidade de liderança como seguidor de Cristo, Deus nos coloca em um nível diferente de padrões e julgamento. Essa liderança pode ser da igreja, de uma empresa, de uma equipe ou de uma família. Como líderes e pessoas com influência, Deus nos colocou na posição de supervisores para pastorear as pessoas a quem lideramos.

Não é *nossa* congregação, *nosso* negócio ou *nossa* família. É o rebanho de Deus que, agora, nos foi confiado para o supervisionar e pastorear. Ainda que as pessoas que lideramos não sejam cristãs, Cristo pagou o preço por elas e confiou a nós cumprir a Sua missão de chamar os pecadores de volta a Deus.

Onde Deus o colocou? Como pastores do rebanho que Deus colocou sob os nossos cuidados, o nosso pastoreamento precisa seguir o modelo do Grande Pastor. Nosso pensamento, nossos atos e nosso caráter terão como modelo Jesus e a Sua maneira de pastorear. Isto é o que o Espírito Santo fará em nossa vida: transformar-nos para pastorear os outros da mesma forma como o Senhor cuida de nós.

Quando o Grande Pastor voltar, você receberá uma coroa de glória incorruptível. Cuidar do rebanho de Deus é um encargo solene. Quero encorajá-lo a ser um mordomo fiel dos recursos que Ele lhe deu para fazer a Sua obra.

Senhor, dá-me a sabedoria de que necessito para liderar bem as pessoas que estão sob os meus cuidados. Dá-me o entendimento e a paciência de que necessito para ser o melhor líder e exemplo que eu puder ser para as pessoas ao meu redor. Amém.

DIA 4

*Esta é a lição: usem a riqueza deste mundo
para fazer amigos. Assim, quando suas posses se extinguirem,
eles os receberão num lar eterno.* —LUCAS 16:9

Pessoas que você nunca encontrará neste mundo estarão no Céu porque você foi um bom mordomo do que Deus colocou em suas mãos. Talvez você tenha apoiado um missionário, o nosso ministério evangelístico ou uma organização que distribui Bíblias, e alguém abraçou a fé em Cristo por meio disso. As pessoas que morreram antes de você, na providência de Deus, farão parte do comitê de boas-vindas quando você chegar ao Céu. Acredito que Deus ligará esses pontos. Então, você conhecerá os frutos que foram produzidos pela sua mordomia nesta vida.

Enquanto assistia ao funeral de Billy Graham, tive uma visão de muitos milhares de pessoas que abraçaram a fé em Cristo por meio do ministério dele ao longo dos anos. Muitas delas haviam morrido e já estavam no Céu; acredito que, quando ele entrou lá, houve uma grande comemoração. O evangelho de Lucas inclui especialmente muitos ensinamentos acerca de armazenarmos tesouros no Céu e administrarmos os nossos recursos terrenos para acrescermos nossas contas celestiais que durarão eternamente. Uma parte da nossa responsabilidade referente a tudo o que Deus nos concede é usar tais recursos para ajudar outras pessoas a também irem ao Céu.

*Deus, mostra-me onde Tu queres que eu doe
e sirva para fazer diferença eterna na vida de pessoas.
Conecta-me às pessoas, organizações e igrejas certas,
às quais eu possa me unir para promover o Teu reino.
Em nome de Jesus eu oro. Amém.*

DIA 5

De um encarregado espera-se que seja fiel.
—1 CORÍNTIOS 4:2

Aqueles a quem é confiada a administração de alguma coisa precisam ser fiéis. Nós concordaríamos facilmente com isso. Analisemos mais de perto os *fiéis*. Os dicionários nos dizem que ser *fiel* significa que ser leal, constante e firme. Você está sendo fiel ao que lhe foi confiado? Você é *leal*? O seu maior objetivo e mais profundo desejo é servir somente a Cristo?

Não podemos servir a dois senhores. Se tentarmos, seremos como ondas do mar, mudando constantemente de direção. Espero e oro para que absolutamente nada mais se interponha entre você e a sua lealdade ao nosso Senhor. "Assim, por meio de Jesus, ofereçamos um sacrifício constante de louvor a Deus, o fruto dos lábios que proclamam seu nome" (Hebreus 13:15).

Você é *constante*? Está focado no propósito e plano de Deus para você, expressando a vida para a qual Ele o chamou como Seu representante, Seu embaixador, Seu herdeiro e Seu mordomo? Os seus olhos e ouvidos estão colados nesse chamado?

Você é *firme*? As suas raízes estão cada vez mais profundas em Cristo? "Apeguemo-nos firmemente, sem vacilar, à esperança que professamos" (Hebreus 10:23); mantenha seus olhos em nosso Defensor e no inabalável reino de Deus.

Deus nos confiou muito, e Jesus disse que, se muito nos for dado, muito nos será exigido. Seja leal, seja constante, seja firme.

Senhor Deus, quero ser leal, constante e firme. Percebo que sou incapaz de fazer isso sozinho; por isso, ajuda-me a ser fiel até mesmo na menor área da minha vida. Mantém meu olhar firmemente fixo em ti e no que Tu estás fazendo no mundo ao meu redor. Em nome de Jesus, amém.

DIA 6

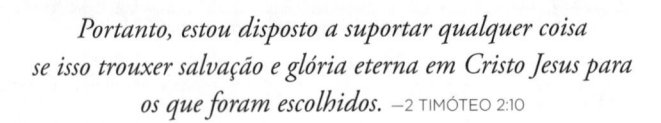

> *Portanto, estou disposto a suportar qualquer coisa se isso trouxer salvação e glória eterna em Cristo Jesus para os que foram escolhidos.* —2 TIMÓTEO 2:10

Para sermos bons mordomos, precisamos identificar nossos objetivos. Se mordomia é "administrar e gerenciar com eficiência e eficácia", precisamos conhecer o objetivo final de gerenciar os recursos que nos foram concedidos. Lembre-se: somos mordomos do Senhor. Nós o representamos; somos Seus embaixadores aqui até Cristo voltar à Terra. Por isso, nos é necessário ter *Seus* propósitos e metas como sendo os *nossos*.

Deus disse que fez tudo para Sua glória, incluindo a nova vida que Ele nos deu em Cristo, como parte da nova criação. A natureza manifesta a glória de Deus. Nós devemos viver para glorificar e honrar a Deus. O Senhor deseja que tudo leve as pessoas a Ele. Deus deseja que todos retornem para Ele, a fim de serem salvos pelo sacrifício de Jesus.

O apóstolo Paulo escreveu acerca de sua vida ser derramada como um sacrifício a Deus, com o único propósito de levar o evangelho a muitas pessoas e ver as pessoas serem levadas à fé em Jesus Cristo. Deus também derramou — "derramou seu amor em nossos corações, por meio do Espírito Santo que ele nos concedeu" (Romanos 5:5 NVI). Deus derramou a Sua vida na vida que Ele nos deu.

Senhor, usa-me. Ajuda minha vida a refletir a ti e a te glorificar. Dá-me oportunidades de derramar o Teu amor nos outros. Senhor, estou disposto a entregar-te todas as áreas da minha vida para usares como considerares adequado. Em nome de Jesus, amém.

DIA 7

Portanto, como prisioneiro no Senhor, suplico-lhes que vivam de modo digno do chamado que receberam. —EFÉSIOS 4:1

Frequentemente, Paulo se refere a si mesmo como prisioneiro ou escravo do Senhor Jesus Cristo. Atualmente, nós resistimos a usar tais palavras. *Escravo* e *prisioneiro* não são muito do nosso agrado. Porém permanece o fato de que todos nós somos devotados a algo ou a alguém; existe em nossa vida aquela coisa que controla os nossos pensamentos, incita-nos a agir e determina o nosso caminho. Caro amigo, que na sua vida, isso seja Jesus Cristo!

Tal paixão nos consome. Afinal, fomos comprados por um alto preço. Recebemos uma posição honrada e pródiga na família de Deus como Seus filhos e filhas, Seus herdeiros. Com tudo isso, veio o chamado para vivermos de acordo com os planos e propósitos do nosso Pai. Como parte desse chamado, Ele nos pede que sejamos sábios mordomos dos recursos que Ele coloca em nossas mãos. De fato, Ele prometeu que nos equipará com tudo de que necessitarmos. Se Ele nos pedir para fazer algo, se certificará de que estejamos preparados, supridos e equipados para tal incumbência. O apóstolo Paulo escreveu ao jovem pastor Timóteo: "seja forte por meio da graça que há em Cristo Jesus" (2 Timóteo 2:1). É assim que somos capazes de viver esta vida — com a graça de Deus nos fornecendo tudo o que precisamos.

Deus Pai, Tu me abençoaste de muitas maneiras,
e eu sou grato por isso. Hoje, eu me comprometo a usar tudo
que Tu me deste para promover o Teu reino. Quero viver
o restante da minha vida para os Teus planos
e o Teu propósito. Amém.

NOTAS E ORAÇÕES

APRENDIZADO

• SEMANA 48 •
DIA 1

A nossa mente é como uma esponja. Continue enchendo a sua com informações boas e sadias e nunca pare de derramar isso nela. Pois o que quer que você derramar nela será, em última análise, quem você se tornará. —Paul Weaver

Quem despreza a disciplina acabará em pobreza e vergonha; quem aceita a repreensão será honrado. —PROVÉRBIOS 13:18

Agradeço a Deus pelas pessoas dispostas a vir ministrar à minha vida e me ajudar a tornar-me melhor do que sou agora. O que a Bíblia tem a dizer acerca de ter um coração ensinável? Não precisamos ler muito de Provérbios para encontrar versículos que falam do valor do aprendizado, da disciplina, da instrução e do crescimento. Nós devemos ser ensináveis para crescer e viver bem. Porém, também é muito claro que ser ensinável é quase impossível se o nosso espírito não é humilde.

Orgulho e egocentrismo são poderosos inimigos ao ser ensinável. Precisamos estar dispostos para alguém ministrar à nossa vida — quer seja o Espírito Santo, um mentor, um membro da equipe, um membro da família ou até mesmo um estranho. Deus nos projetou para aprendermos, crescermos e nos tornarmos mais sábios como resultado de experiências de vida e interações com outros. Pessoas humildes serão gratas a Deus por quem ministra à sua vida, pois sabem que sempre há mais para aprender e mais maneiras de crescer.

Senhor, dá-me um espírito humilde para aumentar a minha receptividade à instrução e correção de ti e de outros. Amém.

Orações sobre *Aprendizado* —**DR. WAYNE SCHMIDT**

DIA 2

Da mesma forma, vocês, que são mais jovens, aceitem a autoridade dos presbíteros. E todos vocês vistam-se de humildade no relacionamento uns com os outros. Pois, "Deus se opõe aos orgulhosos, mas concede graça aos humildes". —1 PEDRO 5:5

Ser ensinável é uma qualidade que você nunca supera. Você nunca "chega" a um lugar onde isso não é mais necessário. 1 Pedro 5:5 e Tito 2 aconselham a geração mais jovem a respeitar os mais velhos, mas Pedro acrescentou "todos vocês…". Todos nós, mais jovens ou mais velhos, devemos nos revestir de humildade uns para com os outros. O que isso me diz é que devemos ser aprendizes por toda a vida.

Anteriormente em sua carta, Pedro escreveu que os cristãos devem viver em harmonia uns com os outros, amando-se como irmãos e irmãs, sendo compassivos e humildes. Nós devemos andar em humildade e estar sempre dispostos a aprender algo novo, seja com uma pessoa mais velha ou com uma mais jovem.

Anos atrás, Ralph W. Neighbour Jr. escreveu um livro intitulado *The Seven Last Words of the Church: We Never Tried It That Way Before* (As sete últimas palavras da Igreja: Nós nunca tentamos isto dessa maneira antes). Essas são também as sete últimas palavras de um líder. Se um líder não for maleável e ensinável, sua liderança definhará por falta de crescimento.

Não importa se você é jovem ou idoso, homem ou mulher, novo em seu papel de liderança ou um patriarca da empresa, jovem na fé ou um cristão maduro — o Espírito de Cristo conecta todos nós como parte de um único corpo, cada parte dando e recebendo vida de uma para outras partes. Esse dar e receber depende da humilde capacidade de ser ensinável.

Pai, que eu possa ser revestido da humildade necessária para experimentar plenamente a Tua graça, para que eu seja um aprendiz vitalício que vive em harmonia com os outros. Amém.

DIA 3

Mantenhamos o olhar firme em Jesus, o líder e aperfeiçoador de nossa fé. —HEBREUS 12:2

A vida cristã normal é uma vida de amadurecimento e crescimento. Ao longo das cartas do Novo Testamento, encontramos muitas passagens que falam de como crescer na nossa fé, crescer em nossa identidade espiritual e crescer em discipulado eficaz. O plano definitivo e abrangente de Deus é que cresçamos para ser Seu verdadeiro filho ou filha, semelhante a Jesus, nosso irmão mais velho.

Talvez você consiga lembrar-se de tentar imitar um irmão ou irmã mais velho. Ou, como pai, você percebeu como os filhos mais novos aprendem rapidamente com os irmãos mais velhos, imitando maneiras de falar, comportamentos característicos e ações. Jesus disse: "Tomem sobre vocês o meu jugo e aprendam de mim..." (Mateus 11:29 NVI). Isto é, "deixem-me ensiná-los". Ele disse que somos Seus discípulos se permanecemos fiéis aos Seus ensinamentos. Ser fiel é ser ensinável. Nós aprendemos com Ele. Nossas palavras começam a soar cada vez mais semelhantes a Jesus falando. Nossas ações e reações começam a parecer-se cada vez mais com as maneiras como Ele agiria e reagiria. O nosso espírito se torna cada vez mais semelhante ao dele.

O nosso discipulado é dizer, diária e constantemente: "Sim, Senhor. Sim. Sim...". Como irmãos mais novos, o nosso desejo é ser semelhantes a Ele. Nós permitimos que Ele nos molde. O plano de Deus é levar muitos filhos e filhas à glória. E Jesus é Aquele para quem olhamos como o aperfeiçoador, o consumador, Aquele que completa a nossa fé. Aquele que diz: "Aprenda comigo. Deixe-me ensinar você".

Jesus, ao aprender humilde e continuamente de ti, que eu seja cada vez mais semelhante a ti, o fundador e aperfeiçoador da minha fé. Amém.

DIA 4

Meus irmãos, considerem motivo de grande alegria sempre que passarem por qualquer tipo de provação. —TIAGO 1:2

Q**uando a fé é testada**, nós temos a oportunidade de cultivar a perseverança. O efeito de permanecermos firmes em tudo isso é que seremos "maduros e completos, sem que nada [nos] falte" (v.4). Que promessa!

O antigo celeiro que seria reconstruído no hotel fazenda *Lodestar* se tornaria o principal centro de eventos. Nós vimos a mão de Deus nos dar aquele celeiro maravilhoso e tínhamos grandes sonhos para ele. O primeiro dia de "doações para o celeiro" foi empolgante. Porém, não muitas semanas depois, um vendaval destruiu totalmente a estrutura que havia sido edificada. Perda total. Quando postei no *Facebook* a notícia e as fotos dos destroços, várias das primeiras reações questionaram: "O que podemos aprender com isso?".

Precisamos de sabedoria em nossas provações. Tivemos necessidade de sabedoria para lidar com a perda do celeiro. Tiago diz que podemos pedir ao nosso generoso Deus e Ele nos dará a sabedoria da qual necessitamos. Precisamos pedir e precisamos continuar aprendendo o que o Senhor deseja nos ensinar. Os marinheiros desenvolvem suas habilidades em mares tempestuosos, não em águas calmas e tranquilas.

Caro amigo, Deus diz que Ele está sempre com você, segurando a sua mão. Como Pai sábio e amoroso que é, Ele está ensinando a você, Seu filho, por meio de todas as experiências de sua vida. O propósito dele é ver você se tornar tudo o que Ele planejou que você seja. Espero que você viva com essa fé e esperança.

Espírito Santo, aguardo com expectativa
que Tu me ensines em tempos de provação, considerando-os
uma oportunidade para grande alegria. Amém.

DIA 5

Mas quando o Pai enviar o Encorajador, o Espírito Santo, como meu representante, ele lhes ensinará todas as coisas e os fará lembrar tudo que eu lhes disse. —JOÃO 14:26

Apagar é uma palavra que soa estranha quando você a diz com frequência. Essa é a palavra usada em 1 Tessalonicenses 5:19 — "Não apaguem o Espírito". *Apagar* significa extinguir, semelhante ao que se faz com o fogo. *Não apaguem o fogo do Espírito.* O fogo do Espírito queima dentro de você, caro amigo. O Espírito Santo vive em você para ensiná-lo, guiá-lo e moldá-lo. Ele lhe ensinará todas as coisas se você estiver disposto a ser ensinável. E nós temos muito a aprender. Se fizéssemos uma lista somente de todas as passagens das cartas do Novo Testamento que nos instam a aprender e crescer, preencheríamos páginas. Eis aqui apenas uma amostra de coisas que precisamos aprender:

Vestir toda a armadura de Deus (Efésios 6);
Dedicar-nos às boas obras (Tito 3:14);
Andar de modo digno do nosso chamado (Efésios 4:1);
Discernir o que agrada ao Senhor (Efésios 5:10);
Ser um filho obediente (1 Pedro 1:13-15);
Preservar a unidade do Espírito (Efésios 4:13);
Depender de Deus e não se preocupar (Filipenses 4:6-7);
Dar graças em todas as circunstâncias (1 Tessalonicenses 5:18);
Perseverar sob provações e passar no teste (Tiago 1:12).

Seja ensinável. Não apague o fogo do Espírito!

Espírito Santo, em vez de te apagar, que eu humildemente te permita a arder vivamente em mim para me moldar e guiar. Amém.

DIA 6

Obtenha todo conselho e instrução que puder, e você será sábio para o resto da vida. —PROVÉRBIOS 19:20

Pessoas sábias ouvem os outros e aprendem. Procure relacionamentos que possam ajudá-lo a crescer. Nisso, como em todas as outras áreas, o Espírito o ajudará. Peça a ajuda do Espírito para encontrar pessoas que edificarão a sua fé e o instigarão. Poderá ser um mentor ou um grupo de prestação de contas. Você precisa de pessoas que fluam em sua vida. E o Espírito ajudará você a fazer essas conexões.

Foi o Espírito quem falou com Filipe e o guiou por uma estrada inesperada e não planejada. Ao longo do caminho, Filipe encontrou um etíope, um importante funcionário da corte da rainha. O etíope estava lendo as Escrituras, mas não conseguia entendê-la. Esse oficial precisava de alguém para ensiná-lo, e ele foi suficientemente humilde para reconhecer isso e acolher a orientação de Filipe. Como resultado, as boas-novas acerca de Jesus chegaram até a Etiópia.

Assim como selecionar o que você lê e coloca em sua mente, seja intencional ao construir relacionamentos que possam lhe ensinar. Selecione com sabedoria quem o ajudará a aprender, crescer e amadurecer.

O relacionamento mais importante a nutrir é o seu relacionamento com Deus. Nós vimos como a Trindade nos ensina: o Pai, que ama e ensina Seus filhos; Jesus, Aquele que nos ensina a ser semelhantes a Ele; o Espírito, que vive em nós para nos ensinar, guiar e moldar. "Então vocês viverão [...] aprendendo a conhecer a Deus cada vez mais" (Colossenses 1:10). Essa é a minha oração por você.

Senhor, leva-me a encontrar pessoas piedosas
que me incitarão ao amor e às boas ações. Que eu construa
intencionalmente relacionamentos que me ensinem
a amadurecer em ti. Amém.

DIA 7

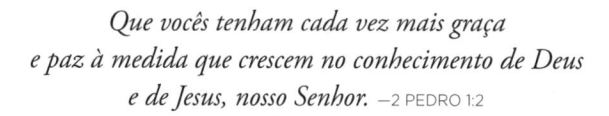

*Que vocês tenham cada vez mais graça
e paz à medida que crescem no conhecimento de Deus
e de Jesus, nosso Senhor.* —2 PEDRO 1:2

Pedro inicia sua segunda carta, a todos os que pertencem a Cristo, com a oração para que graça e paz cresçam na vida dos crentes à medida que conheçam a Deus cada vez melhor. A seguir, escreveu sobre as grandes promessas e planos de Deus para nós e, *diante disso* ou *por esse exato motivo* (2 Pedro 1:5), nós devemos fazer todo esforço para crescer nestes específicos traços de caráter: bondade, conhecimento, autocontrole, perseverança, piedade, bondade fraternal e amor ágape. Eles aumentarão nossa eficácia e produtividade como discípulos de Jesus.

Para mim, isso significa que eu preciso me esforçar ao máximo, empenhar-me para desenvolver essas características se quiser representar bem a Cristo neste mundo. Eu preciso de ajuda porque, embora esse seja o desejo do meu coração, sei que nem sempre acerto. Preciso ser ensinável para receber instrução e sabedoria de Deus e de outros cristãos que o Espírito trouxer à minha vida. Preciso estar aberto a outras pessoas que ministram à minha vida e ao que o Espírito deseja me ensinar. Sou grato a Deus por Ele haver planejado isso. Quando Deus promete que suprirá tudo de que precisamos para viver de maneira piedosa, isso inclui pessoas com quem poderemos aprender e obter sabedoria.

Quero ser o melhor representante de Cristo que conseguir ser; assim, me empenharei para isso. Eu serei ensinável. Oro para que você também o seja.

*Deus, que eu cresça em Tua graça e esteja
em sintonia com o Espírito para poder te conhecer melhor
e representar a Cristo mais plenamente. Amém.*

NOTAS E ORAÇÕES

MINUCIOSIDADE

• SEMANA 49 •
DIA 1

Muitas das dificuldades que temos na vida se devem a não sermos minuciosos em nossos planos e ações. Quando somos minuciosos e damos atenção aos detalhes, a vida é muito menos caótica. —Paul Weaver

> *Ensina-me teus decretos, ó Senhor,*
> *e eu os guardarei até o fim. Dá-me entendimento*
> *e obedecerei à tua lei; de todo o coração a porei*
> *em prática.* —SALMO 119:33-34

"**Nenhum homem com percepção de Deus poderá deixar** de fazer o seu melhor trabalho, mesmo nos menores detalhes." Essas palavras são do Dr. Elmer Towns, meu amigo e mentor. Minuciosidade, atenção aos detalhes e precisão em tudo que fazemos não é uma questão de simplesmente ser eficiente, agradar ao chefe ou cumprir a tarefa corretamente. Trata-se de honrar ao Senhor. Encontramos essa explicação em um lugar estranho — nas instruções de Paulo aos escravos.

"Escravos, em tudo obedeçam a seus senhores terrenos. Procurem agradá-los sempre, e não apenas quando eles estiverem observando. Sirvam-nos com sinceridade, por causa de seu temor ao Senhor. Em tudo que fizerem, trabalhem de bom ânimo, como se fosse para o Senhor, e não para os homens. Lembrem-se de que o Senhor lhes dará uma herança como recompensa e de que o Senhor a quem servem é Cristo" (Colossenses 3:22-24).

Quero que os detalhes da minha vida cotidiana demonstrem a minha reverência pelo Senhor. Por isso, estarei atento e sendo sincero e minucioso em *tudo* que eu fizer, fazendo-o de todo o coração.

Senhor, mantém diante de mim o meu amor por ti,
e que eu possa sempre viver com a consciência de que estou fazendo
o que faço por ti. Senhor, eu quero fazer o meu melhor. Amém.

Orações sobre *Minuciosidade* —**DR. WAYNE SCHMIDT**

DIA 2

"Muito bem!", disse o rei. "Você é um bom servo. Foi fiel no pouco que lhe confiei e, como recompensa, governará dez cidades." —LUCAS 19:17

Jesus contou uma história a respeito de um nobre que deixou o país e colocou seu dinheiro nas mãos de seus servos, para que o administrassem. No versículo de hoje, Lucas afirma que ser responsável e fiel nas pequenas coisas cria em nós hábitos que nos tornam responsáveis e confiáveis também em questões muito maiores.

A minuciosidade é um hábito que pode ser desenvolvido. Dê atenção às coisas "pequenas", que podem parecer insignificantes. Desleixo quanto às coisas pequenas leva ao desleixo em coisas maiores. Se não cuidamos dessas questões menores, rapidamente a nossa indiferença cresce e se espalha para outras áreas. Logo, estamos pegando atalhos ou fazendo o trabalho "apenas suficientemente bom" para seguir em frente, até mesmo em questões maiores e mais importantes. Tudo que você fizer, faça-o como se fosse para o Senhor. Esse é um dos primeiros versículos que muitos de nós aprendemos quando crianças, e essa perspectiva faz uma enorme diferença em nossa atenção para fazer um trabalho cuidadoso e minucioso.

A maneira como conduzimos o nosso dia, seja entregando correspondência ou pregando a um estádio cheio de pessoas, é um reflexo do nosso desejo de fazer tudo como se fosse para o Senhor e por reverência a Ele.

Senhor, sei que estamos em uma batalha e o nosso adversário, o diabo, quer me derrotar. Sou grato por Tu teres me resgatado das garras dele sobre a minha vida. As cadeias foram quebradas e eu fui liberto para servir a ti. Eu escolho servir-te com tudo que há em mim. Amém.

DIA 3

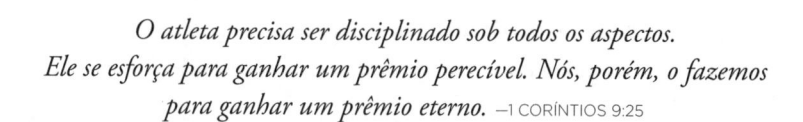

O atleta precisa ser disciplinado sob todos os aspectos.
Ele se esforça para ganhar um prêmio perecível. Nós, porém, o fazemos
para ganhar um prêmio eterno. —1 CORÍNTIOS 9:25

Podemos ficar tão ocupados e passar por nossos dias tão rapidamente que nos esquecemos das realidades do Céu. Nos esquecemos de que Jesus está ali, intercedendo por nós junto ao Pai. Esquecemo-nos de que teremos de prestar contas a Deus pelo que estamos fazendo hoje e como o estamos fazendo. Jesus disse que teremos de prestar conta de toda palavra descuidada e que aquilo que fazemos ou não, mesmo a "um dos menores destes", estamos fazendo ou não por Ele. Nossa visão está turva (o inimigo tem participação nisso), e os nossos vislumbres da realidade celestial, que é muito mais importante do que qualquer coisa chamada "realidade" aqui na Terra, estão obscurecidos.

Lembre-se de que estamos correndo uma carreira por um prêmio. E aquele prêmio celestial dura eternamente. Tudo nesta Terra acabará desaparecendo. Porém nossas recompensas no Céu durarão eternamente. A nossa obra aqui está ligada a essa coroa. Estou fazendo o meu trabalho para obter a aprovação do Senhor que concede coroas eternas?

Hoje, ao fazer *o que quer que seja*, peça ao Senhor um vislumbre da glória do Céu e uma conscientização de que hoje você já está vivendo para esse tempo eterno.

Jesus, sou grato por estares sentado à direita de Deus
intercedendo por mim. Ajuda-me a viver na realidade de que Tu estás
me incentivando enquanto eu corro esta carreira. Amém.

DIA 4

O Senhor dirige os passos do justo; ele se agrada de quem anda em seu caminho. —SALMO 37:23

Deus é minucioso em Sua obra. Ele nos colocou em uma criação com surpreendentes e agradáveis complexidade e detalhes. Ele organizou o Universo. Ele mantém um registro de todas as estrelas, de todos os pardais, das marés e até mesmo dos cabelos de sua cabeça. Todas as partes do seu corpo funcionam em conjunto com o restante do corpo — até mesmo o dedinho do pé. O Senhor está atento a todos os detalhes.

Seu plano de salvação é minucioso e completo. Cristo se tornou semelhante a nós "em todos os sentidos", contudo não pecou, para que pudesse ser o nosso Sumo Sacerdote perfeito e nos levar a Deus. Seu sacrifício único "tornou perfeitos para sempre os que estão sendo santificados" (Hebreus 10:14). O perdão é completo. Ele não se esquece de pessoa alguma. A salvação proveniente de Deus é para o mundo todo. Jesus morreu por todos e, agora, pacientemente espera, para que todos tenham chance de ouvir e arrepender-se.

O Senhor provê para nós de todas as maneiras. Ele nos equipa minuciosamente para a obra que nos chama a fazer. Ele derrotou todo poder que nos manteria cativos. Ele nos provê a armadura para a batalha, o pão do Céu que nos sustenta e a água da vida. Ele intervém em todas as situações e age para o nosso bem.

Ele completará a obra que começou em nós. Seu plano estará concluído e completo. Ele é o início e o fim. Nós edificamos a nossa esperança em Seu infalível amor.

Senhor, sou grato pelo Teu infalível amor e afirmo: "Tenho certeza de que aquele que começou a boa obra em vocês irá completá-la até o dia em que Cristo Jesus voltar" (Filipenses 1:6). *Amém.*

DIA 5

Ame o Senhor, seu Deus, de todo o seu coração, de toda a sua alma e de toda a sua força. —DEUTERONÔMIO 6:5

Nós precisamos estar totalmente envolvidos. Ao dizer "siga-me" a você e a mim, Jesus estava pedindo tudo de nós, não apenas partes daqui e dali. Ele quer nosso coração, nossa alma, nossa força, nossa mente e nosso corpo. Ele pede 24 horas, 365 dias, não apenas domingos e algumas horas por semana. A Bíblia é clara. Temos de fazer uma escolha. Não podemos servir a dois senhores. Nosso tesouro e nosso coração estarão em Cristo ou em outro lugar. Jesus disse que todo aquele que não está com Ele e trabalhando com Ele está contra Ele e trabalhando contra Ele.

Nós vemos esse chamado a sermos totalmente devotados a Deus em todos os Salmos. Davi usa frequentemente frases como "de todo o coração". O Salmo 119:2-3 declara que a alegria vem para quem busca a Deus "de todo o coração. Não praticam o mal". Isso fala de uma devoção minuciosa. Buscar de *todo* o coração. *Sem* concessões.

"Tu nos encarregaste de seguir *fielmente* tuas ordens" (119:4).
"Meu grande desejo é que minhas ações *sempre* reflitam teus decretos" (119:5).
"Obedecerei à tua lei; *de todo o coração* a porei em prática" (119:34).
"Sigo tua palavra *de perto*" (119:67).

Tudo que fizermos para o Senhor será relevante. Tudo! Ele está prestando atenção aos detalhes e usando-os para os Seus propósitos. Nós devemos fazer o mesmo.

Senhor, estou me apresentando para o serviço e com o melhor de minha capacidade. Estou totalmente envolvido. Amém.

DIA 6

*E tudo que fizerem ou disserem,
façam em nome do Senhor Jesus, dando graças a Deus,
o Pai, por meio dele.* —COLOSSENSES 3:17

Não podemos fazer um trabalho negligente e indiferente. Se representamos Cristo aqui na Terra, tudo que fazemos está marcado com o Seu nome. Em Atos 5, lemos acerca dos apóstolos sendo severamente repreendidos pelos líderes religiosos judeus e, depois, açoitados antes de serem libertados. Os apóstolos se alegraram "porque Deus os havia considerado dignos de sofrer humilhação pelo nome de Jesus" (v.41). Eu quero ser digno de levar o nome de Jesus. Quero que minhas palavras e meus atos honrem o nome do Senhor e o representem bem.

Fazemos bem em pedir a ajuda do Espírito Santo todos os dias, ao nos analisarmos. Como me saí hoje? Eu o representei bem em minhas palavras e minhas ações? Onde preciso pedir perdão ou fazer ajustes? Onde preciso pedir a Ele que me ensine mais? Novamente afirmo: um grupo de prestação de contas pode ajudá-lo nisso. O Espírito lhe ensinará a cada dia e lhe mostrará a verdade.

Em tudo que dizemos e fazemos, precisamos estar minuciosamente comprometidos com o ser dignos de levar o nome de Jesus.

Senhor, este antigo hino é a minha oração: "Dá teu melhor para o Mestre, Dá tua força e valor. Põe o vigor de tua alma às ordens do teu Senhor. Cristo Jesus deu o exemplo de fortaleza e vigor. Dá-lhe tu zelo dobrado; Dá-lhe de tudo, o melhor".*

---

* "Dá teu melhor para o Mestre" — Howard Benjamin Grose (letra) e Charlotte Ailington Barnard (música).

DIA 7

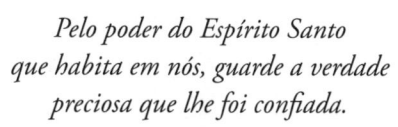

*Pelo poder do Espírito Santo
que habita em nós, guarde a verdade
preciosa que lhe foi confiada.*
—2 TIMÓTEO 1:14

Enquanto cumprimos a missão de Cristo aqui na Terra, todos nós recebemos coisas específicas para fazer. Eu sou um evangelista. Você pode ser um pastor de jovens, um piloto de *Stock Car*, um pai encarregado do mentoreamento de vidas e almas preciosas ou um construtor de casas. Em todo lugar, Cristo está usando cada um de nós neste momento e Ele deseja que sejamos minuciosos em nosso trabalho. Nós pertencemos ao Senhor; não importa em que trabalhemos hoje, estamos trabalhando para Ele.

Prepare-se a cada dia como Seu representante. Vista-se para o trabalho, segundo Colossenses 3:12. Esteja sempre preparado para explicar sua fé e esperança, de acordo com 1 Pedro 3:15. Ande em sintonia com o Espírito Santo e faça o bem sempre que surgir uma oportunidade, conforme aconselhado em Tiago 4:17. Ofereça seus membros a Deus como instrumentos para a Sua obra, consoante à exortação em Romanos 6:13. Todas as partes do nosso corpo minuciosamente compromissadas.

Deus nos confiou o evangelho de Jesus Cristo. Ele o colocou em nossas mãos. Assim, cada pedacinho da sua vida, cada pequeno detalhe, cada breve momento, cada encontro casual, deve estar *minuciosamente* compromissado com esse chamado, para que, algum dia, você possa ouvir as palavras mais importantes de sua vida: "Você foi fiel. Muito bem, bem-vindo ao lar".

*Senhor, quero ser uma testemunha fiel a ti. Que eu possa
usar todos os meios disponíveis para alcançar todas as pessoas possíveis.
Ajuda-me a lembrar-me de que, se eu semear e não colher, alguém
colherá depois de mim; se eu colher sem haver semeado, que eu sempre
te agradeça por aqueles que semearam antes de mim. Amém.*

NOTAS E ORAÇÕES

TRANSPARÊNCIA

• SEMANA 50 •
DIA 1

Liderança é construir pontes de relacionamentos; sem elas, não conseguimos avançar. —Paul Weaver

Nada, em toda a criação, está escondido de Deus.
—HEBREUS 4:13

Muitas pessoas vivem com medo do olho de Deus, que tudo vê, tendo a ideia de que Deus está lá no alto observando e esperando que saiamos da linha. Porém, minha resposta é que Ele nos ama tanto que não consegue desviar o olhar de nós. Isso é um conforto para mim.

Nada em toda a Sua criação é segredo diante dele. O Senhor vê e sabe tudo. Deus conhece os segredos de todos os corações. Nós somos livros abertos para Ele. Deus conhece o bom e o mau, os pontos fracos e os pontos fortes, as tristezas e as alegrias. Ele sabe as coisas que eu talvez nem queira admitir para mim mesmo e me ama mesmo assim.

Deus deseja que vivamos com transparência, abertura e honestidade. Ele nos projetou de tal maneira que esse tipo de vida é o caminho para grande alegria e liberdade. Quer estejamos em uma posição de liderança ou não, a nossa melhor vida exige transparência.

Querido Pai celestial, sou muito grato por Tu me veres
e me conheceres exatamente como eu sou, com todas as minhas falhas,
fraquezas e fracassos. Contudo, Tu me amas tanto quanto amas
a Teu Filho, Jesus. Agradeço-te por me amares, não por quem eu sou,
mas por Aquele a quem pertenço! Em nome de Jesus, amém.

Orações sobre *Transparência* —**BABBIE MASON**

DIA 2

Ele conhece os segredos de cada coração.
—SALMO 44:21

T**ransparência exige autoconsciência**. Isso é óbvio. Para comunicar-se claramente de modo a ser conhecido e compreendido, você deverá ter autoconsciência. Você terá de, primeiramente, entender a si mesmo. Você precisa também de honestidade para ser transparente. Você precisará ser sincero. Transparência requer coragem. Frequentemente, é assustador permitir que as pessoas saibam exatamente como você se sente ou qual é o seu posicionamento. Sinceridade, prestação de contas e autocontrole — assim como muitas outras características *Lodestar* — desempenham um papel na transparência.

Nenhuma dessas características é independente. Nenhuma delas funciona, em nível algum, sem o apoio de outras características. Lutar ou apagar o fogo do Espírito Santo em uma área afetará todas as outras. Talvez você sinta grande hesitação em ser transparente por não ter a coragem necessária para manter-se firme em sua identidade. Deus conhece todas as partes de você, todas as fibras, todos os ligamentos. Ele sabe onde você está lutando e diz: "Estou aqui para ajudá-lo".

O Senhor vê tudo em seu coração; esteja aberto a Ele, peça a Ele para lhe mostrar, para *lhe ensinar* o que é necessário para mudar e, então, para fortalecer o seu interior a fim de ser obediente ao que Ele lhe mostrou.

Querido Pai celestial, o mundo me convenceu de que
é mais fácil eu me misturar com todos os outros do que me destacar
em minha própria singularidade para Tua glória. Obrigado,
Deus, pela coragem de ver que a minha singularidade faz parte
de Teu plano e propósito. Em nome de Jesus, amém.

DIA 3

*Se vivemos na luz, como Deus
está na luz, temos comunhão uns com os outros.*

—1 JOÃO 1:7

O segredo divide. Esconder coisas nos isola dos outros e gera solidão. Não temos como construir pontes com os outros se não queremos ser conhecidos e compreendidos. Se não construímos pontes, não conseguimos seguir em frente como líderes. Também na nossa vida pessoal não conseguimos seguir em frente se não somos transparentes em nossos relacionamentos.

Esconder-se por trás de fachadas é uma estratégia maligna. Isso nos impede de ter comunhão com as outras pessoas. Impede-nos de ser ensináveis, compassivos, sinceros e empáticos. Pontes de relacionamento jamais serão construídas se não pudermos ser transparentes.

Hoje, passe alguns minutos regozijando-se e saboreando a maravilha e surpreendente graça de Deus em construir pontes de relacionamento conosco. Ele tem sido muito transparente; até nos disse que, mais do que qualquer ritual de adoração, deseja que o conheçamos. Amá-lo com tudo que temos é o maior mandamento. Ele se comunica claramente conosco por meio de Sua Palavra e Seu Espírito, que nos conecta aos Seus pensamentos. Nosso Pai celestial é modelo de transparência para nós. Ele está construindo pontes para que o nosso relacionamento com Ele avance, para que *nós* possamos avançar em direção à vida que Ele deseja que tenhamos. Nós, Seus filhos, podemos seguir esse modelo. Construir essas pontes. Ser transparente.

*Querido Pai celestial, desde o início dos tempos no Éden,
o homem tem se escondido — da luz da verdade e de ti. Dá-me
a coragem necessária para ser aberto, honesto e transparente
contigo. Essa é a única maneira de me tornar a pessoa que Tu desejas
que eu seja. Em nome de Jesus, amém.*

DIA 4
Portanto,

*abandonem a mentira e digam a verdade a seu próximo,
pois somos todos parte do mesmo corpo.* —EFÉSIOS 4:25

Sermos abertos e honestos uns com os outros é uma característica da nova vida nascida do Espírito em nós. Isso nos une aos outros no Corpo de Cristo. Essa união é uma via de mão dupla; sermos transparentes incentiva a transparência nos outros. Também abre os canais de sinceridade, compaixão, perdão e amor incondicional. Os membros do Corpo de Cristo devem ser coparticipantes dos problemas dos outros e, fazendo isso, fornecer força e conforto. O nosso objetivo é encorajar e ajudar os outros em suas lutas.

Porém, se usarmos nossas máscaras de perfeição, não seremos acessíveis, não seremos vistos como alguém capaz de consolar, ouvir com compaixão ou ministrar à vida de outra pessoa.

Quem lutou contra depressão, por exemplo, consegue entender melhor a luta de outra pessoa contra a depressão. Quem passou por divórcio ou abandono conseguem ter empatia por outras pessoas que vivenciam isso. Quem perdeu filhos é mais compassivo com outras pessoas em circunstâncias semelhantes. As lágrimas e feridas em sua vida e, sim, até mesmo as consequências de pecados que você sofreu podem ser usadas por Deus para ministrar a outras pessoas. A sua história pode demonstrar aos outros a bondade de Deus.

*Querido Pai celestial, confesso que tenho sido culpado
de um grande "acobertamento". Com demasiada frequência,
tentei esconder dos outros as minhas imperfeições
e fraquezas. Que a cura do meu próximo sofredor comece
no momento em que eu mostrar as minhas próprias
cicatrizes. Em nome de Jesus, amém.*

DIA 5

E tudo que fizerem ou disserem, façam em nome do Senhor Jesus, dando graças a Deus, o Pai, por meio dele. —COLOSSENSES 3:17

Nossa transparência também é necessária em nossos relacionamentos com outras pessoas que ainda não estão no Corpo de Cristo. Lembre-se de que, em tudo que fazemos, somos representantes de Cristo. Quero sempre representá-lo bem.

Quando construímos relacionamentos por meio de honestidade e franqueza, os outros veem verdade. Isso atrai as pessoas. Em nosso relacionamento com não cristãos, Deus pode usar as nossas lutas, fraquezas, tristezas e alegrias para nos conectar aos que ainda precisam ouvir a mensagem de Cristo. Ninguém constrói pontes com quem está escondido, parecendo ser "perfeito". Sinceridade acerca do nosso coração e da nossa vida pode atrair outros a nós e nos dar uma oportunidade de falar sobre a nova vida que Cristo nos concedeu.

Devemos viver como Cristo viveu nesta Terra: "Quem afirma que permanece nele deve viver como ele viveu" (1 João 2:6). Jesus ordenou que amássemos aos outros como Ele amou — de maneira aberta, sincera, transparente, com humildade, mansidão e paciência. Quer sejam irmãs e irmãos em Cristo ou inimigos de Cristo, estamos representando o Salvador do mundo em nosso relacionamento com eles. Em nosso chamado para fazer isso, não há lugar para falsidade, segredo ou fingir ser alguém que não somos.

Querido Pai celestial, agradeço-te por ter uma história de como Tu transformaste a minha vida. Ajuda-me a usar a minha história de Deus como um ímã, atraindo outros a ti. Em nome de Jesus, amém.

DIA 6

Quem oculta seus pecados não prospera; quem os confessa e os abandona recebe misericórdia. —PROVÉRBIOS 28:13

Nós vazamos. Isso é emprestado de D. L. Moody, a quem perguntaram por que, com tanta frequência, ele orava para ser cheio do Espírito Santo. "Você não acredita que Deus o encheu com o Seu Espírito?", perguntaram. Moody respondeu: "Sim, eu acredito que Ele me encheu, mas eu vazo". Todos nós vazamos. Todos nós erramos às vezes. Foi por isso que Deus nos deu 1 João 1:9. Ele nos assegura que, se confessarmos os nossos pecados, Ele os perdoará e fará um trabalho de limpeza em nosso coração. Anos atrás, Bill Bright me ensinou o conceito de respiração espiritual. Nós exalamos e confessamos ao Senhor. Inspiramos e oramos: "Senhor, enche-me de novo com o Teu Espírito". Assim como a nossa necessidade de respirar constantemente, essa respiração espiritual é uma prática necessária e constante.

Tiago 5:16 nos exorta a confessar os nossos pecados uns aos outros (transparência) e orar uns pelos outros. Mas como poderemos orar se não conhecermos e entendermos uns aos outros e assim sermos curados? Cura é aquilo que todos nós desejamos após cometer um erro. Transparência é essencial para esse processo.

Querido Pai celestial, agradeço-te por ser livre — livre das amarras do pecado, da vergonha do passado e da culpa do presente. Devido a Jesus, tenho uma tela em branco, um novo começo e uma vida totalmente nova. Absolutamente nada é melhor do que isso! Em nome de Jesus, amém.

DIA 7

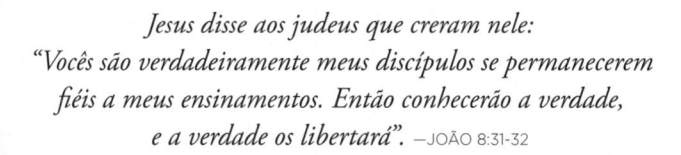

*Jesus disse aos judeus que creram nele:
"Vocês são verdadeiramente meus discípulos se permanecerem
fiéis a meus ensinamentos. Então conhecerão a verdade,
e a verdade os libertará".* —JOÃO 8:31-32

A nossa segurança sempre repousa no amor de Cristo. Podemos dizer: "O Senhor é minha luz e minha salvação; então, por que ter medo?" (Salmo 27:1). Nossa vida, nossa confiança, nossa esperança repousam somente em Deus, não no que o homem pensa de nós. Lembre-se das palavras de Jesus a respeito do Seu rebanho: Ele conhece cada uma das Suas ovelhas e as mantém em segurança eternamente. Saiba que você — assim como é — é amado e mantido pelo Senhor de tudo. Nada pode nos separar dessa aceitação e amor eternos.

Vivemos em um mundo que compete, porém no reino de Cristo não há competitividade comparativa entre irmãos e irmãs. O ego não tem lugar. Os dons são dados pelo Espírito, e cada um deve usar os dons que possui enquanto o Corpo trabalha em conjunto como um todo. Deus projetou você e o colocou onde você está. Nessa nova vida que você recebeu, você é a obra-prima do Senhor, criado em Cristo Jesus para fazer a obra que Ele tem para você.

Não permita que o inimigo o enrede em qualquer uma de suas armadilhas. Há uma grande liberdade em expressar quem você realmente é. Deus o abençoe!

*Querido Pai, que eu não seja enredado pela soberba.
Hoje, ajuda-me a lembrar-me de que "Fui crucificado com Cristo.
Assim, já não sou eu quem vive, mas Cristo vive em mim.
A vida que agora vivo no corpo, vivo-a pela fé no filho de Deus,
que me amou e se entregou por mim"* (Gálatas 2:20 NVI).
Em nome de Jesus, amém.

STEVE WINGFIELD

NOTAS E ORAÇÕES

FIDEDIGNIDADE

• SEMANA 51 •
DIA 1

Sem confiança, os relacionamentos têm vida curta. Como líderes e pais, não poderemos ser bem-sucedidos a longo prazo se não formos fidedignos. —Paul Weaver

Devo [...] insistir que defendam a fé que, de uma vez por todas, foi confiada ao povo santo.

—JUDAS 1:3

Confiar algo a alguém significa **"atribuir responsabilidade por fazer algo"** ou "colocar algo sob os cuidados ou a proteção de alguém". Deus nos confiou a Sua mensagem para o mundo — a mensagem de perdão e esperança. Ele também nos confiou os meios para cumprirmos essa missão — Seus recursos ilimitados e os dons singulares dados por Ele a cada um de nós.

Nós somos chamados e equipados por Jesus para sermos "pescadores de gente" (Mateus 4:19). Paulo, em 2 Coríntios 5, escreve que Deus nos deu a maravilhosa mensagem de reconciliação com Ele e, assim, "somos embaixadores de Cristo; Deus faz seu apelo por nosso intermédio" (v.20). Nas palavras de Spurgeon, se somos salvos, "a obra estará apenas pela metade enquanto você não for empregado para levar outros a Cristo. Você estará apenas metade formado à imagem do seu Senhor enquanto não houver começado a, de alguma maneira fraca, falar aos outros sobre a graça de Deus".

Nem todos temos de ser evangelistas. Seja qual for a nossa profissão ou classe social, podemos falar aos outros a respeito da bondade de Deus. Lembre-se de Pedro instando a estarmos prontos, em todas as oportunidades, a explicar por que temos a maravilhosa esperança e confiança. Deus nos confiou tal mensagem. Somos embaixadores fidedignos?

Senhor Jesus, agradeço-te por me confiares compartilhar as Tuas boas-novas e me equipares para isso. Ensina-me, como Teu embaixador, a confiar em ti para ter a confiança de que necessito para falar aos outros acerca de ti. Hoje, dá-me as palavras das quais preciso para direcionar alguém a ti. Amém.

Orações sobre *Fidedignidade* —**DR. DAVID JONES**

DIA 2

*Pois somos obra-prima de Deus,
criados em Cristo Jesus a fim de realizar
as boas obras que ele de antemão
planejou para nós.* —EFÉSIOS 2:10

Você poderá ser tentado a pensar que Deus não lhe confiou muito, que Ele não o tornou um missionário, um poderoso orador ou qualquer tipo de profissional especialmente talentoso. Não se deixe enganar pelas mentiras do diabo e dos seus demônios. Eles adorariam tirar você do caminho e fazê-lo pensar que o que você diz e faz, a cada dia, é insignificante e sem valor para Deus.

Nada do que você faz para o Senhor é inútil. Até mesmo um copo de água fresca para uma pessoa sedenta é importante. Jesus falou acerca de separar as ovelhas e os bodes, com base em coisas que eles faziam ou não faziam. Os dois grupos perguntaram: "Senhor, *quando* foi que o vimos faminto [...]? Ou sedento [...]? Ou nu [...]? Quando foi que o vimos doente ou na prisão...?" (Mateus 25:37,39). Até aquele momento, nenhum deles percebeu o quanto seus atos eram importantes.

As pequenas coisas importam. Todos os pequenos momentos edificam uma vida, desenvolvem caráter e tornam você um embaixador de Cristo. Você é enviado ao seu campo missionário todos os dias, tocando qualquer vida que cruze a sua. A maneira como você vive fala tão poderosamente quanto palavras eloquentes. Deus lhe deu exatamente os dons de que você necessita para realizar a tarefa que Ele lhe deu. Deus confiou a você a Sua mensagem para o mundo. Seja o que for que Ele ordene que você faça, seja fidedigno. *Tudo conta.*

*Senhor, ajuda-me a confiar em ti para ter a coragem
da qual necessito hoje para compartilhar as Tuas boas-novas.
Ensina-me a confiar em ti e a compreender que
as pequenas coisas da vida são importantes. Abre uma porta
hoje para eu compartilhar o Teu amor com alguém
que esteja perdido. Amém.*

DIA 3

Ao vitorioso que me obedecer até o fim,
Eu darei autoridade sobre as nações. […] Ele terá a mesma
autoridade que recebi de meu Pai, e também lhe darei
a estrela da manhã. —APOCALIPSE 2:26-28

Deus confiou a você e a mim uma mensagem de vida e morte. Que informação é mais valiosa para alguém do que a notícia de como salvar sua alma, vencer a morte e ter uma nova vida? Isso é algo surpreendente e avassalador a ser considerado. Nós conhecemos esse "temor ao Senhor" (2 Coríntios 5:11).

O plano de Deus é extrair o melhor de Seus filhos, torná-los cada vez mais semelhantes a Ele — na verdade, prepará-los para uma responsabilidade ainda maior. Lembre-se de que o Senhor está fazendo uma obra em sua vida e não a abandonará enquanto não estiver concluída. A obra dele é nos transformar à Sua semelhança. Fomos criados para ser semelhantes a Ele.

Tanto em 2 Timóteo 2 quanto em vários versículos de Apocalipse, aprendemos que, algum dia, os vitoriosos, os que prevalecem e os que perseveram e obedecem a Deus até o fim reinarão com Cristo, com toda a autoridade que Ele tem. Eles herdarão o reino preparado para eles e receberão autoridade sobre nações.

Nossa imaginação não consegue sequer arranhar a superfície do que tudo isso significa, mas Deus tem Seus planos para os Seus filhos. Enquanto isso, deu-lhes uma missão de vida e morte aqui na Terra. Seja fiel. Persevere.

Pai celestial, ajuda-me a confiar em que Tu me darás
a força de que preciso hoje para persistir e perseverar em compartilhar
o Teu amor. Hoje, faze de mim uma bênção e um encorajamento
para alguém que esteja perdido e sofrendo. Agradeço-te por me
confiares as Tuas boas-novas que salvam vidas. Amém.

DIA 4

Trabalhamos arduamente e continuamos a lutar porque nossa esperança está no Deus vivo, o Salvador de todos, especialmente dos que creem. —1 TIMÓTEO 4:10

As ovelhas do rebanho de Cristo podem ser as pessoas mais seguras do mundo. Nós estamos seguros em nosso *status* com o Senhor. Jesus disse que ninguém pode arrebatar as Suas ovelhas das mãos dele. Devido ao Seu sacrifício por nós, sabemos que estamos bem-posicionados com Deus e podemos ir ousadamente à Sua presença a qualquer momento, com pedidos, medos, dúvidas, louvores — ou apenas para um bate-papo. Fomos adotados como Seus filhos muito amados. Não existe mais a barreira que nos separava do nosso Deus santíssimo.

Estamos também seguros em Seu poder e Suas promessas. Se Deus é por nós (e Ele é!), ninguém pode se opor a nós, nem mesmo as forças espirituais das trevas e do mal. Ele nos segura; Ele nos concedeu uma armadura para nos proteger. Suas promessas nos garantem que Ele nos ajudará até o fim desta jornada terrena e nos levará em segurança para o Seu lar.

A nossa esperança para o futuro está em uma herança que não mudará ou desaparecerá (como acontece às heranças terrenas), em riquezas acumuladas que não enferrujarão nem se deteriorarão e ninguém poderá roubá-las, e na paz eterna e perfeição de vida como Deus planejou para os Seus filhos. A nossa esperança está no Deus vivo.

Pai celestial, agradeço-te pela segura esperança que tenho em ti. Agradeço-te por me haveres dado tudo de que necessito para compartilhar essa esperança com os outros. Agradeço-te por me resgatares quando eu estava perdido em meus pecados e por me ajudares a anunciar aos outros como eles também podem ser resgatados. Amém.

DIA 5

Portanto, permitir que a natureza humana controle a mente resulta em morte, mas permitir que o Espírito controle a mente resulta em vida e paz. —ROMANOS 8:6

Outra qualidade necessária à fidedignidade é o autocontrole. Cerca de um mês atrás, passamos uma semana meditando sobre o autocontrole como representantes de Cristo. O controle do Espírito é o que nos dá o poder de disciplinar nossos pensamentos, palavras e ações. Nós precisamos dessa disciplina para ser dignos da confiança que Cristo depositou em nós como Seus embaixadores. O autocontrole que depende do controle do Espírito nos orienta a saber quando falar e quando ficar quietos, quando agir e quando nos abster de agir.

Paulo escreveu: "Deixem que o Espírito guie sua vida" (Gálatas 5:16). Se deixarmos o Espírito Santo nos guiar em todas as áreas da nossa vida, não teremos atitudes e comportamentos inadequados a quem Deus confiou a Sua mensagem. Conheceremos a vontade do Senhor e a seguiremos.

O Espírito Santo que vive em você é o "primeiro depósito" de tudo que Deus deseja fazer em você, Sua nova criação. Ele também traz a garantia de que Deus lhe dará tudo que Ele prometeu. O Espírito tem uma conexão direta com os pensamentos de Deus. Por isso, deixe o Espírito guiá-lo e moldá-lo. Esconda a Palavra de Deus em seu coração para que o Espírito possa usá-la. Não reprima o Seu poder em sua vida. Entregue a Ele o seu autocontrole e Ele fará de você um mordomo fidedigno do que Deus lhe confiou.

Pai celestial, agradeço-te porque o Teu Espírito Santo vive em mim e me orienta. Ensina-me como confiar na Tua presença em minha vida e a não confiar em mim mesmo. Usa-me hoje para levar alguém a ti. Amém.

DIA 6

Portanto, proclamamos a Cristo [...] Por isso trabalho e luto com tanto esforço, na dependência de seu poder que atua em mim. —COLOSSENSES 1:28-29

Consistência é o terceiro atributo necessário para ser fidedigno. Consistência é *não* ser hipócrita. É fazer com que os nossos atos correspondam ao que professamos. Uma vez que o que fazemos é um transbordamento do que realmente está em nosso coração, podemos ver que consistência é uma questão de solo. Isto é, o solo da parábola de Jesus em Lucas 8, acerca de um lavrador que lançou sementes que caíram em quatro tipos diferentes de solo.

Nessa parábola, Jesus explica que a semente é a Palavra de Deus. O solo fértil, no qual as sementes criam raízes e crescem, é um coração sincero e bom. Deus quer plantar a Sua Palavra em pessoas com coração de solo bom, para que se apeguem à Palavra "com paciência, [e produzam] uma grande colheita" (Lucas 8:15). Corações de solo bom são compromissados com raízes profundas e crescimento. Deus nos confiou a Sua Palavra. Ele quer plantá-la em nós e, depois, ver uma colheita abundante. Precisamos ser fiéis e constantes em nosso compromisso de compartilhar a mensagem sobre Cristo, derramando paciência, perseverança e diligência em nosso chamado como Seus embaixadores.

Como Paulo escreveu, eu quero trabalhar arduamente, com toda a energia que Deus me der, para ser um mordomo consistente, constante e fidedigno da mensagem de Cristo. Quero ser solo fértil, apegando-me à Palavra de Deus e produzindo uma enorme colheita.

Pai celestial, ajuda-me a ser consistente em minha caminhada contigo. Ensina-me a confiar mais em ti e a depositar a minha confiança em ti e na Tua Palavra. O desejo do meu coração é ser um mordomo fidedigno das Tuas boas-novas. Ajuda-me a direcionar fielmente as pessoas a Jesus. Amém.

DIA 7

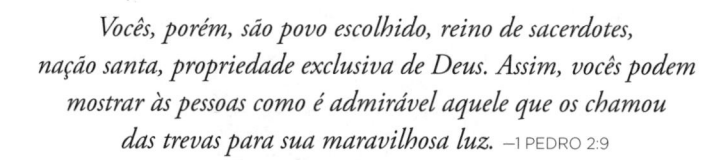

*Vocês, porém, são povo escolhido, reino de sacerdotes,
nação santa, propriedade exclusiva de Deus. Assim, vocês podem
mostrar às pessoas como é admirável aquele que os chamou
das trevas para sua maravilhosa luz.* —1 PEDRO 2:9

Nossas meditações têm focado em sermos mordomos fidedignos da mensagem e dos recursos que Deus nos confiou. Não discorremos sobre a fidedignidade nos relacionamentos interpessoais. Contudo, o fizemos. As qualidades de caráter que exibimos em nossas interações com os outros têm origem no nosso compromisso em ser o povo santo de Deus e demonstrar aos outros a bondade do Senhor. Nós nos revestimos com o Senhor Jesus Cristo, conforme descrito em Romanos 13:14, e isso abarca nossa fidedignidade nos relacionamentos interpessoais. Isso nos torna honestos e gera autocontrole, generosidade, humildade e as outras características que abordamos.

Isto não funciona ao contrário. Ser fidedigno em relacionamentos terrenos não nos torna povo santo de Deus ou fidedignos representantes de Cristo. Ser generoso não nos torna filhos de Deus. O nosso relacionamento com Cristo, vivendo nossa vida pela fé no Filho de Deus, é o que nos fornece esses traços de caráter potencializados pelo Espírito Santo.

O programa *Lodestar* trata de liderança baseada no caráter. Se você é um seguidor de Cristo que está exercendo um papel de liderança, a liderança mais poderosa fluirá do caráter de Cristo agindo em você.

*Pai celestial, quero confiar em ti em todos os aspectos
da minha vida e ensinar os outros a fazerem o mesmo. Ensina-me
a descansar em ti sabendo que Tu vives em mim. Eu quero
te representar bem para que as pessoas vejam a Tua presença na
minha vida. Ajuda-me a liderar como Jesus. Amém.*

NOTAS E ORAÇÕES

SABEDORIA

• SEMANA 52 •
DIA 1

Tornar-se uma pessoa sabia não é um evento; é uma jornada vitalícia. —Paul Weaver

> *A sabedoria é árvore de vida para quem dela toma posse; felizes os que se apegam a ela com firmeza.* —PROVÉRBIOS 3:18

Deus deu sabedoria a Salomão. Ele lhe deu também prosperidade, riquezas e honra, mais do que a qualquer rei anterior a ele. Deus usou a sabedoria de Salomão de maneira significativa. Ele pode usá-la em sua vida de forma relevante.

Se você tiver sabedoria, será capaz de aplicar conhecimento e julgamento claro com precisão às situações da vida — quem não quer fazer isso? Nós queremos ser capazes de resolver qualquer situação que surja, fazendo boas escolhas e resolvendo conflitos. Sem sabedoria, tomaremos decisões tolas e desperdiçaremos nosso tempo e energia em todo tipo de empreendimento sem sentido — possivelmente, empreendimentos que acabam em devastação.

Ouça as descrições de Salomão acerca do que a sabedoria traz à sua vida: quem encontra a sabedoria encontra a vida. Você entenderá o que é bom, certo e justo. A sabedoria traz discrição que protege e guarda você. Ela o leva pelos caminhos certos e o mantém afastado dos caminhos errados que levam a destruição e trevas. "Quem [a] encontra, encontra vida e recebe o favor do SENHOR" (Provérbios 8:35).

Pai do céu, reconheço que preciso da Tua sabedoria. Leva-me a ser rápido em humilhar-me e clamar a ti. Abre os meus olhos para ver áreas em que confiei em minhas próprias ideias. Quero encontrar vida e receber o favor que Tu tens para mim e para os que estão ao meu redor. Oro em nome de Jesus. Amém.

Orações sobre *Sabedoria* **—MICHELLE WINGFIELD CURLIN**

DIA 2

Procure [a sabedoria] como a tesouros escondidos.
—PROVÉRBIOS 2:4

A palavra *tesouro* parece ser entendida por todas as pessoas. Quantos de nós, quando crianças, brincamos de caça ao tesouro? Quantos de nós, como adultos, ainda estamos em uma caça ao tesouro?

Salomão acumulou uma incomensurável riqueza material. Você pode ler sobre isso em 1 Reis 10:14-29. E seu reino compartilhava da riqueza — em Jerusalém, a prata era tão comum quanto as pedras das ruas. Contudo, ele declarou que havia uma coisa mais preciosa do que qualquer outra: a sabedoria. Ela é um tesouro a ser procurado.

Salomão escreveu que essa árvore de vida produz frutos "que vale mais que ouro, mais que ouro puro" (Provérbios 8:19). Ela é muito mais preciosa do que rubis. Nada do que você desejar poderá ser comparado à sabedoria. Quero que você pense nisso durante um momento. Imagine-se encontrando o seu tesouro. O que você sonha ter ou realizar, algum dia? Seja o que for, não se compara a encontrar sabedoria. Esse é o tesouro que devemos buscar. É a única coisa que o rei Salomão desejou, ainda mais do que riqueza, poder ou derrota de seus inimigos. Ele sabia que precisava de sabedoria acima de tudo.

Caro amigo, nós também precisamos de sabedoria. Ela produzirá frutos vitais, nos guardará e protegerá e nos trará vida.

Senhor, Tu és o Criador e Sustentador de toda a vida.
Tu entendes a mim e a todos os meus caminhos muito melhor do que eu.
Ensina-me a viver com essa consciência em todo momento.
Aumenta o meu apetite pelo verdadeiro tesouro que é encontrado em ti
e revelado na Tua Palavra. Em nome de Jesus eu oro. Amém.

DIA 3

O temor do Senhor é o princípio da sabedoria; o conhecimento do Santo resulta em discernimento. —PROVÉRBIOS 9:10

Salomão acertou. Ao tornar-se rei, ele sabia que precisava da ajuda do Senhor para governar bem. Ele buscou ao Senhor com humildade. Mesmo após estabelecer-se como o rei mais sábio e rico da história do país, ele continuou mantendo aquela humildade diante do Senhor. Ele construiu um templo luxuoso, mas, na cerimônia de dedicação, sua oração reconheceu: "Ó, Senhor, nunca poderemos construir um templo digno de ti!" (2 Crônicas 6:18 parafraseado).

"Com a humildade vem a sabedoria" (Provérbios 11:2). A humildade é uma atitude necessária para obter sabedoria. C. S. Lewis escreveu: "O homem orgulhoso sempre olha de cima para baixo para as outras pessoas e coisas: é claro que, fazendo assim, não pode enxergar o que está acima de si". A humildade sabe que pode aprender com os outros. Homens sábios aprendem com os outros e se tornam ainda mais sábios (veja Provérbios 9:9).

A humildade também olha para Deus. Ele é a fonte de toda sabedoria. Se estamos buscando sabedoria, ela tem de ser construída sobre o fundamento da reverência pelo santo Criador do Universo e da própria sabedoria. Ele nos fez o convite. Ele nos dará sabedoria se a pedirmos.

Senhor Deus, agradeço-te por teres me convidado a pedir sabedoria e prometido que não me envergonharás quando eu pedir. Cada dia mais, eu sinto que necessito de sabedoria. Derrama a Tua sabedoria para cada situação que estiver enfrentando e dá-me fé para confiar em ti enquanto obedeço. Em nome de Jesus eu oro. Amém.

DIA 4

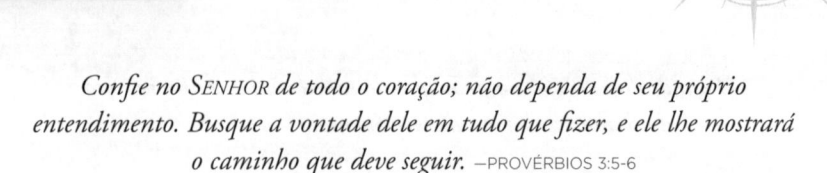

Confie no SENHOR de todo o coração; não dependa de seu próprio entendimento. Busque a vontade dele em tudo que fizer, e ele lhe mostrará o caminho que deve seguir. —PROVÉRBIOS 3:5-6

O **louvor e a exaltação da sabedoria por Salomão** foram centrados na sabedoria que vem de Deus, um dos dons "bons e perfeitos" que Ele se deleita em conceder a quem se achega a Ele e a pede. A sabedoria que vem do alto pode ser considerada uma árvore de vida, para proteger e guardar, para guiar nos caminhos corretos. A sabedoria dada por Deus é um tesouro de valor incomparável.

Reconhecemos que existe outra "sabedoria" alardeada pelo mundo e precisamos estar alertas e em guarda contra ela. Lemos sobre esse conflito no capítulo 3 de Tiago. A sabedoria terrena dá origem à ambição egoísta, à inveja, à desordem e a práticas malignas. A sabedoria deste mundo é: devemos ser o número um, fazer o que for preciso para atingir as nossas metas mundanas, proteger ferozmente os nossos direitos e o que é nosso. Todavia, a sabedoria do alto é demonstrada em uma vida boa e em ações realizadas em serviço e humildade. Essa sabedoria é pura, ama a paz e é atenciosa, submissa, misericordiosa, imparcial e sincera. Essa é a sabedoria que Deus concede livre e abundantemente a quem a busca.

A sabedoria do alto protegerá você da sabedoria enganosa e destrutiva deste mundo. Busque a sabedoria de Deus e confie nela. Reconheça que você precisa do Senhor, de Sua orientação e desse grandioso tesouro.

Pai celestial, mostra-me onde eu não confio em ti de todo o coração e dá-me a coragem necessária para reconhecer-te em todos os meus caminhos. Tu és sempre fidedigno. Tu és o Bom Pastor que caminha à minha frente, endireitando os meus caminhos. Oro em nome de Jesus. Amém.

DIA 5

*Que eles sejam encorajados e unidos por fortes
laços de amor e tenham plena certeza de que entendem o segredo
de Deus, que é o próprio Cristo. Nele estão escondidos
todos os tesouros de sabedoria e conhecimento.* —COLOSSENSES 2:2-3

Em Cristo encontramos as riquezas e o tesouro que Salomão considerava tão desejáveis. Toda a sabedoria do alto habita totalmente em Cristo. 1 Coríntios 1:30 nos diz que Deus nos une a Cristo Jesus para *nosso* benefício. Ele se torna nossa justiça, nossa santidade, nossa redenção e nossa sabedoria. O plano de Deus para redimir e renovar a Sua criação — e nós — é cumprido em Cristo Jesus. Cristo nos conduz à vida eterna, que conhece as realidades do Céu; nós já estamos vivendo essa vida. Cristo venceu a morte e o pecado e encerrou a nossa escravidão à nossa natureza pecaminosa e ao medo da morte. Cristo é o nosso Grande Pastor, provendo tudo de que precisamos e nos conduzindo com segurança ao nosso lar com Deus. Cristo fornece a sabedoria da qual necessitamos ao transitarmos por este mundo. Seu Espírito nos guia à verdade. Sua sabedoria nos protege das insidiosas "filosofias vazias e invenções enganosas provenientes do raciocínio humano, com base nos princípios espirituais deste mundo, e não em Cristo" (Colossenses 2:8).

Seu Espírito e Sua sabedoria nos dão uma vantagem sobre aqueles que não o conhecem. Eu não estou sendo arrogante. A Bíblia é muito clara: Cristo é a nossa sabedoria, e toda a plenitude de Deus habita nele. Caro amigo, Cristo vale tudo! Ele é tudo para nós. Ele é o grandioso e rico tesouro que Deus nos concedeu.

*Senhor, agradeço-te porque "todos os tesouros de sabedoria
e conhecimento" escondidos em Cristo podem me proteger contra
os enganos deste mundo que nos confunde. Torna meu espírito
sensível à Tua liderança hoje. Em nome de Jesus eu oro. Amém.*

DIA 6

Quem anda com os sábios se torna sábio, mas quem anda com os tolos sofrerá as consequências. —PROVÉRBIOS 13:20

Não tenho dúvida de que Salomão escreveu essas palavras tendo em mente os relacionamentos interpessoais. Quando andamos com os sábios, a nossa própria sabedoria da árvore de vida é nutrida e cresce. O oposto também é verdadeiro. Os companheiros dos tolos se encontrarão em sérios apuros e em caminhos que conduzem às trevas. A sabedoria escolhe com cuidado os seus companheiros íntimos.

Entretanto, Salomão ainda não conhecia a alegria de andar diariamente com Aquele que tem a plenitude da sabedoria do alto. Nós, porém, temos esse privilégio. Efésios 1:8 diz que Deus "derramou sua graça sobre nós e, com ela, toda sabedoria e todo entendimento". O Senhor tornou a Sua sabedoria acessível a nós por meio de Cristo. Assim, podemos andar com o mais Sábio dos sábios e aprender com Ele.

Jesus disse aos Seus discípulos que ouvir as Suas palavras e colocá-las em prática é como ser sábio e construir sua casa sobre uma rocha, onde nada pode abalá-la ou destruí-la. Ele deixa isso muito simples, não é? Caminhe com Ele. Preste atenção às Suas palavras. Viva conforme o que Ele lhe ensina. Essa é a sabedoria do alto que preservará a sua vida. Em outras palavras, ande com Aquele que é sabedoria para você e fique o mais próximo possível dele.

Pai do céu, agradeço-te por Tua presença comigo aqui hoje por meio do Teu Espírito Santo. Agradeço-te pelas palavras de vida que leio na Bíblia. Traze de volta à minha mente a Tua verdade enquanto eu vivencio todas as situações e conversas deste dia. Que a Tua sabedoria seja evidente às pessoas ao meu redor, de modo que Tu sejas glorificado. Em nome de Jesus eu oro. Amém.

DIA 7

...sejam cheios do pleno conhecimento da vontade
de Deus, com toda a sabedoria e entendimento espiritual.
E isso para que vocês vivam de maneira digna
do Senhor e em tudo possam agradá-lo, frutificando
em toda boa obra, crescendo no conhecimento
de Deus. —COLOSSENSES 1:9-10 NVI

Paulo escreveu uma carta aos cristãos de Colossos. Até onde sabemos, Paulo nunca havia estado naquela cidade, mas sua carta é repleta de preocupação sincera e intenso encorajamento. Caro amigo, mesmo que talvez nunca nos encontremos, minhas orações por você seguem o modelo do início da carta de Paulo: "Por isso, desde que ouvimos falar a seu respeito, não deixamos de orar por vocês…" (Colossenses 1:9).

Em Colossenses 1:10, Paulo os encoraja a crescer no conhecimento do Senhor, o que resultará em sabedoria, entendimento e uma vida plenamente agradável ao Senhor, produzindo muitos frutos.

Oro para que você conheça a Deus cada vez melhor. Oro para que você saiba que Cristo vale tudo, que Ele é o tesouro que excede qualquer outra coisa que você possa encontrar. Oro para que você expresse a sua herança, regado pela bondade de Deus. Oro para que o Espírito lhe conceda a Sua sabedoria, conduzindo-o por caminhos sábios e bons a uma vida que agrade ao Senhor enquanto você o representa bem neste mundo tenebroso.

Deus Todo-poderoso, enche-me do conhecimento da Tua vontade
por meio de toda a sabedoria e o entendimento concedidos pelo Espírito,
para que viva de maneira digna de ti, Senhor. Que eu te agrade
em todos os sentidos: dando frutos em toda boa obra e crescendo no
conhecimento de ti, Senhor. Agradeço-te por ouvires as minhas
orações. Em nome de Jesus eu oro. Amém. (Adaptado de Colossenses 1:9-10)

NOTAS E ORAÇÕES

UMA PALAVRA FINAL

N **as primeiras páginas deste livro**, elenquei os nomes das generosas almas que ajudaram a tornar *Liderança — 52 princípios para viver, aprender e liderar* uma realidade. Mesmo assim, aquela lista não está completa. Quero agradecer a você, leitor, amigo, por seu investimento nestas páginas — por continuar comigo dia após dia, semana após semana, por confiar em mim e me permitir esta plataforma onde falar. Agora, oro para que toda linha, toda oração, toda passagem das Escrituras, toda bênção e toda migalha de sabedoria encontrem morada na quietude do seu coração, para que você possa conhecer e usufruir da verdadeira clareza neste mundo complicado. Em Cristo, nossa confiança, nossa esperança, nosso princípio orientador, amém.

—STEVE WINGFIELD